个人史与太阳鸟

连　亭　著

作家出版社

献给爱我的亲人，

以及接纳我泪水的河流、月亮和花朵

目　录

后　记

个人史

1

我没有确切的生日。由于多种原因，它变得模糊不清。它可能是 1989 年的某一天，或是 1990 年的某一天，甚至是 1992 年的某一天。至于户口本上的日期，那是亲戚“汇报”的结果。

1999 年以前，我没有户口。我的父母是农民，为了生个儿子，把我寄养在外祖父家，把二妹交给大伯照顾，把三妹秘密送人。1998 年春，我弟弟出生，我母亲终于接受计划生育政策倡导的结扎手术，结束了东躲西藏的日子。1998 年秋，在村委任职的亲戚对计生人员说：“他们家有个女养在那边河，是超生户。”然后，我父亲被迫四处借钱上交超生罚款。这一年的冬天，我的名字得以出现在户口本上，父亲在出生日期那一栏里，填写了 1989 年 12 月 5 日。此后，这个日期成了我的法定出生日期，在诸如身份证之类的地方标志着我。

这个日期是暧昧不清的，它存在拉开我和妹妹、弟弟出生时间间隔的嫌疑。那个年代，故意填写早两三年的出生日期是常有的事，这样做可以减轻超生惩罚。我的父母，对我的出生年月闭口不谈，问及他们，均是闪烁其词，刻意回避。长大后，为了确认出生年份，我去医院做过骨骼鉴定，检测结果是 1993 年。然而，这极有可能是误差。

我成了一个来日不明的人。一个无法确定的日子，偶然给生命赋予神秘的情调。这就是我的开始，起于一个超大的模糊的影子，在我还未觉醒之前，谁也无法确定我的存在。它间接地使我拥有不同寻常的体验，并改变我的生命。我无法看清它，别人也不能。除了一个空旷的码头、几道土灰色的砖墙、摇荡不已的船只、流淌不息的河水，谁也说不清我的童年。它述说着开端之谜，以及一个长度不明的人生。它向我述说这个，正如我向世人所述说的那样。

在南方的码头上，在那最初的阳光和风雨中，一切都处在模糊的水雾中。我的故事发生在指定不明的年岁里，在时代呼啸而过的世纪之交，一些历史的注释注定要遗漏。那个不知何时到来的我，因为一个不明所以的原因，在一个古老而偏僻的码头开始了并不传奇的人生。我从码头呼啦啦地跑过，走向通往大海的河水，被送往不可捉摸的世界，淹没于拥挤而喧嚣的城市生活。不论历经多少年，我注定要回到一个类似集市的码头，寻找她来到世上的使命。在那里，风似乎是最具仪式感的东西，给她带来凌乱和沧桑。她将走向一些秘密的核心，而我将会在时空之外逐渐产生一种错觉。为此，我们经常迷路。在那些斑驳的砖墙和搁浅的船只上，时间正在逝去，从码头出发的人，或抵达码头的人，完成了一生的旅行。

我也许可以从哲学或者宗教中，找到生命的初始密码。我不认为这不可能。维吉尔在《圣经》中找到罗马的影子，但丁在贝阿特丽采的指引下抵达天堂，博尔赫斯在阿莱夫的影像中窥见文学的终极……在哲学思想或宗教心绪中，我或许能获得造物者的启示。

这是一个美丽而危险的念头，一度让我在生与死的思索中游离于世界之外。我并不是一个健全的人，当年乡下医疗条件简陋，农村孕妇很少进行孕检，因此胚胎时期的我才没被放弃。我在生的光辉里，看到一艘搁浅的船只，它在水中摇动的声响，如此缓慢又如此回荡不已。我感到声音与钟声相似，甚至觉得残损的船体像一本打开的哲学书。我从医疗匮乏的年代幸存下来，这和经历风浪而残留的船只，何其相似！

我仔细观察风浪在船体上留下的划痕和纹路。

那些灰黑色的伤痕，是多年前石头撞击出的杰作。伤痕表面涂过一层蜡，阳光将蜡烤干，也将污渍留在了上边。它们就像岁月没调匀的墨水，我从中看到船只乘风破浪的倩影。

那些黄褐色的斑痕，是船桨擦碰留下的。这是前进的代价，每冲过一个滩头，它们就经历一些震荡。它们熟悉流水的漩涡，一些凹纹宛若谛听水声的耳朵。

那些浅白色的细纹，是陇头流水抚摸出的花瓣。这些花瓣雕刻着船只休息的岁月，在安静的梦里变幻成晚霞。

有一天，船只梦见自己变回了一棵树，一棵生长在森林中的美丽的树。风吹树叶时，发出一种从来没有过的音乐，然后大海出现在树的眼前。

这是我在码头想象的旅程。一个女孩想象船只穿越河流的旅程，她觉得自己就是这艘船。然后，河流连接起她的起点和终点，就像时间串起她的出生和死亡。只是它的源头藏着迷途，如果说死亡是被迫消失，是无可奈何的凋谢，那么出生不明就像是高级隐匿。我既害怕这个日期一直不明下去，更害怕它突然明晰，使我在战栗中窥见初始的光芒。

其实我愿意享受现在的状态，我已经适应这样的事实。即使我没能真正地接受它，我也已经喜爱它。

渐渐地，我发现在我之外，来日不明的事物还有很多。它们带来来历不明的生活、来历不明的欢愉与疼痛。它们在岁月斑驳的屏风上，述说着来历不明的故事，迎送着去向不明的身影。

2

一个会多次使用的日期，居然是一段无法确定的时间，这将给人造成什么样的尴尬！它躲在暗处窥伺我生活的全部，而我竟对它一无所知，任由它戏弄我的人生，这是多么荒唐的安排。

在上学接受文明教育之前，没有人在乎我以及我的出生。那时，我只是一个手指沾满泥巴又瘦又黑的野丫头，根本不必在意自己打哪里来，走过了多少岁月。到了1995年，突然不一样了，出生日期变得重要起来。

1995年9月，舅舅在多次说我“太野了”之后，决定把我送进学校管教，并在陇村小学交了学费。他从学校回家时，我正在桃树下玩小石头。他走过来叮嘱我，上学一定要说是1989年12月出生的。然后，他看着我站在桃树下练习自我介绍。

正当我练习得天衣无缝时，被告知入学注册失败。学校说，这孩子没有户口，看上去也没到入学年龄。对此，父亲想出了妙招，我第一次觉得他是聪明的。

父亲站在并非他家乡的土地上，操着异乡的口音，和舅舅密谋拿下校长。他向人借来一辆自行车，骑到镇上给我买了语言书、算术书、品德书、练字本、笔、橡皮擦、转笔刀、铅笔盒。他把椅子搬到院子让我当书桌，命令我坐在矮凳上学习。

我在荒僻的乡村装模作样地表演学习，舅舅把校长引到院门前，观看被他拒绝的女孩勤学苦读。第二年他给这个女孩办了入学手续。

我学会“夜来风雨声，花落知多少”这首诗时，校长突然被革职。有人说是因为他喝酒误事，有人说是因为他徇私舞弊。

新上任的校长，是别村来的，他虽然没有开除我，但要收很多的钱，叫“片外费”。

父亲把骄傲嚼碎吞进冰凉的肚子里，三番五次去求新校长少收点钱，他铁面无私地不予理会。父亲只好让我辗转到别的地方上学。

在新学校，我从不提父母，家长那一栏一直是空白的。有人向我问起他们，我都会飞快地掩饰过去，尽力岔开话题，生怕暴露他们的行踪。在我弟弟未出生之前，他们鬼鬼祟祟地隐匿在石洞里，躲避计划生育，虔诚地进行传宗接代的任务。

除了一些重大的必须他们出面的事情，父母很少有暇顾及我。新学校非常偏僻，只有几间瓦屋做教室，每个年级的学生不多，只有十几个。我混在这些参差不齐的野孩子当中，不再被问及年龄。

城里的年轻人来支教是山村小学的大事。二十岁出头的男老师，穿着白衬衫、西裤，戴一副斯文的眼镜，胸前口袋别着一支钢笔。穿连衣裙的女老师，肤白貌美，嗓音清甜，教我们唱好听的歌。我们哼着不着调的歌跟在他们后面，欢喜得如同参加盛大的典礼。这些人来一段时间就走了，并且再也没回来过。

有一个老师，是外地来的，只是他来得太久了，人们都忘记他是外地的了。他来的时候，可能是 20 世纪 60 年代，也可能是 70 年代，总之人们记不清了，而他自己经常会短暂性地失忆，也记不清了。他也成了一个来日不明的人。

他已经不教书了，但我的老师曾是他的学生。学校要按工龄给老师发工资，他支支吾吾地说不清开始工作的年份。早年的档案已荡然无存，想弄清此事的统计员也无计可施。

那就按 1972 年算吧，统计员说。他的脸抽动了一下，似乎想说什么，又咽了回去。凭直觉，我感觉他遮盖了什么隐情。那是他不愿提及的历史。

他住在学校旁边的一间瓦屋里，门口正好对着河。屋前屋后长满高大浓密的树木，我最喜欢的是4月硕果累累的桃树、5月黄熟的枇杷树、秋日爆汁飘香的石榴树。我总是喜欢会开花结果的树。但是，师爷的瓦屋在大树下看起来好低矮啊！

我老师经常去看他，有时会带上我同去。在美丽的果树下，他们会说起一些我不太听得懂的话。我也不太爱听，一门心思地吃刚摘的果，等他们重新变回沉默寡言的人时，我已经狼吞虎咽地吃了好几个。

他的树开花时，他喜欢站在树下看蜜蜂，一看就是一整天。他说："它们若是在地球上消失，人类就活不过四年。"

他问我："你喜欢蜜蜂吗？"我说："它们会蜇人。"他温和地笑了笑，轻轻地摇头。

他有时会说起以前的事，但说得不多。他会暂时性失忆，尤其是癫痫发作之后。

我老师说，他年轻时受过很重的伤，被他最喜欢的学生打的。我很惊愕。

我老师还说，他是个饱学之士，是方圆百里之内最有学问的人。

"学生为什么打他？"我问道。

"有时人会在不自知的情况下犯错，等事后才会后悔。你答应我，要做一个三思而后行的人，做一个对得起良心的人。"我老师看着我的眼睛说。

他说这话时有点像在哭。我问："你哭啥？"

"长大了你就明白啦。"他笑了笑。

"师爷为什么不回他的家乡去呢？"我问我的老师。

"我也一直在想这个问题。也许，他没有家人了吧，因为从来没听他说过。"

我很喜欢师爷的树。一天我问他："这些树是谁种的？"

他说："很久以前，一个姑娘种的。她是我见过的最美的人。"

我又问："她现在在哪里呢？"

他说："在天上，很多年前她就去那里了。她以前也是这里的老师呢。"

我抬头看了看天，又低头看了看他，觉得他有点苍老。

他一天比一天老，尤其是秋冬时老得更快，像那些一落霜就掉叶子的树一样。一天，我又跟随老师去瓦屋找他说话，他竟然连说话都吃力了。他安静地挨着墙壁躺着，一翻动，身下的木床就发出嘎吱声。床板响动时，他的声音变得更加虚弱，身体变得更加枯瘦，并且那老朽的身体和皱巴巴的被褥还散发出一股怪味，让人不愿在他屋里久留。

站在树下看着东流而去的河水，老师喃喃地说："他的日子不多了。以前，他可是一个风度翩翩的人啊！"听了这话，我的心好像被蜜蜂蜇了一下，似乎明白了什么，但又说不清，只觉得流水的声音像是一种低吟，又像是一种哭诉。

死神降临了，在树叶落满庭院的时候。我老师在瓦屋门前大哭了一场。这时，枇杷树、桃树、石榴树的叶子都掉光了，树上的蜜蜂窝也不见了。我怀疑这些树是被老师哭秃的，蜜蜂是被他吓跑的。

多年后，我也成了一位老师。我再次回到母校看望我的老师时，发现那低矮的瓦屋不见了，在它的位置上矗立着一座崭新的教学楼，那几棵可爱的树也不知去向，好像这个世上从未有过几棵会开花会结果的树，从未有过一个喜欢看蜜蜂的师爷，从未有过一个贪吃果子的孩子。

3

在师爷的树下明白一些事情之后，我变得多愁善感起来，眼睛就像是烈日下的冰棍儿，总在猝不及防间就淌下了泪水。

一个人在孩童时期看见死亡，将会需要多少阳光，才能感觉到温暖?

阳光是缓慢地来到我的生活的。在那之前，我几次差点死去。

我的祖父，从对越自卫反击战的战场回来后，被查出感染了肺结核。他在等死的十多年里，一直住在老宅，并与全家人分灶而食，同时他还延续着在香槟玻璃瓶里养小鱼的爱好。他是家里唯一的闲人，这得益于被称作富贵病的肺病。我刚断奶时，忙于农活儿的父母，把我暂时交给这个闲人照看。

这个“富贵闲人”，知道如何在战场厮杀，却不知道任何病理常识。他炒菜时把我背在身上，他喂鱼时把我背在身上，他的汗液与我的汗液混在一起，他为自己准备的食物也喂进我嘴里。农忙结束后，父亲发现我的脸因为咳嗽变得红扑扑的。肺结核病毒悄悄地捕捉了瘦弱的我，在我还未尽享人世时差点要了我的命。

我记不清医生什么时候把我治好的，也记不清残缺的器官是如何消灭病毒的，只记得上学前我还会因为那场病而习惯性地咳嗽。

有一天，我和父亲从小诊所出来，诊所和我家老宅隔着一片稻田。走在初夏的田埂上，清风吹得田禾海浪般翻腾，稻花在阳光中散发着迷人的清香，我的心脾感受到了，我的肺也感受到了。肺亢奋地咳嗽起来，这似乎一直是我用以表达快乐的乐曲。

父亲突然回过头来，皱着眉头对我说，你再咳就会死。

死亡的恐惧瞬间震慑住了我。咳嗽卡在半路而中断，另一阵快要奔涌而出的咳嗽也被我拼命压住。从那天开始，咳嗽渐渐式微，我的肺在胸透图中也被定义为健康。

我没有死于那场病，但祖父在我止住咳嗽的那年死了。他死的时候，肺已被细菌啃噬得稀巴烂，虽然他还是条一米八的汉子。

我有一个外号叫螳螂。同伴以此命名我，是取其形似。瘦削，露骨，青黄。如果你见过螳螂抱着草叶在风中晃荡的样子，你就能想象出年少时我在码头行走的模样。

我的肺好了，体质却太弱，时常感冒。从小就照顾我的外婆，恨不得把我浸到药罐里，让颜色各异的药水重塑我的骨骼、血肉，变幻出一个健康美丽的少女。

我吃过很多种药，麻木到感觉不出黄连的苦。也许我早就变成一种药了。我对药物不以为意，漫不经心地吞下，觉得它们只是偶然路过我的身体。我们之间存在着莫名其妙的排斥，我常常把它们吐出来，让它们回到包容它们的泥土里。

外婆没有因为我的排斥而放弃，相反，她对药有着非凡的执着。她总是对我说：“这是你的药。”她以此来让我明白，这些药属于我，我不应该拒绝它们进入体内。

在外婆的循循善诱下，我练习与药和谐共处。我每天变换各种花样，来增添喝药的新鲜感，皱眉、咧嘴、叹气、号叫、嬉笑、耍赖……外婆催急了，我才把药灌进嘴里。在我感受它们在肠胃四处游击之时，外婆在一旁祈祷病弱在药力下消失。

寻医问药，练习喝药，成了我和外婆之间的必备节目。她一次次地拖拽我去寻访医生。这些药物是否真有奇效，她不事先考证，只是执着地让我先喝下它们，再仔细地观察结果。

有些药毫无作用，我嫌烦、生气，她说试过总比没试好。有些药产生过短暂的效用，这时她便欣慰地让我坚持喝，并把稍有起色的成效夸大后渲染给我母亲听，我很抱歉我没在那些药中彻底强壮起来。

那些年，家人一直以为我是因为祖父导致的那场病而体弱。多年后我才在一次体检中得知自己“左肾缺如”，是胚胎时期受致畸因素影响而导致。医生说，我很难或者不会有孩子。这对一个女人来说是残酷的。

我打电话将此事告诉母亲，希望她能对我说点什么。我需要安慰，甚至有发泄的冲动。我提醒母亲回忆她怀我时有何不当行为，引领她搜索可怜的微乎其微的迹象。我想知道她为什么被感染致畸因素，一个人遭遇不幸不会是无缘无故的。年代久远的不明原因在我的基因里埋下伏笔，我想知道这个伏笔是什么，埋得有多深。

母亲什么也没说。隔着话筒，我能感觉到她忍而未发的情绪。我挂了电话，从医院出来，找到一处墙根，困倦而茫然地看着自己的身体。人总是不知道生活中的细微事件，到底意味着什么，当知道的时候，一切都为时已晚。我不能回到二十几年前阻止母亲靠近危险的兔子。我不能，所以我成了今天这副样子。

我感觉码头的风，又一次吹向我。而我自己已变成一艘搁浅的船只，并且支离破碎。

4

如果不是多番求职受挫，我就会以为文凭让我拥有了一把金钥匙。我几乎忘记了斑驳的码头沉疴以及病弱的躯体打在我形象上的烙印。

2016 年，落叶纷飞的城市，似乎正呈现复杂、崩塌、支离破碎的趋势，躁动不安而又变幻无常。股市风波把经济拉入了冬天，接着楼市突然疯涨，房租上蹿……从宿舍窄小的窗户，我窥见雨后春笋般升起的高楼，钢筋骨架直插云霄，天空被烟雾熏染……

一整代人陷入焦虑，社会频现读书无用论，每年有两百万毕业生找不到工作……

那些日子，父亲走在乡间小路的形象，一次次浮现在我脑海中。清晨中的小草，以露珠迎接他持续的咳嗽和吐痰，像是某种契约或是标记。

他和第一缕阳光一同踏进工地。在干活儿之前，他把工地的每个角落查看一个遍。工友陆续到来后，他就扯着嗓子分工，叫喊声和咳嗽声充斥整个工地。

同时，工地外低矮的稻谷垂下了头颅，碎石堆在荒山下等待工人运走，几个村庄镶嵌在荒山的罅隙中，房子依山盘旋，上了年纪的或正在老去的人，从斑驳的木门走出来，捡拾堆放在墙角的柴火，不久屋顶上方飘起了清晨的炊烟。

一想起炊烟我就流泪。在世间生存，叫尝尽人间烟火。离开人世，叫化作一缕轻烟。城市的天空没有烟火，天幕像抹布似的带着一层灰黄，擦拭着我和父亲在城市的记忆。

我找工作的时候，父亲想到我所在的城市打工。他要供十八岁的弟弟上大学，家乡没有生钱的路子，他以为我毕业便有出息了，就来投靠我。

他看见我的出租屋，露出迟疑和惊讶的神色。这是芜杂的城中村，没有繁华的迹象，拥挤的自建居民楼缩在菜市旁边。我的小窝隐藏在一栋居民楼的顶层，攀爬完昏暗、陡峭的八层楼梯，才到达这二十平方米却隔为一室一厅的空间。

出租屋没有空调，只有一张床一把椅子一个风扇，客厅散乱地堆放着我的书，薄薄的墙和玻璃隔不断公路上尖利的车声。

我想给他买个三百元的折叠床，他坚持打地铺，最后只买了一张竹席铺在客厅。带他熟悉如何坐公交、地铁，认路之后，我再也无暇顾及他。

每天早上，出门后我们各奔东西，晚上回家他给我煮挂面。有时他会因为迷路给我打电话，我则声嘶力竭地在电话一端指挥他。在城里他好像我的兵，我让他往左他绝不敢往右，再也不是那个在田地里乐呵呵地吆喝水牛干活儿的农夫。

我一门心思地找工作，赶着一场又一场的招聘会。奔走的路上，风总是很凉，行道树的枯叶扑簌簌地降落。我的目光始终绕不开这些落叶。它们像无家可归的孩子，在风中乱窜。它们落到地面，经受一些杂乱的踩踏后，很快被扫进垃圾桶。

晚上，父亲偶尔会在出租屋问我找工作的情况，我只有“挺好”两个字可以回答。他听了也不再问什么。大概过了一个月，他跟我说要回去了。这句话省略了他一个月的艰辛和复杂心绪，但我知道他求职的困难和屈辱甚于我千百倍。

我执意在他回乡之前，带他出去玩一趟。走在路上，看见挂在高楼墙壁外的装修工，他会露出歆羡；看见在街角挥动扫把的清洁工，他也会露出歆羡。他年近半百，装修公司不要他。他是个连路都认不得的乡下人，街道清洁工也不要他。他已经认命自己不属于城市了，但他藏不住歆羡。

我让他在外滩和东方明珠一起拍照。他拘谨地站着，苍老土气的样子，在璀璨灯火的映衬下特别突兀，但他还是努力地笑着，尽力模仿许文强的样子，想要把一生的美好都定格在按快门的瞬间。照片出来后，他皱着眉头端详很久，最后还是乐呵呵地说：“上海滩就是不一样。”

我跟他说弟弟的学费不必担心，可以申请国家助学贷款，生活费暂时由我来补贴，等他在家里找到活儿干后，一切又可以回到从前了。他表示同意，终于买了车票。

我目送他进站，极力地想追寻他的身影，但他很快被来来往往的旅客淹没。他没能融入浩荡的农民工队伍，却被淹没在失意的回乡人潮里，他心里是怎么想的呢？回乡后，他在乡亲的羡慕中把上海描述得跟电视剧《上海滩》中的一样，说起我也只说好的一面。

后来我终于考了一家事业单位的第一名。入职体检时，我因查出“左肾缺如”而进了医院。医生告诉我，畸形发育加上过度劳累，我的腹部已经发炎，必须手术排出淤血。

在医院，我告诉自己不要为风起云涌而害怕。但我还是哭了，哭声压抑在剧烈抖动的肩膀下，泪水挂满我埋在胸前的脸。

刚回家的父亲，又带着母亲到医院照顾我。在等待手术时，母亲给我讲兔子。她那么喜爱兔子，在怀我三个月时，她养了几只可爱的兔子。在 4 月，这几只兔子全死了。艾略特说的没错，4 月是残忍的季节。我母亲在多年前的 4 月为兔子落泪，现在她在陌生的城市为我哭泣。

和我同住一个病房的，是一个侏儒症女人，脖子斜向一边生长，三十一岁。她住院是因为写博士论文累病了，必须做一个解除脊椎压迫神经的手术。

她的样子，很容易让人产生同情，但与她交谈时，我绝没有怜悯她的余地，相反，我时常惊骇、感叹、敬佩。我比她高，比她好看，却不如她乐观坚强。

她有时昏迷，有时清醒。清醒时，她怂恿我和她一起唱《荣耀》："成长于苍茫茫的异乡，回首依然望见故乡月亮。黑夜给了我黑色眼睛，我却用它去寻找光明……"她的声音滑稽极了，面部因为唱歌鼓胀得很可笑，我却忍不住热泪盈眶……

她看出我时常心事重重，和家人话也不多，就以过来人的口气对我说："和你妈妈多说说话吧，以后你会知道说话的好处的。"

终于，我在医院和母亲第一次达成真正的和解。我试着去听她讲家中的茶树，那是她嫁给父亲那年种的。她说，要是我嫁不出去，大不了像茶树一样待在家里。我笑了。不是笑自己的命运，而是笑母亲将我比成她嫁给父亲时种的茶树。

从医院出来后，我继续奔走在求职的路上，一旦有落脚之地，我就像一棵树一样挺立着、战斗着，任凭风吹雨打。我张开双臂，想象它们是一把伞。

而后，我遇到了我的爱人。他包容我的一切缺陷，忠实地担任着我的人生伴侣，不是作为戏剧主角或者一个故事而存在，而是作为我身旁的一棵树而存在。以后的人生，不知将有什么痛苦等待我，但我不再是独自一个人面对。

5

我们有了一点积蓄，然而将钱存在银行里，就像把沙子装在竹篮里，一点点地往下漏，慢慢地变少。而如雨后春笋般建起的房子，价格却在嘹亮地飞升。这让刚在城市打拼几年的我们很恐慌。

房东以房价上涨为由，想抛开合同涨房租，我们没同意。吵了一架后，我们被赶出了出租屋，签了一年的租房合同在雨水里无力地失掉了笔迹。

这坚定了我们买房的决心。然而，我们不符合所在城市的限购令。朋友说，可以采取曲线救国的策略，先在能买的城市买房，等交满五年社保符合购买规定后，再把房子卖掉在这里买。房子在涨，不会亏的。

于是，我们凑齐首付，在故乡的一个小城市买了房子。我们花光了积蓄，并欠银行几十万元。每月，我们要偿还四千元的按揭，交三十年。同时，我们并没能住进去，而是继续漂在大城市里，每个月要交一千多元的房租。

我们规划了以房子为背景的幸福生活，深信只要辛苦几年，就能过上安稳的日子，在城市扎下根来。之后，我们发现恐慌并未消失，除了担心房价下跌，还担心购房政策频繁改变。

这个异地的房子，是我们应对荒唐的通货膨胀的无奈之举。而我们却被房子和贷款利息套住了。我们低估了房价失控的车轮。

它不只是疯涨，它像沼泽一样可怕。每天，我们像从房子里弹出来的蝗虫，乱七八糟地在城市乱窜，只是为了虚幻的“下半辈子的辛苦能减轻一分”。

生活变得紧张单调、沉闷无聊。有一段时间，我患了严重的失眠症，消瘦不少。挤在人堆里上班和下班，不仅身体不适应，精神也不适应。曾经亮堂的心，有什么东西似乎枯萎了。

我成了城市中一个魂不守舍的人，随波逐流地过着似是而非的生活，仿佛在那儿，但又不在那儿。一天加完班坐夜车回家，看着车流人流在路上像过江之鲫般涌动，我难过得想哭。

我是活生生的人，为什么要为那些冰冷的砖头而卖命地工作？

我在乎的不是房子，为什么却被裹在时代潮流中而陷入恐慌？

这人间，芸芸众生试图以华丽的衣裳掩盖灵魂的空虚，以宽大的房子安放躁动的躯壳。可依然还有那么多庸常的灵魂，在重重负累下行将窒息。

我想起奈保尔笔下的毕司沃斯先生，为一套并不坚固的房子，泯灭理想，负债累累，耗尽一生，最后如同落叶般枯死。

我想起这一生我最想要的生活，是在一张安静的书桌上，写一首能使冷酷者落泪、绝望者微笑的诗。

我没有批判世俗生活的意思。没有谁能规定人该怎么活。挣钱和写诗，没有低俗与高尚之分。我只是在寻找适合自己的世界。房子是居所，也可能是牢笼，将更广阔的天地隔绝在方寸之外。

我凝视红尘中那个似是而非的自己，撕破她在职场中冲锋陷阵的面具，扒掉她修身的职业套装、高跟鞋，翻出她那颗隐没在虚伪下的热烈、多情、敏感的心。

我看清了既懵懂又坚韧、既天真又无畏、既脆弱又倔强的自己。

与其花费生命中最宝贵的年华来赚钱，只为在苍老褪色的暮年享受几分不确定的安逸，不如简简单单一辈子。在不安、忙乱、琐细中浮浮沉沉，直到死才发现好像没活过，这多冤啊！

我已经死过几回了，何必害怕因为没有房子而生无保障、老无所依？

义无反顾地卖掉房子，辞去强撑硬扛的身份，卸下虚张声势的武装，从此天地任逍遥。

我在心里呼喊得豪壮，行动时却谨小慎微。我还是怕啊，在瞬息万变的时代面前，谁不怕呢？

我遇到了华姐，于是有了行动的勇气。我们在一场文学笔会上相识，出乎意料地相见恨晚。她出生于一个书香世家，祖父和父亲都经历过“文革”。她说她是在父亲的音乐声中长大的。

她父亲是大学音乐教授，前几年因病去世，未到耳顺之年。对于一个有才华的人，这样的生命太短暂了。父亲的死对她打击很大。死亡把时间斩断在一个人面前，迫使人改变，这是最具生命逻辑的事情。

三十八岁，没有碰到适合的人，她就不打算结婚了。将东莞的房子卖掉，把钱投入个人图书室的建设。辞去忙碌的工作，专注地投入喜爱的事业：旅行，写书。

这种生活是我向往的，一直存于我心，华姐却把它变成了现实。

她说，旅行前她从不刻意准备，把必备的东西塞进拉杆箱就关门而去。她在每一个城市都停留时间不长，只要觉得已经可以写出想要的东西就离开。

每到一个城市，她就随意乱走。沿途的一切，破旧或繁华，都有等着被发现的美。随意路过的行人，树下乘凉的老人，施工的嘈杂工地，长满野草的荒地，午夜路边调情的男女，铺满落叶的安静角落……它们都在漫不经心的瞬间，给人意想不到的惊喜。

我被她描述的世界深深打动。她活得多么富足啊！

我恳请她让我随行一次，她欣然答应。

我跟着她，蹦蹦跳跳，一路狂奔，兴致勃勃，不知疲累，跑上汽车，跳上火车，从这个城市到那个城市，一切都无须预约，每一天都是从头开始。

旅馆、楼台、鸽子、街道、行人，唤起或者造就了这个世界的另外一些细节。无论是繁花绿树，还是人间灯火，都会在某一瞬间让人思绪万千。

来来往往的人，不知道他们是谁，为什么出现在这里，下一刻又在何方。我捕捉我们相遇的这一刻。这一刻是什么，不必深究，只管去抓住其中的种种可能，并且一旦抓住，就敞开心扉去接纳和感受，背负起命运所赠予的故事。

我深知这不过是我的臆测，但又有什么关系。我走过的路、遇见的人、听过的歌，我无法全部记住。我所能做的，只是尽可能地辨认，并记录下来。

我不断发现，这世界是一个平凡但精彩的世界。平凡的笑与泪，或是撬动整个世界的杠杆。凡人的哀与乐，谱写着生活的本相。“理想”在平凡的人间不可避免地遭遇凄凉，却始终支撑着人生的意趣。

我想，人生就是这样的，无论多么卑微、困顿，我们总能生发出一些光。因为这些光，我们所进行的一切，就不是毫无意义的。

我终于走出房子的阴影。这个阴影还在人间蔓延，笼罩在城市的上空，但我已从蝗虫蜕变成飞鸟。只要地球还在转动，就没有哪一片乌云，能困住飞鸟的翅膀。

6

我时常回望过去。在码头的风中，我看到家族深深浅浅的影子，它从明朝初年开始扎根在黔江流域，建立生养我的木石宅院。我的先辈在这里暗中编织了我的今天。

我看见我的曾祖父。他在清末时期出生，是大家族的长子，从小就在战争岁月中为整个家族的希望而读书，然后为了家族的利益而娶妻生子，接着在颠沛流离的逃难中生病并死去，再也没机会实现因为家族而搁置的理想。他的一生与战争纠缠，所守候的家门前，走过太平天国的长毛军，走过北伐的黄埔军，接着是军阀之间的割据，然后是日军的轰炸……广西解放后，他苦心经营多年的私塾被新式学校代替了。

我看见我的祖父。他在日军的狂轰滥炸中诞生，并见证日军的败退、国民党的撤退。对越自卫反击战爆发时，他已是一个有年头的老兵了，作为后勤兵他随部队前往越南，回来时肺部已被感染，一米八几的魁梧身材，与疾病抗争十多年后，倒在故土。他的身后，是独自操持家庭的祖母，一个将对丈夫的思念和女人的柔弱隐藏在谷物中的女人。

我看见我的父亲。他成长于百业待兴、负重前行的历史时期，在改革开放和计划生育的浪潮中娶妻生子，为延续家族的血脉而东躲西藏。为了生儿子，他遗弃女儿，泯灭理想，把爱情变成消纳悲苦的力量……

我看见个人始终和时代纠缠，犹如时代河床的一粒沙石。在与时代一同蹒跚学步时，我的先辈们失去一些、得到一些。他们的经历早已为我的人生塑形，成为我身上不可磨灭的烙印。如果没有战争，就没有贫穷；没有贫穷，就不会有艰难的生活；没有艰难的生活，就不会有我今天的模样……谁知道呢？历史以什么样的方式塑造人的命运，谁说得清？

我看见我的先辈们，在时代的洪流中无可奈何地被生活牵着走，很少有机会选择，只能任劳任怨地把传统和责任进行到底。

我看见我心里的这块地，还执拗地长着一棵叫理想的树。我所经历的苦难变成了个人的复合历史。这段历史，帮助我明白自己是一个什么样的人。

我既简单又复杂的背景，对应着我来日不明的出世，存在着一个模糊的时代轮廓。我的开端，源自先辈的历史；我的现在，某种程度上塑造着未来。我的写作是这一切的总和。它们向我展示，生命是最具神秘性的，是融合悲伤、荣耀的旅程。我作为这个旅程的信徒，虔诚地叙写自己的历史，在敬重与缅怀中，发现哲理与本真。

病患仍然时常席卷我。那些缓慢到来的阳光却把来日不明的我，历练成一个百折不挠的战士，随时应对不期而至的战争。

无论身处何地，我都无法忘怀那个新旧杂陈、云雾缭绕的码头，它是我第一次思考生命的地方，它是我人生一场最巨大的仪式的发生地。我驾着残破的船只起航，寻找我的意义，然后阳光缓慢地进入我的生命。

我带着码头的照片，一天天地行走在探索人生之谜的路上。出发，冒险，感受，抵达，把生活的体验带到书桌前。岁月流逝，我成长了，我发生了改变，我的生活也发生了改变。

回顾过去，我重建自己的世界地图，忽而发现这是一份我所经历的时代的档案。尽管它暧昧不清又微不足道，但我依旧珍惜那些若有若无却终将降临的阳光。

动物朋友

在工地

老汉遇见吉吉时，它瘦弱憔悴，满身泥巴，一副快要死掉的样子。它抱着前腿缩在墙根，呜呜地哼唧。周围落着几只黑鸟，不飞走，也不靠近，像是在等它断气。老汉可怜它，就把它抱回工棚，喂了点汤水，它竟慢慢地回转过来。老汉又找来个破碗，倒上一碗粥，放在它嘴边。它把头伸进碗里，慢腾腾地吃起来。吃完，它躺在老汉的破衣服上睡觉。它睡了整整一下午，醒来后老汉又给它喂了一碗汤饭。第二天，它就跟健康的狗无异了。

它开始在老汉的工棚里这里闻闻、那里嗅嗅，又沿着工棚周围逡巡数次，看样子就像在视察它的新领地。也是在那天，老汉把脏兮兮的它拎到水龙头下冲洗。这是它平生第一次洗澡，从龙头喷射而下的水，浇在身上凉凉的，小东西有些兴奋，又有些不知所措，发出“叽叽”的叫唤声。老汉被逗得哈哈大笑，就顺势叫它吉吉。叽叽，吉吉，真会想！一分钟的工夫，狗身上的泥巴、黑垢都洗净了，水贴着毛皮哒哒往下流，老汉顺手抓起一块破布，使劲擦干它的毛发。它弓起身子，抖了个激灵，浑身的毛发就蓬松起来。原来它是一条漂亮的黄狗。

我很喜欢吉吉，毕竟工地太无聊了，一个小孩也没有，大人们又忙着搬砖、砌砖。父亲出工后，一整天都没人和我说话。虽然我不爱说话，但整天没人说话，我也受不了。那时我六岁，或者七岁，本该上学而没上学。不仅因为父亲的腰包太瘦，还因为没有合适的学校收留我。我整天无所事事地待在工地，数地上的蚂蚁。有时我用草茎摁住一只蚂蚁的触须，看它徒劳无功地挣扎。有时我在蚂蚁搬运食物的前路突然扔下一颗石子，吓得它们四散奔逃。我对自己的恶作剧乐此不疲，不知道给蚂蚁造成了多大的伤害。唉，一个无知而无聊的小孩，在一些生灵眼里很可能是恶魔。吉吉的出现，改变了这种状况，它就像天使降临，把我从蚂蚁游戏中解救出来，并引领我去往绚烂多彩的世界。

清晨，露水还能沾湿裤脚的时候，老汉和父亲就被吊机带到高空作业了。他们一整天都要待在那里，就像我一整天都要待在地面。他们喜不喜欢高空我不知道，我和吉吉却都喜欢地面，这点我是清楚的。他们一上去，我就和吉吉到工棚外的空地上玩耍。附近有一片很大的草丛，草有半人那么高，时常传出蟋蟀“吱吱”的声音。吉吉率先冲过去，找到一个拇趾大的草洞，然后趴在洞口汪汪叫，又假装用前脚刨挖。我也跑过去，俯下身，煞有介事地用鼻子闻了闻草梗。我们一起歪着头端详半天，好奇地猜想：

这里头的蟋蟀有多大呢？总之，我不用再担心时间难挨了。以前玩累了，我只能找个石墩靠着睡觉。一秒，一分，一刻，一小时，时间一点一点过去。没有人管我，我很自在，也很孤独。周围的一切都是陌生的，激不起我的兴趣，只会让我在梦中因想家而哭起来。上个月我还在山上采野花和草莓，这个月就被父亲带到工地。我做梦还在山上放牛呢。现在有了吉吉，一切都变得神奇起来。

风浩荡地吹过天空、树木、堆积在地上的帆布，我和吉吉陷在草丛中，任草叶在我们上方摇动、翻涌。这些植物多繁茂啊，它们一定有着比钢筋更为悠久的历史，比水泥更为贴近人心。闻起来香香的，是卷耳草；开小黄花的，是蒲公英；挂着一串串小黑果的，是葛藟。有时我仰躺在草甸上，看着飘浮的云朵，懒懒地听着小鸟的歌唱和草丛中的嗡嗡声。更多的时候，我跟着吉吉钻来钻去，探索未知的神秘。有一次，我好像踩到一块墓碑，以及痕迹几乎湮灭的坟包。我并不害怕。外婆说过，鬼是怕狗的。我还在草丛捡到一个没了支架的地球仪，然后以草叶作船，从太平洋漂流到大西洋，又从大西洋环行到印度洋。草丛也没有亏待吉吉，吉吉从中找到了一个小绒球。它用爪子抓，用嘴咬，小绒球就四处滚动，引得它汪汪叫唤。我们就这么玩着，快乐而满足，似乎不需要更多的东西了。

几十米开外，工人们马不停蹄地干活儿，楼房迅速地长高。有多高，我不敢抬头看，那个高度使我害怕，工人在上面晃来晃去的样子也使我害怕。我是通过楼影的长度来判断楼高的，楼长高一层，阴影就拉长一层，最后像鬼魅般追到草丛中，使得风吹过草叶时变得更阴冷。我不得不离开草丛，追着阳光迁徙。我移动得越来越频繁，太阳还是落下去了。工人们陆续从天上下来，一个个满身灰黄的尘土和泥浆，只有两只眼睛和鼻孔是黑色的。汗水淌过的脸颊，留下蚯蚓般蜿蜒的痕迹。一天的劳动遮蔽了工人们的面貌，使得他们看起来就像属性一致的泥人。我只能通过身形辨认父亲，吉吉则通过气味寻找老汉。

比起我来，吉吉和老汉更亲密一些。和我在一起，它总爱到处钻，似乎任何东西都比我有吸引力。可老汉一回到地面，它就寸步不离地跟着老汉。就连老汉洗澡之时，它也站在门外等待，这会儿即使斑鸠在它十米开外的地方咕咕叫，它也不会去追逐。老汉若是坐在门前抽烟，它就安静地卧在他的脚边，或者用嘴追咬着自己的尾巴打转。老汉若是睡觉，它就躺在老汉的床边，听着他的呼吸声入眠。除了偶尔梦回，它很少再想起那些饥寒交迫的夜晚，以及不怀好意的棒喝、驱赶。它的身体越发强壮，来自一个人类的爱，让它成为一条幸福的狗。这个人不仅救了它，还把它当成自己的孩子。他从不骂它，有时还会摸着它的头说很多的话。若是他不小心落下泪花，吉吉就歪过头压住他的手，伸出舌头舔舐上面的泪滴。他反过来又用这双粗糙而温厚的手，握住吉吉的头轻轻地摇晃，就好像他们完全心意相通。他不说话之时，吉吉就乖顺地趴在他的脚边，头对着他，时刻关注他的一举一动。他若是一声令下，它就会变成完美的执行者。

我一度认为吉吉离不开老汉。一到天黑，吉吉要是见不到老汉，就会狂躁不安，不是焦急地在工地乱跑，就是不停地冲着拔地而起的大楼狂吠。老汉总是在夜色涂满工地时从天而降，他一边咳嗽一边解开身上的锁扣，一边粗鲁地吐痰一边从吊机中走出来。双脚踏上厚实的平地后，他就朝吉吉愉快地吹口哨。然后他们一前一后地往回走。回到工棚，老汉洗净手和脸，换掉被汗水浸透的衣服，吉吉就把烟斗叼到老汉手边。老汉抽烟抽得很猛，有时会被烟呛得流眼泪。吉吉饿了，就用鼻子把它的狗碗拱到老汉跟前。老汉给它的吃食不算太丰盛，有时是半个馒头，有时是大半碗饭，都是他尽力省下的。工地上，每个人的口粮都有限。我偷喂吉吉若是被父亲发现，就会遭到呵斥。

一天，吉吉在楼下没有等到老汉的口哨。所有的吊机都从空中下来了，口哨声也没有响起。吉吉发疯似的朝天吠叫着，却不再有吊机降下来。它围着大楼旋转奔跑，在建材之中横冲直撞。没有人理它，工人们忙了一天都很累，谁也没精神理一条胡闹的狗。吉吉的叫声刺痛了我的心。我想呼唤它回来，又张不开口。莫名的恐惧，填满我幼小的心。

老汉去哪儿了，我没有弄清楚，父亲也没有说清楚。工地传闻说那天出了事故，主角是不是老汉，我说不准。父亲叮嘱我不要乱说话，我就把嘴巴闭得牢牢的。那几天，一切都变得很奇怪。所有的人都面色阴沉，既抱怨活儿累，又急着想去干活儿。他们蹲在工棚外闷声抽烟，等待着停工命令的撤销。其间来了穿白大褂的人，接着又来了穿蓝制服的人。后来，有人收走了老汉的东西。他的东西不多，一床破棉被，几件旧衣服，两双底子磨穿的解放鞋。清理的人却感到犯难，它们不仅酸臭，还爬着虱子。尽管如此，工棚还是被清空了，老汉的痕迹一点也不剩，就好像他从未存在过。

那段日子，所有人闭口不谈老汉，就好像不认识这个人。只有吉吉不分昼夜地寻找老汉，它把鼻子伸进潮湿的泥土里、破布堆中、车轮下，一点一点地搜索老汉的气息……饿了，它就在垃圾堆里翻找吃的；渴了，它就在水洼舔水。我也无力喂养它，停工后吃食更少了，父亲还经常因为我饿肚子，哪可能还顾得上一条狗呢？渐渐地，吉吉瘦了，不知是因为吃不饱，还是找老汉累的。白天它在工地四处游荡，傍晚准时在停工的楼下张望，夜晚又守候在老汉住过的工棚外。一天又一天，老汉始终没有出现。再后来，它扩大了搜寻的范围，马路、街区、公园、菜市……任何老汉曾经去过的地方，它都循着气味奔赴而去。

一个月后，或是一个半月后，父亲收拾行李要带我回家。他有没有要到全部的工钱，我不晓得。那阵子他脾气太坏了，在他面前我大气都不敢出，什么也不敢问。临行前，我想和吉吉告别，但它不知跑哪里去了。我默默地掏出一根香肠，放到它的破碗里，希望它看见后，知道我还惦记着它。

在集市

它吐着舌头喘气，舌面有斑驳的黑点。耳朵是尖而漂亮的三角形，此刻耷拉着，没有对周围保持警觉。它大概忘了它的祖先是狼，周围也没人记得狗是由狼驯化来的。几千年来，人习惯了人狗和谐的图景。这种美好的关系，给人带来许多便利和乐趣。阳光流泻，有种晃眼的眩晕。空气中隐约有嗡嗡的声音，像蜜蜂在靠近，又像苍蝇在叨烦。行道树的叶子纹丝不动，偶有飞机划过集市上方的天空。西南门的房屋在街面投下阴影，却并不能使汗流浃背的人凉快。挨着狗的摊贩摆着切开的西瓜，此刻已经发蔫了。这样的西瓜只会赶走顾客，于是摊贩把表面一层切掉，丢到了狗旁边。

这是个胖女人，大饼脸，皮肤暗黄，眼角爬纹，看着像五十岁。但也可能没那么老，因为总也干不完的活儿，会使人加速衰老。她叫了声："阿黄，快吃！"狗就冲她撒娇似的摇尾巴，哼哼唧唧地叫唤。它喜欢她叫它阿黄，尽管它不懂她为何叫它阿黄。这是它很多名字中的一个。也许，她把它当成了她儿时的玩伴。多年前她养过一条狗，一条真正属于她的狗。她看着它从毛茸茸的小狗，长成威武的大狗。整整两年，她和它几乎形影不离。在一个枫叶火红的秋天，阿黄突然死了，死得很冤。从那以后，她再也没养过狗。唉，不说也罢。她在这儿摆摊很多年了。这里是这片区最大的集市，粮肉果蔬繁多，垃圾堆有不少被随手丢弃的杂碎，吸引流浪狗们前来晃悠，这儿嗅嗅，那儿蹭蹭。她跟它们都热乎不起来，她每天都麻木地坐在摊位旁，懒懒地看着街面，目光从不停在狗身上。面前的这条狗，似乎跟她有缘分。它第一次出现时就引起了她的注意。那时它还是条小狗，浑身的黄毛又干净又锃亮。它一来就跑到她的水果摊前，绕着她的腿兜圈子，用身子和脸蹭她的腿，就像当年的阿黄一样。她撵它，它也不走。它每天下午都来，在她跟前撒欢儿，咬布团，打滚儿，或者静静地卧着，直到太阳照不进街面的傍晚才肯离去。一天，一张百元钞票从她口袋里掉出来，被风吹远了她也没发现，是小狗追上钞票，叼着送回给她。她终于忍不住把它抱在怀里，一声声地唤它“阿黄”。那以后，她会从饭盒中分出一些吃食给阿黄，还教会了它吃水果。

在这炎热的夏天，阿黄愉快地吃着胖女人给它的西瓜。瓜已不新鲜，但对一条狗来说依然足够美味。它用鼻子嗅了嗅，找准角度，然后像人一样啃一口瓜瓤，接着嚼碎咽进肚子里。少许汁液沿着嘴沿淌下，粘在嘴毛上，看上去就像血滴。很快它就把瓜瓤吃完了，它没有继续吃瓜皮，也没有掉头走开，而是叼起瓜皮向垃圾堆跑去。把瓜皮放在它以为安妥的位置，它才重新回到摊位旁，安详地躺在胖女人脚边。胖女人拍了拍它的后背，又挠了挠它的头顶。它喜欢她的胖手所带来的触感，肉肉的、柔柔的。舒适使它的眼皮粘上了，它娇嗔地伸了个懒腰，就迷迷糊糊地睡着了。街面的屋影越来越大，从西南慢慢向东北扩张。空气中似乎有了一丝风，渐渐地，树叶摇动起来，阳光洒落的一地碎银也晃动起来。胖女人被晃花了眼，困意席卷而来，她也不自觉地打起盹儿来。

今天是小集，赶集的人不多。在这种日子来集市买货的人，都是在附近上班的医生、老师、公务员。他们来的时间很固定，都是踩着下班后的点，来了快速买上几样，就匆匆走了。因而这种天打瞌睡不碍事。大集就不一样了，周围乡镇的人都往集市拥来，街面上人来人往，热闹得就像捅了蜜蜂窝。小集天天有，大集三天一次，胖女人的状态就跟着集市转换，小集像弥勒佛，大集像铜陀螺。她当然喜欢大集，摊货摆满集市，一直延伸到公路上。农人挑着新鲜的瓜果时蔬前来，见缝插针地摆开，红辣椒、新笋、野菇、木耳，样样都鲜亮。土鸡、土鸭、土鹅，被装在竹笼里，咕咕咕，嘎嘎嘎，呃呃呃，好不热闹！专门赶集采买的乡人更是络绎不绝，正是他们把集市贸易推向了繁荣，胖女人的生意仰仗的也是他们。每逢大集，胖女人就会备更多的货，更殷勤地招呼客人，赚的钱也会更多。

有时，她还得提防人顺走她的货。有些爱贪便宜的人，在摊前逗留假装要买，东摸摸、西看看，稍不留神，就偷偷把摊货塞进他们的衣袋或手提篮，然后若无其事地离开。有好几次，她亲眼看见了，只是碍于对方年纪大，才不忍心揭穿。好在多数乡人行事磊落，不然小本生意哪经得起。阿黄在的时候，这种事就会少些。狗能捉贼，人人都知道，也就不敢太放肆。

小集她也感激，虽然卖出的货不如大集时多，但她的货好，又足斤足两，就有了固定的老主顾。就在日头偏到墙根时，我看见“弥勒佛”露出了笑容，忍不住猜想，她准在梦中见到了远在异地上大学的孩子，要不然就是回到了油菜花盛开的童年？有时从混沌中醒来，她会和隔壁卖豆腐的女贩说起刚做的梦。在一些令人怀念的梦中，她回到了往昔。那时，她还没有发胖，面庞如油菜花般闪亮。她最爱走在开满油菜花的春天，眼前是无边的花海，身后是忠实的阿黄。一人一狗，组成世上最纯真烂漫的图画。

下午5点，阳光斜过高楼、树叶，在街面留下杂乱横陈的光影。下班买菜的人，陆续走进集市。被脚步声惊醒的阿黄，迅速爬起来。它晃晃脑袋，眼睛环扫一遍集市，随即用它的圆头拱“弥勒佛”的大腿，用肉嘟嘟的身子推搡“弥勒佛”的熊腰，直到她睁开惺忪的睡眼。老顾客习惯性地走向她的摊位，“弥勒佛”立马堆满笑容招呼。客人一边煞有介事地挑拣，一边谈论如今的物价。这个说汽油贵了不敢开车，那个说一个大国和一个小国在打仗。嗡嗡嗡，嘈杂声渐渐升腾，市场热闹起来了。阿黄喜欢这种声音，喜欢这些衣着各异的人，就偏着头好奇地打量他们。有时它会兴奋地从摊位前跑开，来到集市路口，神气地站着，把尾巴摇得像鸢尾花。当一条白狗出现在路口，阿黄就撒腿跑过去。挨近了，彼此热烈地头碰头、脸蹭脸，轻轻地叫着、咬着、追逐着。当一方被另一方压在身下，一方就发出呜呜的哼声，亲昵地求饶。有时它们会迷恋上黄昏的光线，便追着光又蹦又跳。有时它们对地面的影子产生疑惑，就把鼻子贴近大地，嗅着各种各样的气息，鼻孔发出哼哧哼哧的声响。飞掠而过的鸽哨，让它们的耳朵竖起，机敏地捕捉四周的动静。下水道蹿出的老鼠，让它们的心跳加速，并把游戏推向迷人的转折。不断有人走过它们，它们也路过很多不同的人。它们忘记了天色正在变暗，忘记了集市终究会散场。

太阳西落，热闹如潮水般退去，只剩稍显狼藉的集市。胖女人收起摊子，和阿黄做完惯常的简单告别，就骑电车离开了。白狗和阿黄碰了碰鼻子，也跟随主人走了。很快，集市只剩下几只流浪狗，在垃圾堆扒找集市的遗珍。阿黄不愿和它们争食，也不肯缩在角落里睡觉，就沿着公路大步慢跑起来。离集市越远，面前的路就越复杂，它该走哪一条呢？它要往哪里去呢？一辆车冲过来，它跳开了，车窗传出声音，它没听清就被风吹散了。车越来越多，灯越来越多。咦，这些人要干吗？那些忽闪忽闪的灯要干吗？它都被晃晕了，索性疯狂地飞奔起来。那些挤在一起的车又动了，有的往南，有的往北，有的往东，有的往西。它看呆了，羡慕它们都有明确的方向，羡慕它们所奔向的家门。在茫茫夜色深处，有没有一个家门为它打开呢？它继续往前跑着，在速度的眩晕中似乎听到一声熟悉的呼唤。它的血液奔腾起来，越来越急切地想要融入滚烫的风中。当它跑到一座桥上，一枚圆月冲进它的眼眶。它停下来，直直地站立着，昂首对着空中的月亮，发出一声长长的悲鸣。

在城市

我们在公园的河边散步，丈夫突然说："狗在城市生存比猫艰难。"这话莫名其妙，我接不上，就扭头去看河。河上，树影婆娑，灯光闪烁，梦幻而迷离。我想起海子的诗：有一盏灯/是河流幽幽的眼睛/闪亮着/这盏灯今天睡在我的屋子里/过完了这个月，我们打开门/一些花开在高高的树上/一些果结在深深的地下。

眼前之景，远不如诗中之意境，被联想在一起，纯粹是女人的任性。女人总是喜欢浪漫的事物，何况身边还站着爱她的丈夫。

灯灭后，我才看见猫和狗。它们蹲在河岸边，匍匐在草丛里，游荡在夜色中。它们没有属于自己的家。猫随处可见，远多于狗。我试图作出解释。狗个头儿大，所需的生存空间远大于猫；狗不会爬树，不会上墙，不如猫灵活，难以适应日渐逼仄的城市；狗爱撒野，爱狂奔，更适合乡野……丈夫却提示我，城里人喜欢喂流浪猫，却很少喂流浪狗。对此，我无法辩驳，日常所见确实如此。丈夫总结道："城里人更爱猫。"他举出了证据。作家夏目漱石、老舍为猫撰美文，钱锺书、林徽因为猫打架反目，狗就没有这样的待遇。

我们的话题转到宠物上。在城市，动物的命运通常是充当宠物。在宠物的名单里，猫、乌龟、金鱼、金丝雀这样的小动物，比较受青睐。狗族之中，像个子小的哈巴狗，才容易挺进榜单。我问他，如果养宠物，他会选择什么动物。他搔搔头，讪笑道："先养活自己吧。"他是个喜爱动物的人，我知道他这么说是因为我们连自己的房子都没有。多年来，我们居无定所，倒像是城市中的自我放牧者。我知道他是喜欢和动物生活在一起的，就像他没离开河北平原时那样。而且，他不会称它们为宠物，他更愿意像一个真正的牧民那样，把动物都放牧到草原上。

他开始怀旧，目光带水，话语黏糊，像一只潮湿的软体动物。这很危险，很容易在缺乏草木的钢筋水泥城脱水而死。城里的水明码标价，一点一滴都要算钱，没有多余的水供给嗜水的生物，他这样浪费自己本就不多的水是不行的。他应该像钢铁一样坚硬，像弹簧一样伸缩，像陀螺一样耐摔，像沙包一样抗打，才可以生存下来。他这样的乡巴佬过多地缅怀泥土，只会让这个城市更加排斥他。但他还是说："乡下人对狗和城里人是不一样的。"

这话让我想起外婆。外婆说，狗是庄稼人忠实的老伙计。这是真的，在乡下，狗不仅能看门、拿耗子，还能帮忙打猎和照看孩子。外婆又说，猫是没良心的，肚子不饿不会想起她。这就让我费解了。难道是因为猫不认主？不，她有一个流传已久的故事作力证。她问我："老班人讲话，猫吃饭狗吃粥，为嘛呢？"我摇头。她说："很久以前，地主喊猫和狗去耙田，猫到田边只睡懒觉，狗累死累活做一天才休息，猫睡饱了，就跑到田里面踩脚印，踩得到处都是。地主来看，以为田是猫耙好的，就给猫吃饭，只给狗吃粥。""猫好聪明。"我说。她气得拍我的头，说："讲的是老实人总是挨哈（欺负），晓得没？"我听不出这和讲猫聪明有什么不同。我五岁，不明白大人的脑子想什么。她又把自己代入老实人的角色，讲了一大串的话。我想了想，她可能是想说老实人像狗，或者还包括要对狗好点。

我把这个故事讲给丈夫听。他沉吟半晌，说："人习惯认为狗好欺负。"狗如何在人类史上变成好欺负的形象，我不得而知。我听过不少人说狗有奴性，也听人说过狗通人性。丈夫说："这就看人给狗的是铁链还是友谊。狗不为服务人类而生，它的祖先是狼。"我的眼前出现巴克的形象，它是一条由狗变回狼的生灵，是《野性的呼唤》点燃的火炬，是杰克·伦敦终极的理想。

我们轮流列举关于狗的词语。人类为它们造了什么样的词呢？很遗憾，一长串难看的名单，破坏了我们散步的心情。我又想起外婆骂人时，总是连累和她一样老实的狗。疯狗、狗官、狗东西、狗奴才、狗腿子、猪狗不如……村庄的上空回响着她的愤怒，然而她的大嗓门儿没能伤她骂的人分毫，倒把看门狗吓得瑟瑟发抖。我还想起那些可怜的牛和驴，它们为人类耕田、拉车、拉磨，人却骂道：牛鼻子、死牛筋、驴脾气、驴肝肺、蠢驴！人啊人，难道你好赖不分，又或是要暗示什么高深的道理？

一天早晨，丈夫醒来后说他梦见自己变成了一条狗。这把我吓坏了。要是变成狼或者鸟，我不会这样。偏偏是狗，这事就大了。他遭受了不公正的对待？幸亏，他讲只是疲劳引发噩梦，我才没有愁死。但很快，我竟发现他和狗越来越像。他总是忙得跟狗一样。他的头发越来越乱，像狗窝。他总是被呼来喝去，像……从此，他出门后我总担心，他会不会像流浪狗一样不受城里人待见？他在陌生的地域应付得来吗？有没有一根棍棒在看不见的地方瞄准他？接着，我梦见很多人变成了狗，被铁链拴着，被木棒驱使着，做着它们的祖先不曾让它们做的事情。

在等他归来的深夜，我又寄希望于灯。我愿意相信，灯能驱走黑暗，能给行人——包括我们这样的异乡人——指路。不是吗？许多年前，我初来乍到，无情的风雪几次把我摔在污泥里。是一盏灯，突然给了我站起来前进的勇气，尽管它只是一盏豆大的随时可能被扑灭的灯。

在牧场

羊群在山坡上，由牧犬看管着。有它在，公羊与公羊不会打得头破血流，小羊也不会掉落山谷。它时而慢腾腾地奔跑，时而懒洋洋地静卧，时而立在山巅俯瞰它的臣民。草莽中的动静也会吸引它的注意，有时它会突然跳起，或者猛扑过去，惊得山鸡、野兔四下逃窜。它还会半卧在牧人身边，只用眼睛横视它的国土。它还是牧人女儿的贴身保镖。它陪着她在溪边漫步，驮着她在草地上打滚儿，护着她穿过崖边的小路，爬上挂满野果的大树。牧犬与牧人的情谊，就像草木与大地的关系。

在这片广袤的土地上，它专横而骄傲、尽责而自豪。它是这里的王，它大吼一声，整个河川都会震荡，整个山谷都会回应。这种生活令它心满意足，没有人见过它垂头丧气的样子。发达的四肢，使它无往不利。结实的肌肉，让它浑身充满力量。三米宽的溪涧，曾倒映它飞跃而过的雄姿。每一处崎岖的山岭、每一寸神秘的土地，都留下了它的脚印。它把唾液和尿液标记在树根下，把粪球和毛发埋进幽深的蕨根底，所有的生灵就都读懂了这位国王开疆拓土的宣言。

一天又一天，太阳升起又落下，落下又升起。它游荡在这无拘无束、没有被画进地图的山野，见证万物的兴衰、牧民的悲喜。它从飞鸟那里获得速度，从山人那里获得友谊。这里的人都和它一样，喜欢贴着土地睡觉，大大咧咧，光明磊落，毫无心眼。它看着他们如何在四季中付出勤劳和善良时，就理解了他们的生活，也愿意守护这种生活。春天，他们加固围场，疏浚沟渠；夏天，他们用山芋叶和芭蕉叶遮阳，抱着木屋的支椽抵御暴风雨；秋天，他们在山崖和岩石间寻找蜂巢，将那些花朵变成的香蜜储满陶罐；冬天，他们垒起高高的柴堆，然后一整个冬天都围在篝火边。

在这个春天，潺潺流水照旧孤独而又热烈地泛着阵阵浪花，我的牧犬引我漫游在没有路径的林草地里。我们走过的地方，齐膝的草披向两边，露出蛇形的痕迹。我们奔跑，草木就跟着奔跑；我们停下，草木就跟着山风舞蹈。醉人的花香浓得简直让人发狂，纷飞的蝴蝶和蜜蜂又使我们的脚步凌乱。侧耳细听，岿然不动的巨石下有毛鼠的声音，牧犬发出一声响彻山谷的“汪”，石头几乎被震得滚下山谷。

大风扫过林梢，吹遍整个山村。一些炊烟升起来了，一些炊烟消失不见了。一些暂时回家的人，又关门背对羊群离开了。整个山村迅速冷寂，但风依然浩大。我和牧犬望着日渐苍茫的大地，知道今年将有更多的田地变为荒芜。悲伤没有太久。无论何种情绪，都不会在风中停留。草木依然深扎大地，湖泊依然映照天空，我和我的爱犬，有太多的事要做，有太多的地方要去探究。

大地就在脚下，蓝天就在头上，我们是那样自由自在。下到南坡时，野猪出现了。那是一头健壮的野猪，全身没有哪一块肌肉是软绵的，没有哪一根毛发是黯淡的，它的眼睛亮如星辰，有着不容奴役的神气。我们相遇时，它正在松林中呼噜噜地拱着泥土，脸上沾满松针。我把蘑菇丢给它，它不屑一顾，而是自食其力地寻找隐藏在松根旁的野菌子。它和家猪是不同的，不会为了人类施与的食物，甘愿待在小小的猪圈中被囚禁一生。它的獠牙十分危险，但我不怕它，牧犬会守卫我的安全。

我们东一晃西一晃地走，走着走着，就开始寻找一处松软的草甸躺下，一会儿看天，一会儿看云。眼花了，就站起来奔跑一阵，跑累了就停下来张望一阵。林梢上有风，山谷中有风，它们比山更自由，比云能走得更远。我们跟着风，寻找太阳洒漏在林地的光斑，脚边溜过一条菜花蛇，草丛中蹿出一只大鸟，扑棱着翅膀从耳边掠过。光影深处遍布木耳，一排排稠密地生长在潮湿的枯木上。它们是树林最灵敏的耳朵，能比人先听到风雨的消息，能比人知道更多树林的秘密。

风再次拂过，我听到森林的颤动、大地的颤动，不自觉地张开双臂，仿佛下一刻就能飞起来。牧犬耸动着鼻子，然后把舌头伸出来，在每一棵它认为美丽的树上舔舐。这是它研究大地森林的方式。它感觉到了，这座山是不同的。这种奇怪的不同深深吸引着它，并刺激它去发现生命的奥秘。生命是运动不息，是互相补充，是环环相扣，是和谐的大合唱……它感受到了，兴奋地吠叫起来。

黄昏降临了，长庚星镶嵌在西天。夕阳吐着最后的余光，温柔地抚摸这片土地。我们坐在山坡上，眼光湿润，心中涌动着泉水般的幸福。夜来了，一轮明月挂在天空。在无边的月色中，我们一动不动，等着山下的灯渐次亮起。

沿铁轨追寻太阳鸟

1

这是一条东西走向的铁轨。早上太阳从它的东边升起，傍晚从西边落下。昼夜交替的时刻，铁轨就像是铺到了太阳里去。铁轨挑着日出日落，因而整个白天，金色的光辉洒满铁轨，就像一首金色的诗。

我在铁轨旁奔跑，阳光裹着我，我踩着阳光，一路的风景就开始跃动。阳光在风中流转，晒热铁轨、路面、路边的花草，迷人的草木香在空气中扩散。土蜂循着阳光的气味，慢腾腾地寻找食物残渣。长脚金花虫飞了几圈后，猫在三叶草上慵懒地晒太阳。几只蝴蝶从紫地丁上飞起，旋舞飘动到铁道上，被风卷进车底，又从另一侧飞出，蹁跹而上，追赶一缕风中游动的花香。

我不停地东张西望，熔金的阳光弄花我的眼。风中跳动的光斑，像是无数的鸟在飞。我抓着衣服下摆，在光影中旋转起来。

我舞动，光影也舞动。风把树影推到我衣服上，衣服看起来就像花裙子。风把影子拨开，阳光又在我身上洒下一片辉煌。我在灿烂的阳光中，越跑越快，越跳越高，衣服如花朵般圆鼓鼓地张开，似乎要飞起来。

叽叽喳喳的麻雀，一群群呼啦啦地落下来，摇头晃脑乱啄一阵，随即扑棱向上，在空中化作纷乱的斑点。它们搅乱地上的阳光，大风撕碎它们空中的影子。骚臭的戴胜，大自然的贵妃，头戴一顶皇冠，仿佛一把漂亮的扇子。黑背白胸的鹡鸰，爱在水边炫耀它的尾巴，尾巴上下摆动，好像在说“快看啊，快看啊”。胖嘟嘟的喜鹊，像可爱的绅士，喜欢立在树梢，或是站在电线上，歪头歪脑地看着来往的列车。

众多鸟中，来过一只黄鸟，它的叫声美妙极了，啫啫、啫啫……只是我没来得及看清，它就飞走了。它是不是我梦中来过的那只?

2

铁路边的树，几乎每棵都挂着个喜鹊窝。五六月份，窝中有雏鸟。冬天，全都成了空巢，扎在光秃秃的树上，没有一只鸟愿意看一眼。地上这么冷，柴火总是不够用，我忍不住想，把它们拆下来，是不是上好的柴火?

我的目光一定太过凶狠，逼得大风刮落下一个窝子。啪，家园尽毁，四散一地。我一根根捡起来，丢进火堆里。刺啦，烟气混着鸟粪的味道；刺啦，火苗蹿得老高；刺啦，似有一只鸟从火光中跃出，直冲云霄。

“火里有鸟！”我冲父亲喊。“那是火龙。”父亲看都不看就判定。“明明是鸟！”我看得真切。父亲固执己见，叹道：“火龙出地，要变天。”这话带起一阵狂风，呼啸着刮起沙石，卷起火苗，直蹦到半米高，像是又一只鸟涅槃了。我喊父亲快看，可他带着工具去工地加班了。

中国很大，大地很宽，是靠这些铁道连接的。我来的第一天就有人告诉我了。怎么连接的，谁都懒得说。他们只想着把活儿干完，然后四仰八叉地睡大觉。我只能想象，当太阳沿着铁轨从东走到西，旷野由北到南一点点沉入黑暗，这些铁轨就幻化成长蛇——或者用父亲的称呼“长龙”——爬行在祖国的大地上。它们所经之处，风起云涌，飞沙走石，直到月亮出来，垂下白纱似的柔光，才安寂下来，嵌入土地，只露出黑亮的背脊。

火车从这些背脊上滑过时，沉睡的巨龙会不会被吵醒，翻身而起，抖掉压在它身上的一切？我睁大眼睛看，什么都没有发生，只有灯光寂寥地照着站台。一些人从车厢走出，脸上带着困倦和茫然。然后火车呼呼喘过一阵粗气，月光下发亮的铁轨就驮着车厢一头扎进田野，消失在夜色中。

来到这儿以后，每天深夜，我都醒着，灵魂长满耳朵，谛听周围的动静。我等待金乌从铁道的东边来。它裹着一团火，吐着烈焰，用三只脚走路，一到子时就鸣叫。我听到了什么呢？哗——风过林梢，飒然有声；唰——鬼魅般的身影在树丛一闪，让人猜不透是什么。偶尔一声尖叫划破风声，夜幕就像被鬼扯般抖动起来。

天还没这么冷的时候，夜是动物的剧场。白天的沉默，似乎只是为了夜间尽情撒欢儿，于是天一黑，不甘寂寞的精灵们就开始活泛。呱呱呱，青蛙在开交响乐会；唧唧唧，蟋蟀弹奏着多弦琴。除了风雪没有什么能终止这种热闹。

路边的庄稼，被披着夜色的老鼠收割。咋咋咋，嚯嚯嚯，噬咬声在玉米地此起彼伏。突然，声音熄灭了。一只老鼠发出哀嚎，它是被一只猫头鹰摁在爪下，还是被一条蛇截断去路？农田中窸窣有声，草叶间闪烁着萤火虫，一些星光随风飘到铁路上。

天上的月亮，一会儿像船，一会儿像树叶。光出现的地方，影子就出现。影子在光的世界游走，时长时短，一些由风灌进我的脖子。我打了个喷嚏，影子抖动，光也抖动。这时，月亮像一把镰刀，如果它沿着铁轨跑，能不能追上火车，会不会割伤金乌？

天地浩渺，我抛出无数个问号，没有人回答，问号孤零零地挂在月亮的弯钩上。不知不觉，月亮偏离树梢，露水沾湿头发，地上一片清凉。其实，我愿意是一枚发光的月亮，尤其是在这样的夜晚。不过我更喜欢金乌。

父亲对这种鸟的了解，仅限于后羿射日。这个上古神话的全版是这样的：太阳女神羲和，为天帝帝俊生了十个孩子，是为日精，亦曰金乌。它们住在扶桑树下，树下有个汤谷，是它们洗澡玩耍的地方，通常是九个在树下，一个在树上给母亲驾车，每个轮流一天。某天，它们淘气过了头，十个同时出现在树巅，导致“焦禾稼，杀草木，而民无所食”，尧令后羿张弓射之，九死一存。

这个故事的内核，是人类对干旱的恐惧，尤其是像父亲这样的农民。他害怕金乌，青黄不接的日子，太阳明晃晃地照着，阳光像火似的筛下来，大地有股烧焦的味道。他对着太阳叹气，恳求它收敛光芒。太阳却只是晃一下，好像有只鸟要飞下来。《黄帝占书》云：“日中三足乌见者，大旱赤地。”熟知各种占卜书的他固执地认为，物极必反，过于耀眼的事物往往会演变成灾难。他像一株干渴的庄稼渴望雨水，而天空清澈得容不下一片乌云。

我想得到一只金乌，用它口中的火温暖冬天的夜晚，这样我就不用去捡总也不够用的柴火。这最后一只金乌，一定又害羞又听话。它顽劣的兄弟姐妹死于箭下，使它变成一个胆小忧伤的孩子。

这孩子会趁没人的时候，从天上跑到人间吃草。它吃过的这种草，人吃了会长生不老，鸟兽吃了则会醉倒，躺在地上一动不动。自从教书先生口中听来这个掌故，我就痴迷于看草地上的鸟，尤其是那些呆傻愚笨的。

鸟在附近的草地一动不动时，我就想叫父亲来看。忙于赶工的父亲，没空帮我辨认一只金乌的灵魂。我想母亲了。

傍晚时分，母亲总是站在门前的长街张望，一声声呼唤贪玩的孩子。半空中的炊烟，帮她牵住孩子的心。灶膛里的火焰，映红她的脸。我跑回家，到灶台帮她添柴火，她就会在烟火气中，讲天鸡与金乌和鸣的故事。

在世界最高的一棵桑树顶上，住着一只叫声最响的天鸡。它知道一天应当何时开始，它觉得时候到了，就会冲着东方打鸣。住在日头里的金乌听到了，也发出一声长鸣。然后，全天下的公鸡就会苏醒，喔喔喔——鸡鸣三次之后，金乌就驮着日头从山尖冒出来，把光芒洒向桑树巅。

这样的认知源于她长年的经验。为了早起给全家做饭，她夜里睡不安稳。她的耳朵时刻警惕着鸡鸣，就像金乌时刻关注着桑树巅的声响。太阳里只剩下一只金乌，唯有地上的一声鸡鸣能打破它的孤独。喔喔喔啊——这是一只天鸡在呼唤同伴。

3

父亲站在铁轨边远眺落日。半年前，我们曾拎着帆布袋从太阳那边过来。蝙蝠和燕子在他头顶飞翔，寒鸦在枝头和他一同望着西方。如果阿青在的话，就会走过去递给他一瓶水。

父亲回头看了我一眼，似乎想说什么，终究没有说。他俯身拿起一瓶水，朝着光的方向仰头喝起来。他的脖子在暮光中闪闪发亮，喉结有节律地耸动。我几乎能看见水在他皮肤下的食管流淌，然后化作万千细流到达每一寸肌肤，再变成汗水从每一个毛孔渗出。他的汗在阳光中亮晶晶的，和阿青一样。

阿青，江湖艺人，我们是在铁路边的一个小镇认识的。那时，我和父亲沿着铁轨行走，嘴里哼着日落西山的小调，太阳就在我们屁股后面闪着红光。走过一座桥，进入一个小镇，我们看到一块大空地上，围着一圈人。我们凑过去，想看看有什么名堂。

我踮起脚尖，啥也看不见，两个大屁股挡住了我的视线。“赏光！”“筋斗！”“火！”人堆中的吆喝吸引着我。我用力往里挤，头从屁股缝中冒出来时，就瞅见一个黑瘦的人，立在人群中央，手里举着一个火把。

他上身赤裸，露出前胸和后背的文身。前胸是一条青龙，从颈下盘踞到腹部；头昂在心口，嘴巴微张，舌头从唇边吐出，尖部有个细小的分叉；前爪攀在两肩，利爪牢牢抓着他的血肉，好像扎得越深，他就能获得越多神力。背上是一只大鸟，仰首向天，双爪腾起，金红的尾羽垂摆至右腰下，与下腹部的龙尾衔接；双翅完全展开，如同两柄锋利的扇子，末梢泛着金光。这文身让他看起来很神气。

他就是阿青，可惜阿青个头儿不高，这让他失了几分威武。他的小方脸左侧，有个闪电状的刀疤。他的双眼总是凸起，像蜻蜓一样。他看着你时，你害怕他会生气，担心眼珠掉出他的眼眶。那天，他用这双眼睛看着我时，我自觉地把手伸进口袋，掏出两块钱，放进他的碗里。

他冲着火苗怒吼三声，将火把伸到每个人面前，让人查验那是真的火。火到达父亲面前时，他示意阿青等等，从口袋掏出烟，借火将烟点燃。父亲深吸一口，烟雾从口鼻喷出，他的眉头松弛下来，微薄的满足感在脸上荡漾，化成两团氤氲的红云。他又深吸一口，喷出更多的烟雾，风搅乱它们、吹散它们。父亲剧烈地咳嗽起来，两朵红云变成眼角浑浊的液体。

父亲的咳嗽停歇后，阿青开始表演。这时天色已暗，夜像水墨似的洇开，镇子上的树木影影绰绰。在越来越浓的夜色中，那个人孤火一把，独树一帜，有了神圣的意味，就像是刚从山上下来的普罗米修斯。几抹烟气因风缠绕其身，青龙咆哮起来，神鸟啊呀长鸣。有什么东西从我头顶上空，倏忽而过。

我指着天对父亲说："刚才有只鸟。"父亲不理会我，拍手称道："好靓的龙。"

我只好又去看阿青。他在夜风中，头发飞扬，口吐焰火。从他口中喷出的火，蹿到半空，像飞扬的旗帜。他猛吸一口气，将风收紧，喷出的火又吞回肚子。现场爆发出欢呼、尖叫。阿青得意地甩头，嘴巴大张，火又从他的喉咙蹿出。就这样，他不停地吃下火，又吐出火，直到我分不出他是人还是火。

在一簇最耀眼的火光中，我再次看见一只鸟浴火而出，在风中发出一声长啸，划过天际，消失在鸿蒙之中。我拉了拉父亲的衣角，他不理我。我听到他梦呓般的低语："也许我会成为一个魔术家，而非一个建筑工。"

那晚之后，阿青和我们一同上路。他本就是个铁道边的浪人，而父亲是沿着铁路打杂的散工，我们理所应当成为同路人。这对他有好处，白天他在铁路帮工，挣点烟钱，晚上还能到沿途小镇继续他的演艺生涯。

他在的日子，父亲有人一起抽烟，居然从一个闷葫芦，变成一个有说有笑的人。我也喜欢阿青。阿青走南闯北，见多识广，能讲许多稀奇古怪的事。

太阳鸟的传说最迷人。“埃及有太阳鸟，就在金字塔顶上。早晨太阳的第一缕光先照到它，晚上太阳的最后一束光也属于它。它白天吃下很多光，并把光从塔尖传到塔底的法老嘴里。法老因此永世不死。如果人能偷到一点它嘴里的光，就会变成富翁。每年总有很多人跑到埃及的沙漠，寻找这种太阳鸟。可是只有少数人能看见它。”他神秘地说。

“你见过它吗？”我不失时机地问。他挠挠头，挤挤眼睛，说：“见过。”“长什么样？”我紧追不舍。他开始细致地摹绘，话语顿挫，悬念迭生。有时还边说边张开双手，在风中扑棱，好似一只要腾空而起的大鸟。

他说，埃及是太阳的故乡，全世界的人都到那儿寻找太阳。太阳在沙漠晒出最干净的沙子。沙漠的人相信他们是太阳的子民，绿洲是神的恩典，尼罗河是神扔在沙漠的鞭子。在埃及，大地的眼泪最珍贵，一口井能让干渴的路人相信神的存在。

我对神的子民不感兴趣，塔尖的太阳鸟却令我神往。我寻找金乌那么久没找到，也许它跑到埃及去了。

我相信金乌就躲在阿青的火把中。他是见过太阳鸟的人，也许还偷走了太阳鸟吃过的光。多次观摩他吐火后，我越发相信这一点。我痴迷于他的火，恨不得天一黑就跟着他去看火。

在车站附近有一条小巷，两旁是成排的砖楼。一些屋子亮着暧昧的灯光，有人说那是红灯区；而没有光亮的岔道，据说是黑帮的据点。一天，我到那条巷子去找阿青。

刚进巷口，我就遇到一对踉跄的男女。他们俯身在墙角，呕出醉酒的秽物。我加快脚步，甩开他们，小心地避开积水的坑洼。一个趔趄，我摔倒了，鞋子脏了，裤子湿了，手也沾满泥巴。

转过一排房子，是一道半米宽的墙缝，很黑、很长，我犹豫着要不要从这儿穿过去。突然，一双大手从后面勒住我的脖子，把我勾起来倒拖到墙角。我的脚悬在半空，像仰躺的蟑螂徒劳地乱蹬。双脚再次沾地后，我才想到要喊叫。我拼命张口，发现嘴巴被捂住了。我用手去撕扯那只手，又有一只大手抓住我的手，反剪着扣在背后。我使不上劲儿，两脚乱踢。一把刀压在我右脸上，顺势下滑，抵在我的脖子上。我不敢动了。

一只手从背后捏我的头、肩膀、腰、大腿。“太瘦，个头儿不高，还没长熟。”背后的人说。我看到夜色中滑动的烟头，我看到星星在下坠，还有什么？……“爸呀，救我呀！”号叫从心头往上涌，却冲不出嘴巴，而一把冰冷的刀就要割破我的血管。

背后进行着令人绝望的密谋，啊，他们要把我怎么样？泪水蒙住眼睛，我看不见烟头了，只感觉一束电筒光打在脸上。接着又是一阵低语，还有压低声音的争吵。

过了几分钟，刀抽离我的脖子，勒住我的手猛地松开，我滑倒在地。双手撑地，我想爬起来，试了几次终于站了起来。奇怪的是，困住我的人走开了。

摸摸脖子和脸，没有破，嘴里的咸味可能是不小心咬破舌头出的血。接下来该怎么办？往前还是往后？天旋地转。一双手抓住我的胳膊。“你不该到这里来。”黑暗中的声音说。是阿青。我抓住他的手，说不出一句话，泪水不停地流，抽噎使我几乎无法呼吸。

他丢掉嘴里的烟，背起我，往铁道边走。看见工地的灯光时，他请我擦干泪水，承诺以后只要我想看，他就在铁路边给我表演吐火。我同意了。见到父亲，我们谁都没有说起这件事。

后来，阿青离开了铁路工队。他没有跟我告别。整整一天，我从半夜等到天亮，又从天亮等到天黑，也没看见他出现，才知道他走了。他的一根火把棍，落在了我脚边。我盯着这根棍子，烧焦的顶端又黑又蠢，无法相信它吐出过金子般的光芒。

我再次看见阿青时，他成了荒草中的一具尸体，胸膛插着一把刀，就在那条龙的嘴巴下面。龙头还是那么威猛，那些血就像是从龙口喷出的火。而喝过血的刀，寒光闪闪，异常鲜亮。

阿青为什么死去，他的全名叫什么，我不知道，只记得他跟我说过一个梦。梦里他找到了家乡，在一片巨大的油菜花地旁边，暮春时油菜花连天，像巨大的金色幕布。他的父母，就在这画一般的油菜花地头等他。

他记不起他们的样子了，但他们一定记得他，一定在等着他。如果当年他没有走失，现在就该让他们抱上孙子了。等他们老去，他就把他们埋在油菜花根下。

阿青走了，我在 1995 年的风中，埋藏了一滴眼泪。

阿青一定想回到油菜花根下吧。但无论如何不能了，他躺在一片无主的荒地上，好像他本就属于那里。或许，这并不是他，而是另一个被太阳鸟捕获的灵魂。

4

暴雨如注，铁轨上的父亲，像一把斜插入风口的刀子。整整一天，太阳没有出现，它像一个累死在矿洞的广西人，没有绳子把它拉上来的话，它就再也回不到地面了。

风撕扯父亲的雨衣，地面到处是雨水，以及雨在地面撞碎的声音。随着头的转动，套在他额前的探照灯发出的光束也晃来晃去。雨水在光束中，犹如破碎的面条。

这真是一场大雨，地上积水成塘，不停地由高处往低处奔流。下水道井盖被冲开，井口大水喷涌，犹如趵突泉。不少垃圾和树枝被雨水卷到井边，又被底下冒出的水顶开。父亲的小腿没在水中，不时有垃圾缠到他腿上。他四处检查下水道，用铲子疏通排水沟，只希望积水上涨的速度能慢下来。

还有一厘米，积水就要漫过台阶。台上挨墙堆着很多包水泥，只有一层防水布盖着。风雨抽打着那块可怜的塑料布，如果它坚持不住，水泥就会因为喝水而报废。没有人能承受这种损失，尽管人生来就是学习承受的。

父亲往塑料布上加压几块砖头，以免风把它掀起来。然后，他呆呆地站在那儿，看雨点不停地敲打在上面。他不知道怎么办。撒手不管，等于坐以待毙。立时抢救，把它们扛到雨入侵不到的地方，就要掀开那块布，同样不可避免让它们淋雨。

除了祈祷，谁都无能为力了。所有人都只能看着雨，并呼求太阳赶紧出来。

不该让他们把水泥堆在这里的，但那帮人太累了，而天气预报又说一周内是晴天，谁知风暴说来就来了。南方天气的脾气就是这样，跟不讲道理的命运一样。

雨水在我们眼皮底下，击打着那块脆弱的布，汇成许多水流，看起来浑浊、愤怒，甚至痛苦。只要十天，消耗完这批水泥，我们就可以完工离开了。老天为什么不能等一等呢?

我眼前的窗玻璃，在哗哗的雨声中嘎吱作响。过往的岁月已在它身上留下不少伤痕，此刻还想给它更多的考验。它很破旧了，但它为我遮住了风雨。而我却不得不舍弃它，走出门去。

只能这样了。父亲回来，拿起绳子和沙袋，为水泥做一道防水墙。我戴着头盔，跟在他后面。我没有雨衣，个头儿太小了，根本不会有合身的雨衣，只好尽力背对着风的方向，让脊梁扛住风雨的鞭打。可是，即便我弓着身，也担心风随时把我抛入空中。

我和父亲配合得蛮默契。我六岁，已经跟他闯荡过不少工地，怎么着也算半个老工人了。我帮他撑开袋口，让他快速地把沙子铲进袋子里，然后用绳子扎紧袋口，把沙袋码在台阶边缘上。

我们机械地干着，一旦开始就闷不作声地干下去，因为不知大雨何时才能停下。雨水冲刷着泥沙，也不妨碍我们连水带沙装进袋子里。沙子存不住水，压实后，水就会流出来，袋子里就只剩下沙子。

父亲挥铲子带起的水，甩到我脸上、唇边，我吃到沙子和泥水，就草草地往旁边吐一泡口水。有时我不得不把眼睛闭起来，然后把头后仰，让雨水冲掉眼睛上的沙子。更多的时候，我只是麻木地往前伸直两只手臂，十指紧紧抓住编织袋，让它像个圆桶似的立在地上。

一袋装满，接着一袋，麻利、流畅。无论是我还是父亲，都没想过这种纯粹得近乎残忍的劳作，有什么意义。我们太不擅长思考，如果我们足够聪明，就不会相信天气预报的鬼话。

我们一夜未睡，用身躯抵挡雨水的攻势。天亮时，雨停了。太阳从铁轨的东边升起，美得就像我跟金乌的约定。那时，我的脑袋使我认为，是金乌听到我的企盼，才把太阳背出地面的。

多年后，我才知晓这场雨的分量。它改变了很多生命的走向。几百公里外，一条河因它失控，沿途的村庄、城市损失惨重。它中断铁路运营，将焦灼的人困在本就不堪重负的车站，许多乘客因此再也回不了家。

无名的父亲，他的使命就是将铁路从恶劣的天气中拯救出来。中国政府在历次的惨痛教训中，意识到“基建”的重要性，决心全力建设与时代发展相匹配的现代交通运输网。不管多大的雨，他们都会坚持，我和父亲都会坚持。

5

父亲使用电钻时，不习惯戴口罩。钻头插入砖墙，拉动撞击，粉尘在他头顶崩散，火星在他脸下炸裂，有没有一粒是他思绪的浪花？他的胸膛如土地般沉闷，什么情感都埋藏在地表下，仿佛沤久了能变成肥料似的。

电钻延伸了他的力量，那些他徒手无能为力的墙，现在毫不费力就能进行改造。他要从砖头中打出一个洞，然后用金属去填补那面墙的空穴，仿佛铁才是墙的骨骼，他要把它们安放进去，这面墙才会坚不可摧。

工人，这是他的身份吗？我的童年是看着他使用各种工具长大的。工具的变化，也说明他身份的变化。镰刀、锄头、犁铧、柴刀、斧头，这些色泽温润的铁器，是他与庄稼交谈的媒介；镐头、铁铲、扁担、手推车，陪他一起做过黄金梦；现在，他手持电钻和瓦刀，沿着铁路讨活儿。

电钻声停止时，他的咳嗽炸响。肺里淤积的粉尘，越来越严重地干扰他的呼吸。有时，把脸贴近他的胸膛，我能听到气流与粉尘的摩擦声。我只是分不清，哪些是水泥末，哪些是煤渣子。

父亲曾在矿道里干活儿，后来他承受不住大地的重量，才回到地面。他跟母亲说过，他再也不想去到漆黑的地下。那些黑乎乎的煤，燃出的火比任何木柴都旺，却比世上的任何事物都要黑。和它们待久了，人会瞎掉。他还讨厌那些黑暗中的老鼠，它们在矿道潜伏，会突然蹿出来，钻进你的裤腿，那时你想做的事只有一件——用镐头狠狠砸烂它们的脑袋。挖煤时，他一心只想着狗头金，那种黄色的东西，也埋藏在地下，听说运气好的话就能碰到，从此发大财告别老鼠一样的人生。

多少年了，对于母亲，父亲只是个过年时才会出现的人，只有我陪父亲淋过雨、等过太阳。我相信父亲对我的爱是不同寻常的。在我更小的时候，他让我骑在他脖子上，带我去看魔术表演。他还喜欢把我拥在怀里，用胡子蹭我的脸，然后再让我帮他把胡子拔掉。可他的胡子根本拔不完，所以那时我们每天都做这样的游戏。

现在，他不做这样的事了。他决定让我明年就去读书。他叫我不要像他，叫我去做有文化的人。为此，他可以一辈子做他觉得累的事。

金属插进墙身，与打出的洞完美吻合，他在封口旁边补了一些水泥，让它们看上去仿佛天生就是现在的样子。接着，他开始打下一个洞。整个上午，他都要进行这种简单的重复。他做这些的时候，会不会因为想起我们，而觉得枯燥的一切都变得有意义？

我尽量不打扰他干活儿。他忙的时候，我帮他洗换下的衣服。这些年，父亲身上都是水泥的味道，脸颊、头发、胡子也是灰扑扑的，衣服更像是被水泥涂抹过一遍似的。

天知道我有多讨厌这些水泥。我的手那么小，根本搓不掉这些结在衣服上的泥垢。只是父亲不在意我洗不干净罢了。他总是这么粗心大意，不修边幅。就连睡觉的时候，他也是没个人形。每次收工回到屋棚，他把外套扒掉，搁在椅子上，然后鞋也不脱，就仰躺在床上，活像一只翻了个儿的螳螂，搞得床上到处是水泥末。

洗完衣服，我就坐在我的小床边上，看从地摊上买来的图画书。看累了，我就出去晃荡，捡柴火、扑蝴蝶、逗野鸟。只要我保证柴火充足，他回来有热饭吃，他就任由我疯。他不用担心我傻到躺在铁轨上。

他允许我把小床装饰成我喜欢的样子。我在床头插几朵路边摘来的花，在墙上贴我在书上看到的各种金色鸟。他没问过我为何喜欢这些鸟，正如我也没问过他为何喜欢狗头金。

有一天，他结完工钱，我们相约一起到附近的镇子好好吃一顿。我们很早就出发了，起初是一前一后沿着铁轨走。后来他突发兴致，要温习童年的游戏，就再次把我举得高高的，让我骑在他脖子上。就在那时，一只大鸟掠过天际，东方云开破晓，一轮红日在铁路尽头跃出地面。

那个早晨，铁道边的他，每一步都是迎着日出，每一步都让我坚信，他的太阳就是我。

6

关于那只金乌，我已经知道它的源流了。父亲供我读书多年，我已有辨章学术、考索答案的能力：金乌是中国神话中驾驭日车的神鸟，是太阳之灵、力量之源、生命之本。

在《尚书》《山海经》《楚辞》《淮南子》《史记》等典籍中，金乌的出现常带有神谕的意味。在古人的世俗生活中，金乌承载着他们飞翔的梦想，长年聆听人们虔诚的祝祭。在神鬼世界中，金乌抚慰死亡的悲伤，将死者的灵魂引领至仙界。近年出土的汉代画像砖、贵族墓室壁画、高句丽古墓，常发现三足金乌的身影，正是源于此。

从人类洪荒年代开始，金乌就作为自然信仰的一部分，守候灵魂的安宁。中国古人崇拜金乌，就如同崇拜祖先一样。值得注意的是，对金色鸟的崇拜，几乎全世界都一样，三星堆文明、古埃及文明、古巴比伦文明、欧罗巴文明，都有一只熠熠生辉的金色鸟。金色鸟，让古今中外的人，都有了一颗金色的心灵。

我将这些发现讲给父亲听，他笑呵呵地说：“读了大学，你和我不一样了，这很好。”这话让我一怔，在我内心所激起的情感旋涡，如同当年的那场风暴。是的，离开铁路后，我遵循父亲的期望，用功读书，一副学不成名誓不罢休的样子，一路修完由小学到博士的课程，获得了和他不一样的身份。

可我真的和他不一样吗？铁路边的岁月，他的爱恨由雨水和阳光淌进我的生命，我的灵魂早成了他意念的支流。在我认为自己与他不同时，总有这样那样的微波，让我看到我们的相似之处，要比我意识到的多。

7

如果我是父亲的太阳，那他是不是那只驮着我前进的金乌？我走过那么多路，每每回想起铁道尽头的金光，内心就亮堂堂的。这光使我不惧前路，并永远爱着这个并不完美的世界。

我的农民工父亲

1

父亲抱着他，鲜血从模糊的伤口流出来，浸染在衣服上、裤子上、鞋子上、手上。那么温热，那么黏潮，他的手真切地感受到生命从豁口一点点流失。一切就在一瞬间发生了，他们各自骑着一辆摩托，行驶在公路的右侧边缘，兄弟在前，他在后。有好几次，他想超车跑到前面去，都没有做到。晚风助兴着奔驰的快感，兄弟在前方犹如流星冲破黑暗，迅捷而闪亮。兄弟什么都比他做得好，砌砖整齐，刷墙利落，开车也是一把好手，就连酒量也远超于他。他则做什么都按部就班，慢吞吞的，因而经常像个积极配合的合作者跟在兄弟后面，或者站在他旁边。只有这次，他坐在地上抱着他。

兄弟早已说不出话，双手和腿脚却不甘放弃，尽管拼尽全力的挣扎只是让脚掌和手指动弹几下，他也能感到一股倔强的意志从兄弟的四肢传来。有几次，他似乎看到兄弟的喉头像雨前蛤蟆的肚皮，一鼓一鼓地在动，十分滑稽，简直让他觉得好笑，但他又笑不出来。喉咙那里有什么锁住了兄弟的话吗？他真想帮他把那块凸起的骨头掰开，把他的话释放出来。然而，被释放出来的只有血。先流出的血在他手上凝固、变干，新的血还在冒出，在地上淌了一大片。他把手压在他的伤口，尽力捂住，满眼的红却让他眩晕。不适感让他手足无措，他不知道该怎么办，是用摩托车载兄弟去医院，还是这么抱着他等救援？刚才他在电话里几乎是吼着和120、110说话："快来救人，发生车祸了！……"吼完他就一直保持现在的姿势，抱着兄弟，着急而又无能为力。

眼睛能不能化成针线，缝上生命的缺口？手能不能变成皮肉，封住鲜血的通道？他想起祖母的女工，匀称、细密，总能将碎布缝成合身的衣裳。女人真了不起啊，她们能生下孩子，还能用各种零碎包裹和守护孩子。作为男人，他觉得自己要无用得多，他不知道人是怎么长大的，也不太懂得照顾人。他只会使蛮力挣钱，将生活的希望寄托在强壮的四肢。他干活儿时，小心地保护它们免于受伤，这指的不是磕碰、破皮之类，他们这类人是免不了磕碰、破皮的。他指的是要保证双腿灵活、站立走动，双手完好、十指健全。他们中的不少人，因为从架子上摔下来，腿或伤或断，要么误工，要么沦为没法挣钱的废人。而被机器切掉手指的人，再也拿不稳工具，能干的活计就有限了。

救护车在来的路上了，而警察先于医生到达，来了就不停地拍照取证。他们做事有条不紊、目标明确，只有父亲和那个司机不知道能做什么。那个司机哭丧着脸，木讷地站在卡车旁边。父亲本该恨司机的，但司机的样子让他忍不住可怜他。这家伙看起来真不是个能担事的人，他又瘦又黑，白T恤皱巴巴的，被汗水浸得发黄。他猴子般的脸因为风吹日晒过早地布上皱纹，加上一副哭丧样，看起来真是又穷酸又丑陋。他一定是贪工，才在夜间拉货，又必定胆小，才不打灯就把车随意停在路边，然后下车撒尿。等他将尿射向路旁的灌木丛时，听到尖利的碰撞声。他惊慌地扭过头，一些摩托车撞碎的部件飞到他脚下，他的尿就有一部分撒到了裤子上。现在他的裤裆仍有一片潮湿，而拉链也忘记拉上了。父亲真想提醒他把裤子拉链拉上，却实在没法跟他说一句话。

父亲只好呆呆地看着那架歪斜地停在路边的卡车。车身半旧了，轮胎有泥巴，应该是在雨后的山路上沾上的吧。车上的桉树木头令父亲好奇，这是自家村子山上种的，还是隔壁村子山上种的？父亲没有山了。他亲自签字包租出去的，一签就是三十年。这三十年，山上只能种植承包商经营的桉树。连绵不绝的山，只生长一种树，父亲真是头一次见。这个壮族人，从小住在山上，门前是汩汩奔腾的溪流，房屋四周是长满青苔的石头，松树、椴树、柞树、杉树、橡树、梧桐树、栗树层次分明地长着，层层叠叠的山林滋生无数花朵、蘑菇。花朵与成千上万的蜜蜂恋爱，蘑菇则令山猪们发狂。自从种桉树后，山上的花少了，蘑菇难得一见，山鹰飞走了，麻雀也走了。民俗学家来调查时告诉过他，这里一直是山鹰最大的栖息地，不过以后就难说了。现在他确实很久没见过山鹰了，也很久没唱过山歌了。“哥哥哟，你像山一样挺拔。”“妹妹哟，你的眼睛像泉水。”年轻时，父亲的歌声雄壮，母亲的歌声明亮，生活的秩序完美得如同山鹰划过长空的弧线。如今，一切都掩盖在木材厂刺耳的切割声下了。

这些年，公路两边建起了很多木材厂。工厂中的机器，将小腿粗的圆形桉树切割锻造，粉碎成渣，再压缩成规整的组合板，然后拼装成家具。这些家具，都是牺牲水土的桉树换来的，而桉树又都是用卡车从山上运下来的，司机都是些讨生活的中年人。为了省事和节省费用，他们常将卡车停在路边过夜。卡车不打灯，像地鼠般躲着交警的搜捕。事情就这样偶然而又必然地发生了，只不过这次是轮到他们而已。

兄弟在去医院的路上断气了，救护车上的人没有做过多的努力，只是检查、止血、输液。他们一看就知道他活不成了，只是例行公事地走些程序而已。也好，没有浪费太多钱，听说 ICU 每天的费用都过万。这个淳朴的兄弟，连死都那么善良，延续着怎么都不愿去医院的作风，只是以前是硬扛着与疾病斗争，这次是干脆地死掉而省下钱。丧葬费，司机后来出了。赔偿费，司机始终拿不出。二十万，一条命的价钱，最终也没有着落。兄弟有四个孩子，两女两儿，最大的十六岁，最小的九岁。

他们在傍晚收工，吃了一顿丰盛的饭，从工地骑摩托车回家，这是值得高兴的一天，他们刚谈妥一桩新的活计，因此骑车也轻快了些……父亲一遍遍地回忆事情发生的一幕，以便给交警做笔录，也为了能更合适地将消息带给兄弟的媳妇。他感到为难，怕她号啕大哭、撒泼打滚儿，没想到她得知后平静得出奇。“没有办法，事情已经发生了，先处理好再说吧。”她不见悲喜，面无表情。说完，她继续提着一桶潲水去喂猪。猪圈里有四头猪，拱着，推搡着，发出饥饿的叫声。她一瓢一瓢地把潲水舀进猪槽，动作流畅而小心，以免泼洒而弄脏猪头。猪挤在槽边，呼哧呼哧地抢食。父亲就在旁边看着，不知该说什么，也不知该干什么。最后，他转身出门，去找人处理丧事。

父亲不可避免地路过他婶娘的老屋。她拄着拐杖坐在屋门旁，头戴壮巾，身穿蓝布斜襟壮服，左脚旁卧着一条黑狗。黑狗嘴巴咧开，露出闪亮的牙齿。父亲小心翼翼地走着，尽量不发出声音，无论是狗还是婶娘，他都不想惊扰。黑狗还是不解人意地发出低低的吼声，婶娘则用拐杖敲着地面大声问：“哪个啊？”父亲不敢动了，也不敢回答，任何回答都太复杂了。他只能寄希望于眼盲的婶娘没认出他。“是哪个啊？”沙哑的询问一遍遍响起，拐杖就像是敲击在父亲心上。风从巷子吹来，吹乱老人的白发，似乎想把这一团乱麻拔起。“是哪个，讲话啊！”老人空洞的嘴巴发出喊叫。父亲低下头，仿佛他的心虚已经被盲眼老人看穿。“是我，您的大侄子。”父亲紧张地应道。婶娘听罢，气他不应人，就用壮话咒骂起来。父亲惭愧极了，他默默地听着她的训斥，只字不提公路上的事。为了弥补愧疚，他临走前帮她把柴火推到了墙角，柴上的一些灰尘扬起，迷了他的眼。他背着风，用手背轻轻地擦眼角，手上出现一片湿渍。他可能哭了，也有可能是我看错了。

死在外头的，没法在家设灵堂，就在山脚下的空地搭棚子。来吊丧的人，一边谈论这场车祸，一边回忆死者生前的事迹和好处。而作为死亡见证者的父亲，却是唯一没法和亲人细说这个事故的人。他有很多事要做，因而克制着情绪。如果有人问他，他就将那些难以启齿的话尽可能简短地说出。有些人懂得他的苦，比如那些长年在外奔劳的人，就会拿起铁锨和他一起到山上挖坑。

他选了一块视野开阔的坡地，那儿也是家族的墓园，他圈定的地方有棵碗口粗的棠梨树，站在树下能看到整个村庄，他选这里，是想让兄弟看到山下的家。挖坑时，一朵黑云飘过山头，接着就下起雨，雨水冲刷挖出的新土，周围的桉树在风雨中哗哗作响。土挖得越深，雨下得越大，雨水浇透头发和衣服，顺着脊背和腿脚灌进雨鞋里。他们挖的坑在雨中变成水潭，锄头和铁锨在泥水中也像被咬住了，挥舞起来很吃力，砸向地面则溅起巨大的水花。挖到膝盖深时，泡软的土墙开始剥落，没法成为规整的四方形。挖到一米深时，积水最多的一面土墙猛地坍塌，几根白骨和碎木头滑落下来。父亲吓坏了，不知道这是哪个祖先的骨头。他蹲下身子，用颤抖的手捡起这些骨头，想把它们归于原位，却看到更多的骨头掉落在泥水中。人的骨头就是比血肉执拗啊，血肉早已腐烂，骨头却拒绝泥土的同化。然而，它们终究也撑不过这场雨水吧。

父亲取来木板，固定住新坟的土墙，他要给兄弟建造好最后的容身之处，不得不把那些白骨送回旁边的旧坟里。他希望祖先能原谅他，并且保佑他把一切都处理妥当。他第一次知道建造阴宅也不容易，第一次知道地下也很拥挤。他替活人盖了那么多新房子，第一次修筑阴宅，竟是为了共患难的兄弟。第三天，一口装着兄弟的黑棺材被族人抬到新坟下葬了。铁铲把土盖到棺木上时，一身麻衣缟素的兄弟媳妇突然大哭起来。她的眼泪像雨水一样凶猛，再次把父亲吓坏了。

2

葬礼过后，父亲变得更沉默寡言了。他没法跟我们说他的生活，他像牛一样笨拙。这可能是他的长处。

牛从来都不爱耍性子，只会默默耕作。我难以想象，如果牛像百灵鸟般歌声婉转，或是像猫一样灵活变通，它们是否还能任劳任怨地承受枯燥繁重的劳作。大地的丰收需要牛的血汗浇灌。寒天暑地，它们的汗水顺着皮毛滴进田地，混合着肥料滋养庄稼。它们很少看天，那太高远了，也太炫目了。小时候割稻谷，大人都叮嘱不要抬头，不要乱看，一看就绝望，就觉得一望无际的稻穗绵延着令人窒息的压迫感。要低头，要像牛一样闷声低眉，老老实实操刀一把一把地割，不要数数，这样才能把活儿干完。牛干活儿的时候，它的眼睛有过怎样的期许？那平整的水田，海浪般翻腾的禾谷，远处包围村庄的山，在它湿润的眼中倒映成什么影像？牛有没有想过劳作的意义？田地间沉甸甸的收获，跟食草的它有什么关系？它这般劳作，是缘于热爱，还是屈服于鞭子？只要想想其中的任何一个问题，牛恐怕都会发疯！每一块土地都等待它去翻动，每一粒谷子都需要它拉回谷仓。埋头苦干吧，于是春去秋来，年复一年，一干就是一辈子。它渴望过山外的世界吗？它羡慕过国道上飞驰而过的汽车吗？鸟群掠过头顶时，它是否幻想过拥有一对翅膀？讷于言的牛，我绞尽脑汁也无法了解它的想法，就像我费尽心思也无从得知父亲的心事。

父亲的一生，也像牛的命运一般。近年，农村的耕牛突然变少了。当劳作模式变化，耕牛不再被需要，就渐渐消失了。机械替代牛的功用，人也跟着被解放出田地，最后连田地也被解放了。在巨变的过程中，反应灵敏的生命总能很快找到新的位置，比如越来越多的年轻人丢下田地跑到城里打工。像牛这么笨的牲畜，只能等待被安排。后来，养牛场出现了，成群的牛汇聚在里面，不用干活儿，只负责吃饭、睡觉、长膘。牛的功能转化了，生下来的目的就是在壮年时沦为盘中餐，到死都见不到一株庄稼生长的模样。而我的父亲，也在这个时代洪流中，失去了做农民的机会。

他从山上搬下来，加入城镇化建设的行列。随着年岁渐长，他的工作离地面越来越远，离天空越来越近。习惯埋头干活儿的他，成为高空作业的建筑工人。但是，越走越高的他，除了某些特殊时刻会说“天啊”，竟很少说到天空，他更愿意谈论大地。面朝黄土背朝天的过往让他认为，只有大地值得信赖，而天空可望而不可即。天上的事，他喜欢以神灵来接通。像航天器升天这种新闻，他不会太在意，对着电视咧嘴笑笑就过去了。大地就不一样了，他能从凤山说到龙泉，从母牛说到田鸡，从蛇的蜕皮说到毛毛虫的脱壳。所以“谈天说地”于他是个偏义词，谈天不常有，说地不可无。

高空作业，于他实在是迫不得已。若能选择，他宁愿一辈子只干好地面的事。一辈子把一件事做精做细，于他的性情更符合。他不是一个擅长变通的人。很多在别人看来是改天换命的机会，在他那儿却成了负担。随着铁轨和高速路撕开大地的肌肤，高楼在城镇化中不停地拔起，旧有的生存结构失去支点，谷物不再掌管于土地公公，生死不再有赖于一场场神秘的祭祀。为了养活他的几个孩子，他拎着蛇皮袋上路了。在他身后，大地还在向着天的尽头铺展，只是已非他熟悉的模样。

在我的印象中，他很少说起打工生涯，只有与亲友喝醉酒的时候，才偶尔谈起。而他是很少醉酒的。酒桌上，借着酒劲酒胆，没人怕吹牛会脸红。有人说女婿如何了得，有人说儿女多么出息，有人炫耀钱袋子，有人展示名贵烟。他有什么可说的呢？房子比不上人家，儿子没人家多，盼个男娃都快望穿秋水了，女儿们的学费还没有着落……这一切，都让他在人前开不了口，只能做个闷葫芦。然而，人生的杂质聚积体内，越垒越沉，越捂越烫，就有一些暗流从情绪的缝隙中渗出。

一次酒后，他提到南部的金矿山。在那里，温顺如牛的他，干着世上最暴力的工作。他用炸药炸开大地，用钻机、铁锹向岩石土壁进攻，只为掠夺深藏地底的财富。当找到宝藏时，他们的力量和能力就得以证明。只是在黑暗局促的空间，要时刻防范被掉落的石块砸中。虽然死亡只是回归大地，但一家老小实在难以撇下，人恐惧死亡，到底是因为有牵挂。偶尔会有人死掉，地下的水冰冷刺骨，阳光遥远得似乎从来不存在。在那里，挑一担子矿石下山是两毛钱。山上没有水，珍贵的水只用来解渴。人都住在山洞里，一条自带的薄被子就是梦乡。下雨天，天上下来的水，解决不了任何缺水问题，反而把山洞弄得寒湿，把山路搞得泥泞。湿冷蚀骨，他感冒了，根本不舍得花钱买药。挨着，撑着，后来发展成了慢性支气管炎。即便他现在常因此咳嗽，也丝毫不觉得后悔。那里挣到的钱，让他有了娶妻的资本。为此，头发蓬乱，胡子拉碴，满面矿垢，嘴巴腥臭，他也死撑着不下山，直到矿山因非法经营被关闭。

他说完，仰头干掉碗中的酒，喉咙随着吞咽动作不停地耸动。那是我第一次看见他的青春岁月，尽管叙述简省，还是能感受到其中的矿砾。它们切开他的肌肤，嵌在他的血肉中，成为生命的一部分。他带着矿山的馈赠下山后，有了妻子，后来又有了我。我是不是一粒矿渣凝结而成？其实，那时候他还是半个农民，家中的土地也还等着他去翻耕。他在矿山获得的最宝贵经验，是“土地很富，不只能长稻，还能挖宝”。出于对土地的信任，他从矿区回到家后，又做了几年农民。或许，应该叫半工半农。

在农村，几乎每家都至少有一个半工半农的人，就像以前每家都有一头牛一样。他们农忙时节从工地回到家中，修整房屋，修缮牛车，给牲畜套口，带领全家收割粮食。农闲时节，他们就回到工地上。建筑工地不必担心矿难，但也是拿命挣钱，幸好从高空坠落的概率低于被矿石砸中。那时的楼，无论多高，都是靠人工砌砖，一块一块码，或红砖，或水泥砖。量准不用标尺，而是用一个铁陀螺绑着一根细线，绷直了拉开，从墙的这头伸到那头，再凭眼力判断，将砖头码得跟白线持平。墙长高后，他们就用胳膊粗的长竹子搭架子，一根竹子搭着另一根，用麻绳绑紧，一层一层往上，楼有多高，竹架子就有多高。大半个柳州城就是这样盖起来的，鱼峰区、柳石区、高新区……民工们比谁都清楚这个城市的布局和建筑结构，他们会在任何地方迷路，但在这儿不会。民工们的气味比谁都先黏上建筑的肌理。工程告竣之前，他们每天都在这儿挥汗、拉屎、撒尿，直到他们身体的一部分与建筑融为一体。

那些屎尿中有我一份。我很小的时候，父亲就带我去工地。我一放响屁，他就让我往建筑物那个叫卫生间的位置钻。建筑没封顶，地面到处是碎砖头，那个叫卫生间的阁子没有装门窗和冲水设施，只有一个蹲坑和拳头大的洞。拉屎的时候，屁眼对准那个洞眼，哧溜一声，香蕉状的屎就从洞眼落下去，连回声都没有。有些讲究的人，拉屎时会拎上半桶水，先给蹲坑冲一次水再解决屎尿，拉完又冲一遍水。有些怕麻烦的人，连卫生间都不愿去，直接就近找个不施工的房间，留下一坨黑黄的排泄物，太阳一晒就臭气冲天。

工地会有些临时夫妻，搭伙过日子的，双方配偶都不在身边，暂且做患难情人。他们会一起吃饭，一前一后走进一个棚屋把门关上，不久里边传出奇怪的声音，先是杂乱的扰动，接着是有节律的震动，有时还会发出杀猪式的惨叫。屋外的男人听到后就骂：“操！”女的听到就啐一口：“呸！”他们的眼神却像在说，他们也想走进那间屋子。我印象最深的是一个穿红衣服的女人。她扎一个马尾辫，记得也是红发圈，右眼角和左嘴角各有一颗豆粒大的黑痣。别人在屋里干事时，她就坐在一块水泥砖上抽烟。她吸一下，烟头就亮一下，眼神在烟雾中很迷离。她愣神之后，会用带水泥星子的指甲盖弹一下烟灰，那朵发光的灰烬就落在她的解放鞋背上。她的眼睛看向我父亲时，有时会突然亮一下，有时则是一种水汽过多的幽微目光。她的目光像说话。“这个男人啊！”我读懂了这句，自然而然我们成了彼此隐形的敌人。她会故意说我长得丑，我则骂她狐狸精。父亲有没有发现这点我不知道。多年以后，我到上海上学，他醉酒后给我打电话，说他从未对不起母亲。我没有怀疑过他，母亲也没有和他为养育儿女之外的事情吵过架，他为何突然向我解释？不擅于交流的我们没有继续深入话题，他说完就完了，我只是淡淡地“哦”了一声。

他工地上的形象，我只记得一个笨重的头盔。他矮，不到一米七；瘦，没有一百二十斤；脖子长，像鹅颈，头盔套在头上显得特别别扭，仿佛玉米秆子举着一个突兀的大西瓜。我的脖子像他，又细又长，罩上头盔我就喘不过气来。他居然能戴着它，灵便地爬上竹架子，右手自如地以瓦刀抹水泥，左手熟练地码砖。其实，我不关心他的手，我只关心他的脚。我盯着他的脚，更确切地说是盯着他脚上破洞的解放鞋，看它们如何在竹架上挪来挪去。我心悬着，怕鞋子打滑，怕它们踩空。这样紧张三天之后，我发现担心是多余的，就失去了兴趣，不再看他。

有时，我独自在工地旁的草丛中玩耍一天后，为了弥补对我的冷落，他把我抱到高墙上，扶着我，让我看楼下的车水马龙。我的身体使劲地往他怀里缩，眼睛却在四处张望。潮湿的风刮过我的脖颈，衣服被吹得鼓鼓的，随时有被抛入半空的危险。他叫我不要怕，手却把我抓得更紧。在他有力的大手中，我定下神来，整个城市的楼房开始向我倾斜，昏黄的灯光沿着公路汇聚成河流。我把双手伸向河流，像一只鸟舒展开翅膀那样，浩荡的风再次滚滚而来，我飞起来了。这一刻，我离城市之心那么近，仿佛驮起太阳的金乌，仿佛被选中的共舞之人。我心头风雷涌动，忍不住一头戳进父亲怀里号啕大哭。他很沮丧，一个劲儿道歉，还以为我是被吓到了，不知道我是因为太高兴。

我们从高墙上下来后，他不再理我，只想好好喝一杯，然后倒头睡一觉。他太累了，没有一块砖头属于自己的空虚感，让他感觉没有一天是在真实地活着。他的脸颊在酒精的作用下慢慢充血，眼睛微微发红。他又唱起那些古老的壮语歌谣：

巍巍山巅，
鲜花守护着神仙，
战士走向战场，
就像勇敢的国王。
巍巍山巅，
山鹰展翅向天边，
家园环绕着林莽，

就像王冠献给国王……

他的歌声嘶哑，夹带悲鸣。某些瞬间，我感觉那滚烫的双眼似乎在燃烧，酒入热肠，与思念之血混溶后，似乎会跟着泪水上涌，在情绪的爆破点一齐从眼角喷薄而出。他的手紧紧攥着酒碗，暗暗发着狠劲儿，似乎下一秒就会青筋暴起，痛快淋漓地暴揍这个世界。我看着、等着，但最后什么也没有发生，他安静地睡下了。第二天酒醒，他像从未醉过那样爬上竹架子干活儿。

后来，我在柳州地区民族高中上学，假期也会去工地看他。这时他们不用竹子搭架子了，而是用钢铁架子。这个变化有时代的进步，也有生命的代价。不，那些生命是换不来这些改变的，纯粹是时代的进步。他向我炫耀他住的三层铁皮屋，有门有窗，有床有凳，有被有枕。他骄傲得脸皮抽动，估计他当年在矿山的洞中瑟缩时，做梦也没想到有朝一日能攀上这样的工作条件。我临近高考那段时间，他就不让我去看他了。后来他干脆卷铺盖回家。机械浇筑混凝土取代徒手码砖后，工地不再需要那么多人。

无数的工人从城市回到村庄，思考自己该何去何从。很快，他们找到新的劳力市场。要娶媳妇的人家，设法把瓦屋推倒，盖起漂亮的砖楼。下广东进厂打工的人，源源不断把钱寄回家，用以营建爱巢，这些人给了父亲养家糊口的机会。父亲顺理成章地做起建筑散工，谁家盖新房子，他就去揽活儿。他把在工地学来的本领发挥得淋漓尽致，双手操着瓦刀和铁陀螺，奇迹般地将一栋又一栋的婚房建了起来。

这样的日子持续十来年后，渐渐地，村庄找不到一间瓦屋了。他成了村庄尴尬的存在。没砖可搬了，他的陀螺在地上徒劳地转几圈，很快就被遗忘在角落。他站在一座座漂亮的楼前，那是它一手建起来的啊，有一天竟会让他失业，强烈的挫败感如同生葱般灼烧他的心窝子。这时他已经没有土地了，土地已被楼房挤满。而他有三个孩子，没有一个工作挣钱，个个都在等他掏学费。

他立在悬崖边上，只要大地晃动一下，他就会下落，在乱石丛中粉身碎骨。他想起兄弟，想起兄弟潮湿的坟墓。他的双脚缩了回来。

3

父亲又拿着蛇皮袋出门了。

这次是去县城。在县城，父亲有了新的合作者。他和一个老表一起做装修工，抹腻子、贴瓷砖、装马桶。他们长期合作，一家一户地包揽装修活计，做工认真，价钱实惠。他还是要感激那些忙着娶媳妇的人。这些人，请不起专业的装修公司，他才有用武之地。他庆幸他不用再应付包工头，那些拿着瓦刀围着包工头催结工钱的年岁，他早就受够了。他也不必做包工头，过心惊胆战的日子。刚从柳州回来那会儿，他承包过县里一家医院的小工程，整天担心不能按期按质完成任务。别人做包工头都能开一笔油水，只有他胆小，从不敢偷工减料，稍有偏差他就推翻重来。有工人不愿干了，或者家里有事辞了，他就四处打电话找人，甚至反复进村子去物色工人。等到竣工验收合格，他瘦了十多斤。结完工钱，刨去自掏的路费、电话费，算下来他竟比当小工仔时挣得少。“再也不干这个了。”如今回想起他还这么说。

夏天又到了，一如既往地潮湿闷热。这种天气沤得人汗涔涔的，容易头晕。他和老表买了一个巨大的钢圈电扇，一到这种天气就带到工地猛吹，电费以工钱抵扣。他们一人一天能收拾完一个屋子的墙面。把腻子抹在墙上，像往脸蛋上涂脂粉，电视广告中的那些女人真白，不过他抹的墙更白，一点杂质都没有，为此他暗暗得意。贴瓷砖就没什么可联想的了，计算好面积，数好瓷砖，一块一块地贴，要整齐，要对称。

黄昏收工了，暑热渐散，吃过晚饭，他会出去走一走。县城日新月异，生活越来越丰盈，许多人家大大小小都出来散步。小孩子叫着闹着，快活得像鸭子。女人们穿着带跟凉鞋，踩在路上发出噼噼啪啪的声音。老人手里拽着一条狗，狗跑在前面，人跟在后面，就像狗在拖拉着人往前。他混在这些幸福的人中，看着武宣的夜灯，漫不经心地摆动双手，浑身的肌肉松弛下来。

他喜欢搜寻那些不亮灯的楼和漆黑的房间，盘算有多少间可能会找人装修。亮灯的都是装修好住人的，只有暗处有他的机会。他在黑夜里探索，巡视他自己划分的领地。有些手推车摊贩偶尔打破他的独处，有些饱受生活摧残的人被酒精困在街边。他点燃一支烟，让星火在夜色中跳舞。夜风袭来，烟气在风中消散。他喉咙咕噜几声，忍不住咳嗽一阵，随口吐出一泡浓痰。

武宣的面貌在他的咳嗽声中逐渐扭曲。越往东走，楼越高，一片一片的，中间还夹着黑水塘和黄土路。走着走着，突然高楼没了，只剩下没有灯的荒野。在这里，土地还长着瘦削的甘蔗，不过可能只是暂时的。也是在这里，警察有时会发现一些贩毒窝点和装尸的麻袋。事情曝光之初，总是以骇人的速度传播，小道消息漫天飞舞，即使会犯可怜的错误，也不影响人们以道听途说作为判断标准。“我的眼睛不会欺骗我的大脑，我的嘴巴也不会违背我的眼睛。”有人群的地方就有荒谬。世上的事情没有唯一的结论，唯有河水向东流，走失的灵魂是否也沿着河流的方向？一些咒骂声从低矮的房间传出。“钱钱钱，哪个有钱！”“我死了拿去壅（埋之意）得没得，你看得成肥料吗？”

他又咳了一声，一户人家门上的“囍”字蹿入眼帘。无论什么事都不耽搁人娶妻生子。这火红的喜气简直让他忍不住赞美生活。婚结了，娃生了，过些日子路上就多几个鼻涕娃跑来跑去，这些稚嫩的小生命总能给生活带来新鲜的气息。正想着，一个年轻媳妇抱着婴儿走出来，跨过门槛时襁褓中突然爆发出嘹亮的啼哭声，仿佛时代的号角。

他往南边拐去，一片整齐的楼，清一色的毛坯。他没有烂尾的概念，这么大片楼，值那么多钱，怎么可能就此荒废？但单是站一会儿，鼓噪的蛙声就吵得他心烦，他的脸像抹布一样皱缩起来。他又数了一遍，不光数楼数，还有户数：十九栋，八百三十一套房。没错，今天的数跟昨天一样。这楼盘风水不赖，南面环水，远处有山，开发商若知道杜诗，就能挂出“日日‘山’城坐翠微”的广告。它们怎么就这副样子了呢？任由飞鸟在楼中安家，野鸭在积水洼里筑巢。从宣传规划来看，此地原本要打造成集商业街、商住房、湿地公园、文体中心、科技创新产业园于一体的新开发区。不知怎的，这儿怎么有个未完工的空壳子，没有抹墙灰，没有安装门窗，没有水电气，砖头散乱，钢筋横插，风吹过门窗洞洞，发出鬼哭狼嚎的声音。

他直打寒战，哆嗦的手在口袋里胡乱摸索，想掏出打火机和一支烟来缓解嗓子疼。被风吹过的嗓子眼，干得和这个季节不相称。烟夹在手里了，他打不着火。风太大了，吹响远处的甘蔗林，吹痛劳累后快散架的骨头。不过，没关系的，只要钱袋子不空，睡一觉就什么都好了。

一只燕子在离去

1

尽管已在北方生活多年，但我仍记得南方那些茂盛而青葱的日子。在崇山峻岭之间，在河流溪岸上，草木如同人的毛发般繁茂，如同我迎风生长的青春。在苍茫的村庄里，在蒙昧而执着的人心中，巫术从未失传，而信仰如同斑驳的木石法器一样，和鬼神有着牵扯不清的关系。随着铁轨和高速路撕开大地的肌肤，电视天线在隔壁市镇有序地织网，村庄的轨迹在不知不觉中缓慢改变。即便如此，大山中的子民依然对神鬼保持敬畏。谷物掌管于土地公公，吃喝由灶神赐予，钱财需要先祖和财神福佑，生育、死亡、春种、秋收，无不与一场场神秘的祭祀相关。即便是劳作，也带有仪式的光环。正因为如此，母亲的病接受的多是草药的治疗，而医院意味着濒死的病人才会前去。

母亲痊愈的过程，一如软绵绵黏糊糊的草药：迁延，迟缓。

她的病，缠绕我整个青春岁月。那几年，上中学的我，被迫尽我所能地承担原本属于她的活计。以前她健康鲜亮，像一匹精力旺盛的马，四蹄生风，奔走不停，几乎包揽全部的家务和地里的农活儿，农闲时还到工地帮父亲和水泥、搬砖头。她生病之后，成天像老母牛般静卧，湿哒哒的眼睛很容易就会流出泪水。

我看得出父亲比以前更焦虑、更疲累，为了多进些收入，他抢包更多建筑活儿，还承包别人家的田地耕种。相比于工地，我更愿意待在田地里，尽管那些田地因荒置太久牢牢地板结在一起，把父亲的脾气弄得更暴躁；尽管我和我家的牛被贫瘠的土地弄得腰酸腿痛、精疲力竭。然而处在如诗如画的田野中劳作，远比面对能腐蚀人皮肤的水泥强。水汪汪的稻田之外，野玫瑰在河岸以及土坡层层叠叠地开放，风中始终充溢着花香，嗡嗡成阵的蜜蜂，蹁跹起舞的蝴蝶，鼓噪不息的蛙鸣，哞哞叫的牛，不甘寂寞的蟋蟀，啰里啰唆的布谷，蜕皮的蛇和脱壳的蝉……春天的一切，和我一样忙碌。我沐浴在阳光中，奋力地挥舞锄头，当汗水渗出皮肤时，我能闻到自己身上的少女味。我想起电影《香水》，似乎对格雷诺耶有了多一点的理解。

我记得有个过路的游客拿照相机对准过我以及我家的老牛，面对镜头的愣怔和害羞依然能令今日的我惭愧。我身上满是泥巴，多么丑啊。尽管如此，田野也比家里让人舒服。家中时常飘荡母亲的叹息，就连总在窗台上发懒的老花猫也知道她内心的焦急。当她的眼神无力地飘向我时，我总是急忙躲开，跑到院子里假装晒太阳。

在院子里，我看见挂在门角用以辟邪的桃叶已经干枯了。它们在风中瑟瑟抖动，发出沙沙的声响，然后脱落，随风盘旋着掠过墙头，开始自由的旅程。

我儿时喜欢追逐风中的枯叶和纸片，不是因为淘气，而是缺乏可供游戏的玩具。如今，我依然贪恋它们的轻盈。我有很多说不出的心事，我已经是一个十几岁的少女，这个少女讨厌自己脏兮兮、粗糙的模样。

母亲独自进行瘦的蜕变，我和父亲都帮不上忙。我希望她赶快好起来，这样我就不用那么忙碌了。或许，我还可以沉醉到某本喜爱的书里，而不是在放学后、周末以及假期自我强迫式地尾随父亲。

我撕掉皇历上的日子，计算母亲生病的时间。那时，黑燕子在窗外飞来飞去，接着木门开始潮湿，空气中的水分在南方漫天铺地地扩散。回南天不折不扣地来了，这并不利于母亲的病。

我记得窗外曾有几只喜鹊光顾，它们欢快地啼叫，从这一棵树到那一棵树。叫声惊动父亲，他在院子中同样欢快地呼喊以示回应。于是，在夜晚昏暗的灯光中，父亲频繁地对母亲重复“喜上梅梢”的民间传说。而我，尽力分担着他们体力上的负担，与那些被潮湿附着的粗瓷碗、旧农具打交道。

在那些被潮湿包围的日子里，时间前进得缓慢而柔软。纷飞的雨压低了树木，熟悉的小路在雨中歪歪扭扭地伸向远方。

有时我会背着父亲偷偷跟朋友们出去玩。我混在他们中间，沿着河流漫无目的地游荡，有时只是胡乱地到处走，有时则停下来钓鱼并就地烧烤，有时躺在河滩的细沙上呆呆地看天，或者坐在岸边无聊地望着河流上空翻飞的水鸟。

这时，河流一端的桐岭镇正在如火如荼地改变。走在河边，耳朵能听到木材厂尖厉的声音。远处的铁路不时地驶过一列火车，看上去就像黑乎乎的长蛇，蛇腹中是为某些地址奔走的人。我们对着镇子和火车大声喊叫，声音响荡在河流的上空，成为我短暂的青春中一抹最亮丽的色调。

我的劳作一成不变，镇子却在日新月异。记忆中的街道已不复存在，它消失在推土机、挖掘机的铁臂之下。我至今记得它的轮廓线，对旧日的它似乎比今日的它还熟悉。但变化中的它是我的青春无法回避的部分，我和一伙同龄人在那里多次释放压抑在体内的热情：KTV、MP3、奶油蛋糕、泡泡糖、冰激凌，甚至啤酒，安抚着我们的青春。我离开村庄后，生命中很少再有这样飞扬的时刻，成人的日子都是千篇一律的。

插秧时，我的狐朋狗友们会来帮忙。父亲接受他们进入水田干活儿，却禁止他们接近我，他坚信他的女儿成绩优异，不会嫁给打工仔或者浑小子。有个高瘦的小伙子坚持得最久。他话不多，来了就只是默默干活儿，活儿干完了就安静地离开。也许是这一点，让父亲不那么强烈地排斥他。

和父亲的迟钝不同的是，母亲对我在河边晃荡的日子了如指掌。也许是生病使得她异常敏感，也许是她平日交好的三姑六婆充当了她忠实的眼线。这些女人，像地皮上的草茎般结盟在一起，在枝枝蔓蔓的交织中获悉大地细微的纹理，谁也无法忽视她们在村庄拥有的能力。母亲竟然比我先知道高瘦小伙子喜欢我。对此，她是默许的。以我今天的辨识力来判断，母亲应该是希望这个朴实憨厚的小伙子能分担父亲的担子，她就是以这种方式来表达一个妻子对丈夫的关心的。

我的人生最终回到父亲设定的轨道。读书，考大学，进大城市，一日日离他们越来越远。然而有趣的是，我在大城市中记住的人，还没有山间地头的多。如今我回乡探亲偶尔能碰见那个高瘦的插秧人，他娶了一个打工妹，有了一个五岁的儿子。巍峨的南岭山脉让他保持着一以贯之的朴实，繁重的工地杂务又使他的面庞染上过多的风霜。迎面相遇时，他还能对我报以善意的问候。相比之下，我是个硬心肠的人，连他的名字都没记住。我只知道，在21世纪初叶，他和别的男孩一样高考落榜，成了工地上的水泥工。他曾和父亲在一个工地干过活儿，也正因此，父亲的佳婿名单里没有他。

我想和他把酒言欢，谈谈庄稼，以及我们共同失去的岁月，但他留下一个羞赧的笑容和因赶工而远去的背影后，就消失在薄雾中。

2

随着铁轨和高速路的深入，镇子开始扩张。泥瓦房、砖瓦房被推倒，钢筋水泥砖楼如雨后春笋般涌现。父亲是应时而起的建筑工，他的大部分收入来源于替人砌砖或装修。雨季工期一旦延误，他就拉上母亲去帮忙，现在这个角色由我顶替。

在工地，我总是低头干活儿，因为过大的安全帽压得脖子酸痛。午间休息时，我又避开那些浑身汗味的叔伯们。而实际上，在工地作业期间，人是没有性别区分的，机器把人完美地改造成螺丝钉或者碎砖石。这些在田地里倒腾大半辈子的人，在金属机器面前，只剩下“土”的属性，而且正在由黄变黑。

工友多半是我的乡亲，熟人搭伙容易拉活儿。工地经常变动，哪里有活儿就背着工具往哪儿。但无论在哪个工地，各人的分工是相似的，只有身体因生病而罢工时，包工头才会另找人顶替。当乡亲们在满是尘土的工地忙忙碌碌时，我时常怀疑他们是行走的土砖，或者移动的泥雕。土砖和泥雕多半已婚，但也有不少年轻人，都长着泥土般一窍不通的脑袋，所以被命运安排到这低处的尘埃之中。

我缩在角落吃饭时，一条狗时常不怀好意地靠近我（这或许是我的假想，实际上它或许只是例行公事地履行巡逻和看守的义务）。我假装不害怕，唯恐水泥瓦匠们嘲笑我。但我仍清晰地听见自己身体里的惊叫。我被两条狗咬过，一条是健康的狗，一条是身怀疯病的狗。被健康的狗咬后，家人轮流带我去注射狂犬疫苗。之后不到半年，那条疯狗咬了我。早已对医院厌烦的母亲，怀着刚注射过的侥幸心理，没再花钱让我打疫苗。得知邻村有两个人因狂犬病发作狂吠一日一夜而死，我偷偷查阅资料，惊恐地发现疫苗是每次被咬都要注射的。这时，离我被咬已过了几年。已有案例表明，狂犬病毒的潜伏期可长达十七年。谁也无法预料沉睡的恶魔会不会突然醒来！有人说被狗咬过的人都长得瘦。而我正好从来都没胖过，不管我食量多么惊人。我不能确定，那条疯狗是否已通过流血的伤口，把危险埋入我的体内。也许只有时间成为废墟，这件事才有明确的答案。

我能不害怕工地的狗吗？它会不会唤醒我体内的魔鬼？当我偷偷捡拾工地的废铁拿去卖给收破烂的人时，狗吠几乎使我内心的恐惧决堤而出。

和我搭手干活儿的是一个贵州姐姐。她是个肥胖的女人，宽肩阔背，腿脚浑圆，我站在她面前就像一根豆芽菜。她对我很照顾，似乎捕捉到了我对狗的恐惧，时常帮我把狗喝退。她常对我说："丫头，你得多吃肉，不多吃哪有力气干活儿？"我的确比很多农村女性瘦，瘦身板在工地是被嫌弃的。干苦活儿的人嘛，要壮实才扛得住。

贵州姐姐嫁给了隔壁村的阿张，刚生完孩子不久，就来工地干活儿。她说贵州女人没有坐月子的习惯。我纳闷儿她为何总有使不完的力气，对男人又温柔得细致入微。难道她像云贵高原一样既厚实又温暖？

干活儿时我们不怎么说话，因为蒙着口罩，更因为说话浪费力气。我们所穿的灰蓝色制服，颜色已被泥浆染得无法辨认。我们互相配合着把水泥浆和砖块装上吊机，她比我力气大，我比她灵巧。我们一天要负责码好三四车砖块，搅拌三十个工人所需的水泥浆。砖块是长方体的，表面粗粝，中间有两个圆孔，把吊机的钩子插入圆孔，砖块就能随着吊机抬升。水泥浆是软糯的，沙子、水泥按一定的比例配好，然后装在吊桶里由吊机起重。有时我会故意偷懒，但贵州姐姐并不责怪我。她始终懂得赶工的必要，因为太阳不等人。实际上，工地上的每个人都是赶着的，市镇也是赶着的，只不过人是赶着挣钱，市镇是赶着现代化。

贵州姐姐后来子宫长了瘤子。她双手按住左腹，跟我说那里面堵得慌，总觉着有什么东西压在那儿，好像塞进了石子，又好像坠着一块锈铁。干活儿时，她变得小心翼翼，但仍会感到难受。她男人带她去新建的医院检查，并在那里做了两次切除手术。第一次手术后半年，她又出现在工地。但命运并不奖励她的坚强，她又一次上了手术台。那之后，她就不来工地了。她的病，让我想起家中的母亲，并在我心中埋下不安的种子。

她的男人，变得和父亲一样焦虑、贪工，但比父亲更沉默。女人的病让他既无可奈何又无计可施，只有拼命地干活儿才能让他踏实片刻。他在吃饭的间歇时常叹气，也许在怀念女人给他拿饭盒和夹菜的时光，那曾经是他在工地享用的“寻常”。也许是同病相怜，父亲和他走得越来越近，教他技术以及生钱的门道。总之，父亲愿意对这个比他年轻却同样不幸的男人倾囊相授。

我无法忘记发生在盛夏午后的那场意外。当时，对街楼面的三个装修工在架子上进行电焊作业，突然因为触电从三楼摔到街上，当场死亡。这个事故震动了整个桐岭镇，尤其是隔着几十米距离目击过程的我们。

那天是我们工地发钱的日子，惨剧的阴影笼罩了以往领钱的快乐，工友们手中拿着薄薄的一沓钱时，脸上有种欲言又止的忧愁。父亲从工钱中拿出三千块钱，给三个受难家庭每个借一千。说是借，实际上等于送，彼此都清楚这钱很难还上，“借”字只不过是出于维护对方自尊的善意。我明白，以家里的情况，父亲这样做是下了很大决心的。父亲是个矛盾的人，对我这个女儿经常毫不留情面，对有困难的乡亲却很温情。

3

如今，我的一些朋友已经死去，有的是早夭于疾病，有的是非正常死亡。

我依然记得那些在河边晃荡的日子，在开满野玫瑰的河岸，在布谷声声的春天。这些年我从乡村到都市，从农工变成白领，从随时要看人脸色的职工变成自由撰稿人，我都没放弃过人生的希望，也没忘记工地的生活。那些河边的人影只剩下模糊的影像，但我们对翻飞的水鸟喊出的豪言壮语，对驰骋的火车啸出的理想呼声，依然激荡在我心头。

去年深秋，我收到好友沉水而死的消息。在此之前，他在一个小屋里写了将近七年的诗歌。得知消息的第一时间，我脑中蹦出他在河中游泳的身姿。我们在河边晃荡的夏天，他曾多次从桥上跳入水中翻腾，像一条矫健的鲤鱼。鱼怎么会死于水中呢？我一直以为他一定是我们当中最先到达彼岸的人，他怎么能死于本该乘风破浪的水域呢？

整理他的遗稿时，关于春花和洪水的两首诗，透露出他生前的一些思考。

春　花

寂寞的蓝色藏在石头里面
水流过在永生中安息的眼睛

夜晚是雾
已经向你张开

我犹豫的脚步在暮色中走走停停
落花时节沉重而可爱的晚霞一点点抱紧我
给我一个绯红色的、燃烧的吻……

蹚过洪水回家

蹚过洪水回家
你顺手拾起一把褪色的紫花
它们曾是沉睡
仍在死去中的蓝迷失于秋天架下的
时间

树木由灰变黑
而空气变深
事物们开始进入一种短暂
停顿，然后告别
人们走在往日的大街
你想象一种预感：
“这是最后一个秋日，你将死去
字母会穿过最初的雨，充满秋光的旧教室”
在祖母为你留下的习字本上
拼写柔情、错误、痛楚和遗忘

他在这两首诗里都谈到了死亡。我不知他怀着多大的痛楚，因为那时我正在长江边的一个省城为生活奔忙。就在上一个秋天，我从上海回到故乡，与他在一个公园边上的马路见面，那时他还谈起他姐姐在劝他买房。而2017年的秋天，他已和我生死永隔。我们曾是游荡在河边掏心掏肺的朋友，也是一起在工地搬过砖头的伙伴，更是人生之路上的战友。现在他死了，他的母亲为此哭得死去活来，我能安慰这个可怜的母亲什么呢？我和其他几位朋友想整理出版他的诗稿。如今诗稿早已整理完毕，他故去逾年，仍未能出版。

我至今无法确认他的死亡是否与诗歌有关，我能理解的一点是他对死亡考量了很久。他所拥抱的水，曾经是美丽柔情的，如今成了一块决绝的流亡地。2015年夏，我以他为原型写了一篇文章——《没有靠岸的人》。我的本意是，他是一个从此岸执着地游向彼岸的人，是一个仍然怀着最初的纯真寻求彼岸的人，尽管世上的许多人包括我已消失在苍茫的人群中。我料想不到他最终死于水中，再也上不了岸。事发之后，回想当年的文题，竟惊诧于这隐秘的对应。也许从此岸到彼岸的水域实在令人绝望，也许死亡已将他送往真正的天堂。我不得而知。在他面前，我总是无知的。那些年我们在雁山的荒野晃荡时，他就经常取笑我。“死生亦大矣”“死去何所道，托体同山阿”，哪一个才是真命题，死去的人总是比活着的人更为了解。

很长一段时间，我总能在秋声中想起他。当我回忆他时，他在河边的身影成为记忆中最亮丽的风景。那时，他说要是考不上大学，就去开一家书店。开书店？我们哑然失笑。对乡村来说，这是不着边的玩意儿。但是谁说得准呢，也许以后就时兴了。镇上原来没有木材厂、砖厂，以及浓烟滚滚的烟囱，现在不都在市镇生根发芽了？朋友在工地看书的样子，依然是我喜欢的样子，但他老是咳嗽。

他说他更喜欢以前的村庄。的确，他的遗稿是一派田园牧歌，没有任何工业时代的撕裂感。他笔下的村庄，早已集体拆迁。他歌咏的世界，已被雾霾笼罩。我在他的遗稿中看到昨日重现，终于明白他说的那个世界的确很美。我提醒自己不要陷入盲目的怀旧，现在自有它的好处，比如新建的医院治好了母亲的病，比如新修的高速路让出行更便捷。但对我的朋友而言，天就该是蓝的，云就该是白的，空气就该是满含花香的。

我让记忆一次次返回河边，返回理想之光还耀眼的岁月。在美术课上，他的画最好，村庄的草木、房屋、池塘、孩童，在他笔下栩栩如生。但他没考上好的大学，也没开成书店。他成为工地的一块土砖，接着他没能保护好他的肺。我疑心他的离去是因为自己的病不会好了，怕拖累父母吧。

村庄拆迁多年，和我的关系渐渐疏离，只有我的父母还留在那里。而我所在的北方城市，天空总是灰蒙蒙的。很多东西都会加速人的死亡，比如雾霾，比如有人发疯失控，比如车辆违章变道……生命如此脆弱。当我因生病失去工作，处处不顺心，情感无所依，我都不会想到“死”。

我从小习得的生存之道是农耕式的，这导致我在大城市比别人走得更辛苦。城市的噪声令我失眠。难以合眼的日子，我把自己完整地放在文字里，竟感到前所未有的清宁。这时候，我不由得想起朋友，想起他的静物画。

我坐飞机奔赴家乡，来到夏日的小河旁。遗憾的是，它不再澄澈。我不禁伤心落泪，发了疯似的对着河面呼喊，对着崇山峻岭呼喊，对着消失的巫神呼喊。突然，一只黑燕子轻盈地掠过河面，向南岭山脉飞去。

相传燕子是春天的使者，每年 4 至 7 月从海岛归来，在第一次寒潮到来之前离去。我耳边响起朋友经常呢喃的一句诗：“莺莺燕燕春春，花花柳柳真真，事事丰丰韵韵。”

小酒馆的歌声

天气清爽，是个适合举行婚礼的日子。我们走在梧桐大街上，街道两旁的树木洒下片片浓荫。商铺开着门，售货棚、售货摊挤到路边，货架、货摊上整齐地摆放着水果、蔬菜、草帽、鞋袜，摊前围满挑挑拣拣的女人。她们拿起这个，放下那个，很久都下不定决心买。奇怪的是，至今还没有一个摊主被她们干疯。我要是摊主，早就疯掉了。我不是做生意的料，打小老人们就这么说。

走到玩具摊前，小坦克、小手枪、小汽车、小超人吸引住男孩们的目光，他们停下来，歆羡地摩挲、把玩，眼巴巴地看着大人，大人却总是催促："快走，快走。"男孩走不动，地板粘住脚了。生拉硬拽，好不容易走开了，却到了卖衣服的铺子。女孩们被印着美羊羊、小猪佩奇的小纱裙捆住脚了，任凭大人怎么拽都拽不走，僵持不下就哭闹起来，哇哇的哭喊声响彻街巷。但是，这个镇上还没有为哭声买单的父母。这种父母还没有出生呢！

转过街口，闹哄哄的菜市场昭示着村镇的富足。一块块牛肉、羊肉吊挂在肉案上方，似乎还冒着动物生命体的热气。成块分切的猪肉有条不紊地摆放在肉案上，一看成色就知道是大清早才宰杀的谷饲猪。赶早市买肉的人很多，来早的人能挑到上好的猪七寸、猪腰子、牛舌、羊眼子……梧桐镇的人嘴刁得很，什么都吃最好的，什么都讲究个鲜味。

肉市周边的地上，摆满鸡笼、鸭笼，芦花鸡、乌鸡、麻鸡、三黄鸡在笼子里咯咯咯，白鸭、青头鸭、洋洞鸭在笼子里嘎嘎嘎……这里的人说，鸡要有鸡味，鸭要有鸭味，必须是散养的、走地的，必须是吃谷物蔬菜长大的，最好是吃玉米长大的。这样的家禽肉质香嫩，不腥不柴，这才是鸡有鸡味、鸭有鸭味。挑鸡鸭，要看头、看脚，还要看毛，挑选鸭子尤其要注意，不能是刚换毛的鸭子，毛芽太多，拔毛费劲。岭南无鸡不成宴、无鸭不成节，随便问一个岭南人，都能说出一大堆关于鸡鸭的学问来。如果你问多了，那人就把你拉回家，杀鸡、杀鸭招待你，让你一边吃一边听他讲。

一片鸡鸭声之后，是油坊。榨油机轰隆隆一响，满街都是花生油的香味。在这香味中，我想起中国近代史上的一首歌谣："站在亳州往东看，邓家的土地没有沿……当典油坊无其数，广货洋货卖得全。"梧桐街不在亳州，却也是"广货洋货卖得全"。油坊总在盛夏开工，春耕大忙前关坊。仲夏，农民把收割的黄豆、花生、芝麻、茶籽晒干，拉到油坊，经过去壳、破皮、压饼、蒸熟、炒制、压榨等工序，压出香喷喷的植物油。油渣则制成豆饼、花生饼、茶籽饼，用来喂养家畜家禽。梧桐镇的油，油质清亮，醇香天然，很多城里人驾车到梧桐街油坊买油，图的是新鲜、放心。

油坊过去是卖家电的，卖家具的，卖鸡苗、鸭苗的，卖草药的，卖山货的，卖树苗的……刚才还吝啬买玩具的大人在这里豪掷几千元买家电、家具；卖了鸡、鸭的农户拎着空笼子在这里挑选鸡苗、鸭苗；草药、山货、树苗带着山上的消息，告诉人们这个镇是被山包围着的。山上的人总是在圩日才出现在镇上，精瘦、黝黑，提溜着眼珠子瞅着镇子上空的飞鸟。

转过街角，米粉店飘着酸笋味，包子笼码着热腾腾的包子，炸葱粑粑的锅里滚着热油，表演杂耍的卖弄着唬人的手艺……吃粉吧，吃！吃包子吧，吃！吃葱粑粑吧，吃！好像人人都不只有一个肚子，好像人人都没吃饱饭，贪恋整条街的小吃，看见了总要吃上一点儿。我喜欢石磨碾磨出的豆花，色白如玉，细腻柔滑，浇上糖水，鲜嫩可口，我能吃一大海碗。

白日照亮的街圩总是很热闹，就连那些公家单位也卷入其中。邮局焦头烂额地分发信件，快递站手忙脚乱地分拣包裹，信用社里里外外站满领养老金的老人，医院被赶集顺带看病的村人挤得水泄不通……工作人员害怕圩日，人太多了，事太多了，好像整个镇的人都把事情堆在圩日了，他们忙得像陀螺一样打转，也理不清纠成一团麻的大事小情。他们也盼望圩日，能见到许多人，听见许多事，到处都是人气儿，仿佛这个小镇成了世界的中心，他们也成了世上顶重要的人。

穿过热闹的街市，大榕树下一派喜庆的景象。在榕树边上，是一户张灯结彩的人家，门前是一条溪流，一座石桥横跨其上，桥边挺立着一棵黄皮果树。这由榕树、黄皮果树守卫的人家，门上贴着一副大红对联：良辰喜事结佳偶，美酒佳肴迎友朋。

进门去是天井，放着两个聚财的大水缸。天井过去是厅堂，供着喜桌，喜桌上摆着供品。供品上方是中堂，贴着一副大红对联：天长地久心相印，花好月圆情永谐。厅堂左边是新人的房间，门上也贴着一副大红对联：百年恩爱双心结，千里姻缘一线牵。

我们的母亲在新人家忙着筹办婚礼用的物件，她们要把红纸剪成“囍”字、梅花、莲藕，要把碗筷、蔬菜清洗干净，要把喜糖、喜饼分装成小袋分发给客人……每逢镇上有喜事，她们都要做这些事。镇上的喜事真多啊，她们总是很忙，忙得顾不上自己的孩子，忙得忘记自己的孩子长大了，忙得想不起自己的孩子也要做新郎、新娘。

我们看过热闹，恭贺过新人，就走出新人的家，走过石桥，沿着溪流来到临河的小酒馆。这酒馆门口也贴着对联：杯中说笑酒，江上往来人。横批：江湖不远。

我们是在这镇上长大的，也是在这码头酒馆长大的。长大后，我们很少待在码头，却因婚丧嫁娶等事时常回来。

平时酒馆里坐着的都是过路船客，今天坐着的是我们。很多年前，我们在这里喝糯米酒。糯米酒是酒馆自酿的，度数不高，略带甜味。我们既是从小玩到大的玩伴，也是同学。我们一年年地进来，酒馆老板的头发由黑变白了。

在这里喝酒的第一年，我们写过一篇作文——《二十年以后的我》。我们多数人都写做市长、县长。有的人写做科学家、医生。二十年过去了，我们当中没有市长、县长、科学家。只有一人在县史志办做文职，勉强算是跟当官沾上边的人。只是说起工作，他并无自豪之感，脸上满是疲累。Q和M在银行做柜员，日日跟钱打交道，却也是温饱度日、按揭买房。说要当科学家的如今在镇上开诊所，说要当医生的如今在物流公司上班。我也说要当市长，写了详细的城市发展规划，充满理想主义，如今是个教书匠。给我们布置作文的语文老师，教完我们就辞职经商去了。听说，他经商发了财，娶了个漂亮护士做老婆，生了个大胖小子。传闻不知真假，我们二十年没见过他了。

我们要了很多酒，一杯一杯地喝。很奇怪，几乎每个人都记得二十年前的那篇作文，但都没了当年的意气风发，只在碰杯时眼中流露出惺惺相惜的感情。我为这种欢聚写过一首词：

水龙吟

几番风絮无踪，海棠昏睡重阴后。桃符向晚，春来春懒，可堪回首？昔日同窗，今朝人妇，言笑依旧。看花郎不见，花随流水，柳憔悴，谁添瘦？

沪上登楼念友，但空愁、一杯新酒。乌啼月落，寒塘鹤影，雨疏风骤。唯羡相如，赵王弹瑟，秦王击缶。怕黄粱梦里，诸公款款，问说无有。

中学的寒暑假，我们都在这里聚会。他们多数人念的是县中，我念的是地区中学。他们的中学生活，我基本不了解。但他们其中有人给我写信，告诉我他们的经历。

给我写信的人，想必喜欢过我。他整整给我写了五年的信。

我记得他在信中说喜欢我留短发的样子。那时，我没有回应这份感情。我不敢谈恋爱。中学学习太紧张了，容不得半点分心。

我有没有喜欢过他呢？

我记得他给我送李子的那个下午，记得他帮我赶鸭子的秋天，记得他把所爱的歌曲磁带送给我听了个遍，记得我们曾在河边帮他家的哈巴狗洗澡，记得我们曾在沙滩上一起堆城堡。

他最后一封信是高二时寄给我的。收信时，我正要进入考场参加物理期末考试。因为心里记挂着信，我无法专心答题，那场考试我考砸了。出了考场，我拆开信来看，果真是一封乱人心神的信。他说要从高中辍学去深圳当滑冰教练，那语气像是发生了什么巨大的事情，使他非如此做不可。最后，他问我："你怎么看待我们的感情？"我回信说："我们几个永远是最好的朋友。"此外，我什么也没说。我知道这不是正面的答案，但我无法说出别的话。后来，他不再给我写信。他去了深圳，那之后他就不再在小酒馆出现了。

再见面时，是我读研究生的时候，也是他结婚的时候，新娘是个短发姑娘。那时，他忙于婚礼，没空和我们到小酒馆喝酒。我去他家恭贺时，我们在他家楼梯相遇。我们的样貌几乎没变，很多年却过去了。他说：“上去吧，他们在那儿。”我上了楼，儿时的玩伴都在那儿。傍晚，我们正要离开他家，他跑过来送我们，提议晚上去 KTV 通宵唱歌。我们没有同意，那是他的新婚之夜，我们不忍破坏。

我和梅子经常在一起。初三我们共睡一张床，那时的寄宿生都是两人合睡一张床。高中她在我的隔壁班。大学我们是同班同学。大学毕业后，她放弃保送研究生的机会，去崇左边区教书三年，之后回到本县高中教书，后来辞掉教职嫁给我们初三的物理课代表。他们四年前生了一个孩子。孩子度过婴孩期，患上了自闭症，至今不会说话。我们经常互通电话，在春节期间碰面，聊她的工作、她的孩子，以及我们逝去的青春。今夜，斟满面前的酒杯，我首先敬了她，相拥一饮而尽。

W 在上海外企工作，离我读研究生的大学有两个小时的车程。我们在上海没见过面，只偶尔在 QQ、微信上问好。他五年前结婚，三年前在上海买房。每年春节，他都开车从上海回到梧桐街。我们当中有谁在梧桐街举行婚礼，他也开车回来。每次回来，他都在小酒馆喝得酩酊大醉，大声地唱以前唱过的歌。中学时，他和一个女同学早恋，差点被学校开除。中学毕业后，那个女同学去广东打工，给在上学的他寄过钱。他的妻子不是那个女同学。我们想问他最爱的人是谁，但没有开口。我们干了杯中酒，一起唱起歌。

Z 是我们当中写字最好看的。他父亲是我们初中的后勤部主任，写得一手好字。只是这个主任写字太慢，那时我们找他签字，他总是一笔一画地画，签个名要好几分钟，我们急得心里发毛。Z第一次高考没考好，去我念过的高中上补习班。补习的那年，他追求了一个女孩。那女孩高二时和我同班，补习时和他成了同班。女孩曾给我打电话问Z的情况，挂电话后我哭了。如今，我在Z的眼中看不到那女孩的影子。他还记得她吗？

H说：“我们当中可能有人彼此喜欢了很多年。”

没有人接话，时间让我们有了故事。我们眼里闪着光，一边唱歌，一边流泪。

真奇怪！我们的父老乡亲在集市上，如火如荼地过着烟火生活。我们的亲人在榕树下，喜滋滋地举行婚礼。我们为这场婚礼而来，却在小酒馆里喝酒。

我们说起在小酒馆办过的一场音乐会。

那时，我们都是顶好的歌手，像所有疍家人一样，天生一副好嗓子。

那时阿桐刚学会弹吉他，我刚学会写诗，阿兰刚学会跳舞，阿青刚学会画素描……

那时，我们体内涌动着青春热情，相约在小酒馆举办音乐会。

我们用树枝装扮小酒馆大门，沿着河边的石子路摆放酒，十米一碗酒，一直从河边延伸到酒馆。从河里上岸的人，想喝酒就伸手拿一碗，喝完想唱歌就过来唱。

阿桐负责伴奏，有时我朗诵几首诗，有时阿兰跳几支舞，有时阿青在纸上飞快地画下在场人的素描画像。

后来有个船家上来，一口气喝了三碗酒，喝完就唱开来。他的声音宏阔，一亮嗓子就震住了在场的所有人：

> 上滩了，众位兄弟的汗水同滩流，收起缆绳上岸了。(《之浪歌》)
>
> 依呀哟呵啦！一篙一篙撑到底！去到阳朔罗（找）阿妹！呀依哟呵啦！一篙一篙撑到底！去到桂林罗（找）阿妹！（《撑船歌》）
>
> 柳州杉木装龙舟呀，龙舟装成呀水呀么水面浮呀！龙舟装成来出海呀，南北二江任啰么任行游呀！（《礼艇歌》）
>
> ……

他的歌声深深打动了我们。我们静静地听着，好像自己成了撑船的人。他唱罢，我们轮流敬他酒，他一一干了，干完又唱了很多船歌。第二天，我们酒醒后，就和他一起坐船去二江、去阳朔。

我提议让阿桐再弹奏一曲。比起当年，阿桐有些发福了，脸圆圆的，手指比以前粗了。酒馆老板拿来吉他，并给我们送了一坛酒。阿桐接过吉他，弹起当年的船谣。我们听到了流水，听到了山川，听到了树木，听到了林梢的鸟儿，听到了船只行过的路。我们在歌声里路过许多村庄，遇见无数的人，看着他们在歌声中相爱。

L 来了，带着他的短发妻子。这么多年，他终于再次登门小酒馆。他还是那么英俊，高高的鼻梁，星星般的眼睛。他妻子很漂亮，比他矮一头。他妻子话不多，安静地坐在他身旁，脸上挂着微笑，像雕像边的鲜花。阿桐的琴声还在继续，我们挨着他团坐，跟着旋律轻轻地哼唱。有好几次，我看到小酒馆外闪过几个女孩的身影。我在这些女孩当中，捕捉到一双热烈的眼睛。这双眼睛流出的光芒飘到弹琴人身上时，就黏住了。

我们一会儿大声说笑，一会儿举杯祝酒。我喝了多少记不清了，只觉得酒酣耳热，头微微发晕。L 被灌了几杯酒，也唱唱跳跳起来了。我不知他这些年经历了什么，此刻我觉得他又是他了。他的妻子看着他，眼中露出诧异，好像没见过这个样子的他。

不知不觉，日落西山，我们回到集市上，回到举办婚礼的人家，客人渐渐散去了。

我走到院子外边，站在桥头上，看见太阳在西天渐渐变成果冻的样子。有人启动汽车离开了，有人骑马告辞了，两个女孩手拉手走到榕树下，其中一个向另一个倾诉爱恋的秘密……

我往大榕树走去，醉眼蒙眬。大榕树好像变成了一个慈祥的老者，知晓一切，笑看一切。我很想变成一棵树，那样我就能听懂风中所有的心事。

我靠在树干上，不一会儿，月亮升起来了。月色像水一样，温柔地抚弄着大地上的一切，潺潺的溪水在桥下流动着，秋风徐徐吹着，我耳边响起阵阵歌声。

船夫们从河边回来了，其中一个哼着歌，榕树人家的灯火映在他身上。我听着风中的歌声，想起 L 在我告别他婚宴的那个傍晚给我发的一条短信："岁月已逝。"

我回头看小酒馆，看见了酒馆上空在风中飘动的酒旗，它和我们听过一样的歌。我想，既然它听过我们的歌，它和我们就是有关系的。

我们喝过的酒，一千年前的人喝了会醉，一千年后的人喝了也会醉。既然都会醉，醉过的人就都是一样的人。我们都会醉，不单是因为酒很浓烈，更是因为酒让我们看见彼此的灵魂。

我忽然不觉得孤独了。一种欢乐在我的心田涌动。

无论过去，还是现在，我们都爱唱歌。将来，我们还会唱，还会去爱。河水一如既往，一千年前这样流淌，一千年后也这样流淌。以后还会有人在这里唱歌，唱和我们相似的歌。

"在夜色中 / 我有三次受难：流浪、爱情、生存 / 我有三种幸福：诗歌、王位、太阳。"（海子《夜色》）

孤舟上的人

有时夜里醒来，感觉船行驶了很远，浪打岸石的声音正是河水前进的声音。河流之上，长风刮过甘蔗林、桉树林，发出哗啦声。周围除了这哗啦声，便只有几声若远若近的鸮叫。船身微微晃动，河水在耳朵底下流淌，如同亲人温柔的低语。大舅翻了个身，风钻进被窝，一阵寒意让他睁开双眼。

满天星海罩在头顶，亮闪闪地冲他眨眼睛。真亮，他记得那些孩子的眼睛也像星星这么亮。还有那弯月亮，“弯弯的月亮像小船”，孩子们总是这么说。此时，桥弯弯地横跨在河面上，月弯弯地悬挂在桥头上。

船绳系在岸石上，不曾离开半步。大舅望了望潺潺流水，水中倒映着桥的影子，倒映着月亮的影子。风吹动河水，桥影、月影时而重叠，时而分开，时而像圆，时而像船……风停了，河面波光闪闪，月光把大舅的影子印在水上。这个影子时而拉长，时而变短，时而像要开口说话。“是你呀！什么时候来的？”大舅轻声问。

影子不答。世界安静，月光如水，影子还是时而拉长，时而变短。

“乌鸦终究要飞过每个人的头顶。”大舅咕哝一声，又倒头睡下了。梦里，他看见孩子们在雨后的沙滩上打滚儿，风把他们丢在地上的衣裳捡起，轻轻地挂到了月亮的弯钩上……他几乎每夜都做这样的梦。梦里，他的心又哀愁又甜蜜，又温暖又悲凉。

不知不觉，月亮偏离了桥头。夜深了，露水沾湿了船篷，树叶还在风中哗啦啦地响。

野旷人醒早，天地作盖庐。河水淘白米，煤气烧铝锅。大舅在拂晓的晨雾中做早餐，他的小船上，生活用品一应俱全，煤气罐、煤气灶、锅碗、米油、腌菜……他把白米粥盛到碗里晾凉，习惯性地倒了一碗米酒，迎着河风把酒咕隆隆喝下肚，照着河水把米粥咕隆隆吃下肚。

他洗好锅碗后，其他人陆续来到河边。这些人昨晚喝了酒，面容有些困倦，见到大舅早已整装待发，他们抱歉地笑了笑。一番迟疑推让后，他们摇摇晃晃跳上了船。船身一阵剧烈晃动后，终于适应了他们的加入。

寂寂码头，六个人，三条船。

三条船都是大舅搞来的。

一条是他常用的。像他的影子，枯瘦、灰暗，风霜在其间刻下了许多暗纹。

一条是他早年弃置在河湾的。他费了很多力气，才把它从河湾拖出来。它的涂漆剥蚀了，一边船壁上有条裂缝，蚯蚓状的，形似他骨头上的裂痕，虽然倔强地挺立不倒，却已岌岌可危。这条裂缝离水面虽有二十厘米，但任何触碰到它的目光都会发颤。于是他花费两个晚上修补它。此刻，裂缝上的涂料崭新、醒目，给人触目惊心的感觉。

一条是借来的。那是朋友的船，他们曾一起捕鱼为生，现在朋友进城带孙子了。这条船有朋友的品性，陈旧但忠厚，苍老但坚韧，就连船尾上的一块鱼形污渍，也颇像朋友左臂上的一块疤痕。

这可能是西江上仅剩的三条木船。木船厂倒闭多年了。陆路客运代替了水路客渡，没有人选择坐船进城了。年轻人都不愿捕鱼为生，而是下广东打工，也不再需要木船了。需要木船的人越来越少，木船厂就消失了。

这是一支临时组织起来的搜寻队。之前他们沿河找了两天无果，这天一大早起来继续去找。

那孩子是傍晚在河里失踪的。作为渔人的后代，孩子们没有完全切断与水的亲近。河水总是令他们快活，因而他们常常相约去河里游泳。他们在水里扎猛子、打水仗、蛙泳、蝶泳、仰泳……那日天快黑了，他们才意犹未尽地上岸。上岸后，他们乱糟糟地穿好自己的衣服，互相吆喝着准备回家，这时才发现有一套衣服还突兀地躺在地上。

“是阿松的衣裳，阿松呢？”大家大声呼唤阿松，却只有呼声，没有应声。有的孩子在河滩上找，有的孩子跳入水中找，有的孩子跑回镇上告诉大人。大人们纷纷来到河边展开寻找。孩子的母亲紧紧抓着地上的衣服哭晕过去。

三条船驶离河岸，宛若三片枯叶漂入河中。这六个人，犹如叶片上的虫子，小心翼翼地趴在叶片上，随时都有跌落水中的危险。他们有的不会游泳，有的不会划船，有的虽会划船但已多年没碰过船桨了。

临时上阵的两条船，像刚学走路的孩童般跌跌撞撞，在河面上打了几个弯，才稳住方向。个头儿高大的海舅，负责划那条修补过的船。由于他那双大脚多年未离开过陆地，踏上船板后变得焦躁不安，总也站不稳。他粗壮的双手生硬地抓着船桨，一会儿用力过猛，一会儿力道不足，船在他手下左摇右晃、颤颤巍巍。身板瘦弱的六舅舅，负责划那条借来的船，他用力划动船桨时，细胳膊暴满青筋，双腿不住地发抖。

每条船上，都坐着一个无所事事的人。他们眼神呆滞地东张西望，像在寻找什么，又像在确认什么，既期待着某种结果，又害怕某种结局。

夏日的河面清风微拂，日头从东南方冉冉升起，在水面上洒下一片红光。鹬鸟展翅掠过水面，鸣声啾啾。山岚渐散，峰峦渐朗，几艘大货船从雾中驶出，打散一河日光。

螺旋桨搅起巨浪，一波一波涌来。三条小船顺着浪头横摆，等待水面平静。此刻，技术再高超的划船者，都只能等待。

大货船走远了，他们继续前行。

芦苇丛、树丛、水洞、水湾、石缝，他们瞪着眼睛查看这些区域，偶尔会发现死猪的尸体、腐烂的木板、腥臭的泡沫。在一棵临水的葛树下，他们惊飞了一窝苍鹭。苍鹭掠过河面，引起鱼群骚动，不少两指大的鱼跃出水面，撞击到船壁上，啪的一声落入水中。

他们眯着眼睛看河水逝去的方向，计算暗流可能的路径。前方有一面山挡在转弯之处，山势重叠而上，苍翠中点缀着烂漫山花。清晨洒过一场雨，白色的栀子花、茉莉花、白兰花沾着雨露，花香清冽甘甜。初阳下，蓝紫色的蓝雪花、鲜红色的凤凰木盈盈绽放，清新柔美。微风拂过，山花起舞，蓝天也跟着清亮起来。蓝天青山之下，水面碧波荡漾，闪闪发光，呈现出浩荡之美。这美使他们错愕。他们像做梦似的，时而忘记自己在做什么，时而又因忘记而惊慌。

半梦半醒间，船来到他们年轻时干活儿的林场码头。他们靠岸停船，休息片刻。

其中一人开始回忆："想当年，我在这里能扛两百斤大木头。"那时，山上合抱的大树很多，黄花梨木材、杉木材远近闻名。他们早晨从家里划船到这里上岸，进林场干一个白天，替木材商伐木，黄昏又划船回家。

"我一天能锯断一百棵树。"

"我能锯断两百棵。"

他们争相回忆。这一代人，经历相似，回忆相似，如今脸上的皱纹也相似。

大舅点了一根烟。这自制的卷烟很辣，有时会把人呛得流下眼泪。他猛吸几口，眼睛迷蒙地望着前面的山场。他在那儿干了很多年，从十五岁起就在那儿干了。十九岁那年，他在这儿遇见了一个姑娘。这姑娘也是吃河水长大的。起初，他不曾留意这个姑娘。后来，他在河边洗手，看见这个挑水姑娘穿着一双鞋底和鞋身脱胶的解放鞋。她一迈步子，鞋底就荡开一个大口子，像不停地张开吸气的鲇鱼嘴巴。他忍不住提醒她。她不理他，冲他翻了个白眼就走开了。第二天、第三天，这姑娘还是穿着这双鞋到河边挑水。

“你买双新鞋吧。”第四天，他对她说。

“不稀罕。”她说。

“咦，怎么说？怎么不稀罕？”他追在她后面问。

“犯不着告诉你。”她噘着嘴，挑着水，摇摇晃晃地走远了。

第五天，下了点雨，岸石有点滑，她的烂底鞋踩在凸起的石头上，勾出一个更大的口子，人狠狠地摔在了地上。鞋彻底烂了，桶砸坏了，扁担飞得老远，她坐在湿地上，抓着鞋帮子流泪。

他跑过去，帮她把桶和扁担捡回来，却不知怎么安慰她。她自顾自地哭了一会儿，才擦干眼泪，从地上站起来，接过他递来的扁担和水桶，然后光着脚走了。

看着她离去的背影，他感到有些心疼，就蹲下来，端详她留在岸石上的鞋印。他用手量了量长短大小，次日就在镇上给她买了一双当时流行的布鞋。

他带着新鞋在岸石上等她。她来了，挑着补好的水桶，趿拉着大号男拖鞋。他把新鞋递给她。她接过，羞涩地笑了笑，然后坐在岸石上试穿新鞋。这时，他注意到她有两个酒窝，下颚上有颗黑痣。她笑起来眼睛是弯的，脖子微微歪向一边。她的脸没有直接对着他，眼波的余光却黏在他身上。

他们坐在岸石上聊了一会儿，知道了彼此的名字。她让他第二天在岸石上等她。第二天他刚下工就来了。她给他带来几个煮熟的红薯，说是答谢他。第三天、第四天、第五天，也是这样，他等她，她给他带来煮熟的玉米，或者饭团。

这样大概过了一个多月，林场的活儿干完了，他转场去别的地方。他们在岸石上分别，他上了船，她要回山上的家。没有惜别的话，没有约定什么。只记得船走远了，他回头还看见她站在岸石上，小小的身影，像风中的鸢尾花。

过了三年，他又回到这个林场，再次遇见她时，他们就决定结婚了。他是用船把新娘接回家的。那时，两岸来了很多人，站在水边观看他们的婚礼。新娘那天很美。所有的新娘都是美的，而她最美，至少他是这么认为的。红色的嫁衣，红色的盖头。他记得进门前不能让新娘的脚着地，于是在船上他就背着她，上岸后他也背着她，一直背到家中的厅堂里。那时的日子多好啊……

“这山上没有梨花木和杉木了，全都是桉树，老木都砍光了，山秃后他们种了这没用的桉树，谁喜欢桉树啊……”其中一个舅舅说。

这时，所有人都知道一切都变了，再也不似从前了，而他们也老了，没有人能扛动二百斤的木头了。想到这儿，他们划船离开了。

又路过稻田、甘蔗地、碾坊、水利站，这些地方都拥有过他们的青春，只是没什么是值得一提的。他们就是些不起眼的人，像河滩上的沙子一样没人在意。如果他们自己不想提起，就没有人记得他们的事。

在这个河段，海舅曾钓获一条四十二斤的草鱼。四十二斤，那时他儿子也是四十二斤，那年儿子是六岁，他用大杆秤称了鱼，又称了儿子，一样重。这事他足足吹嘘了好几年。

海舅想起那条鱼，想起远在深圳的儿子，眼睛忍不住盯紧河面。一些罗非鱼跃出水面，发出扑通的水声。“这里的鱼还是那么多。”海舅说。

“没有什么鱼了，都是罗非鱼。”大舅说。

“没有草鱼了吗？”海舅惊诧。

“少了。”大舅说。

“哦——”海舅惋惜地看着河面，叹气，“怎么就没了呢？”

临近龙兴码头，他们又遇到很多大货船。它们聚集在这儿，将某集团畜牧场的牛肉、羊肉运送到广东。这些船每天要从这里运走几百头宰杀好的牛羊。

注视着这些庞然大物，想到它们跟远方儿女的联系，他们不由得肃然起敬。“这么多牛肉、羊肉，那帮卵仔能吃到乜？”一个舅舅感叹。

他们停下来，将船顺着波浪横摆，等大船开过。老木船经不起大浪垂直撞击，他们没有一刻忘记这一点。

他们目送船只远去，直到船只被山体挡住身影。这一刻，他们每个人都是动容的。大船所去的地方，也曾是他们渴望的远方，如今又是思念的人所在之处。

我的舅舅们又向前方划船了。他们不再说话，只有船桨切开水面之声。后来，他们好像忘记了目的，只是机械地划船。看到大坝横亘在前方时，所有人都露出了震撼的目光。

这座大坝位于广西最大的最长峡谷的出口，有着世上最高的船闸闸门，号称“天下第一门”。听说，因为这座大坝，西江船舶通航吨级由三百提高至三千。此刻，上闸口正有十几艘船在排队过闸。

没想到第一次瞻望大坝，是在小木船上。他们小的时候，就听说这里要建大坝。他们年过半百，这座大坝才建起来。建大坝，几乎是他们这大半辈子所见证的最大的事。他们都觉得该来看一次这座大坝。谁也没料到，他们会以这种方式完成瞻仰仪式。

他们心潮澎湃，又不知所措。目睹几回大船过闸后，他们还呆呆地立在木船上。

一阵山风吹来，夹杂着水腥味。他们都恍惚起来。要过大坝吗？正犹豫着，他们的船顺着水流来到了闸口。

“上七下四中间三，古往今来称恶滩。水急如箭多凶险，龙王过滩也心寒。”他们都唱过这首歌谣，唱的是这大藤峡魔鬼航道的凶险。

呵！是爬楼梯过闸，还是坐电梯过闸？

上游船闸下部打开了，闸口水流变急，水正从下部进入闸室，闸室水位慢慢与上游水面持平，上游闸门全开，船只依次进入闸室，上游闸门关闭，下游闸门下部打开，闸室泄水至水面与下游持平，下闸门全开，船只依次开出闸室。

过一次闸，闸室可进入六七只船。闸室蓄水、放水大概耗时半小时。在这个过程中，他们又一次体会了等待的滋味。

在下游，他们发现从这边看大坝，大坝更高大、更雄伟。也是在这时，他们惊觉错了。大坝拦住了所有，怎么能到这边来找呢？离谱，离大谱啊！

他们懊恼地调转船头，再次过闸。过闸上行，下闸底部打开放水，闸室水位与下游齐平，下闸门全开，船驶入闸室，下闸门关闭，上闸门底部打开，闸室蓄水至水面与上游齐平，上闸门全开，船驶出闸室。

刚才发生了什么？是做梦吗？他们的小木船怎么可能过闸？只有一个闸门，小木船怎么可能过闸？

此刻，他们在库区。不能忘了这一点，他们在库区，他们的家园在库区。

在库区遥望大坝，水面平静了，一轮红日映在水上，紫色的雾霭从水上升起。

这时，饥饿感从胃部传遍每一根神经。他们想起来一天没吃东西了。胳膊挥不动了，脚站不住了，眼睛睁不开了，除了填饱肚子没有什么事是重要的了。他们停靠在岸边，点燃煤气灶，煮了米饭，焖了罗非鱼，喝了几口酒。他们无法不喝酒，没有酒下肚，他们就再也划不动船了。酒支撑他们活了大半辈子。

大舅的酒又浓又烈，有个人被呛哭了。大家猛然发现，这个人一天都没说过话，甚至连声音都没发出过。一路上，所有人尽量避免看他，尤其害怕与他对视。他可能也知道别人不想看见他，因而努力降低存在感。现在他哭了。大家都吓了一跳，谁也不知道该说什么。

大舅瞪着眼睛朝他走去，所有人都绷紧了神经。他要打他吗？多年前他们狠狠打过一回架，大舅把他按在地上，猛烈地砸出拳头，直到他抱头哭着求饶。此后，只要这个男人抱着孩子在大舅面前笑嘻嘻地转悠时，大舅就在他背后扬起胳膊、挥舞拳头，扬言要打死他。

大舅走到他跟前，猛地俯下身，递给他一条散发着汗臭味的毛巾。大舅的手直直地朝前伸着，所有人都停下了喝酒的动作，目瞪口呆地看着大舅的手。

他抬起泪眼看着大舅发红的眼睛，接过了毛巾。他用毛巾擦干眼泪，说："不找了，不找了，找不到的。"

大舅用力拍了拍他的肩膀，说："继续找，肯定能找到。"说完大舅抓起船桨，回到他的岗位上。所有人都停下了喝酒，重新开始寻找。

薄暮的山是淡紫色的，水是蓝紫色的。潺潺的流水梦幻般浮动，让人忍不住伸出手去撩动，让人忍不住跳入其中感受水的每一寸抚摸。

突然，在弩滩的险流里，一种不祥的感觉笼罩心头。然后往上二百米，那孩子被找到了。他被夹在石缝里，身体扭曲着，礁石刮烂了他的脸。他胸部有一块黑色血迹，头发上缠着树枝和水草。他们把他拖出来，发现他的手脚摔烂了，两颗门牙不知被水浪冲到了哪里。由于岩缝太窄，他的裤衩被勾住卡在了那里，他们没能把他的裤衩拽出来。他背上、腹部有多处瘀伤，估计漂下来时多次被浪抛起，最后嵌入了这个石缝。这个石缝离大坝一公里远。

那个哭泣的男人跪在孩子身旁，双手抓着大腿，好像一个被悲伤灌满的木桶。大舅哆哆嗦嗦地拿烟，点燃了又忘记抽，任烟头在暮霭中从闪亮到暗淡。其余四人想为孩子收拾一番，又不知如何着手。这副模样了，还有什么可收拾的呢？于是，清理掉头发上的树枝、水草后，他们就不知道做什么了。后来，哭泣的男人脱下T恤，温柔地盖在孩子的下身。

他们往回划船，把孩子带回家。月亮升起来了，是一轮圆月。

大舅没力气划船了，也没法多看孩子一眼。这两天他多次想象过这一幕，但这一刻真的到来时，他似乎比哭泣的男人更难以面对。这个男人不会再抱着孩子在他面前炫耀了，此刻孩子就躺在他们脚边，他们的心竟然一样悲凉。

这些年，他们互不往来，想的盼的都不同，爱的恨的也不同，如今却有着同样的悲伤。

他们曾住着相似的瓦房，瓦房里都有一个女人、一个孩子。现在，这个男人只有一个哭晕的女人，大舅只有他自己。

大舅与河对岸娶回的女人有过七年幸福生活。第七年后，他对她就没好气过了。他总是生闷气，出门找活儿也挑三拣四的。他不爱去码头那边停船。他总是把船停在石洞下。岸上没有路通达石洞，每次下石洞都要徒手攀爬十几米峭壁。他总是睡在石洞中，很少回岸上的家。

他好几天才回家一次，给家里的女人拿钱、拿鱼虾、拿米油。他很少跟她说话，偶尔开口也凶巴巴的。他似乎惧怕和她交谈，尤其是她用温柔的语气跟他商量事情时，他简直受不了。因此，他不再和她睡在同一张床上。

三年前的秋天，那个女人突然病了。她总是流鼻血，脑袋昏昏的，连路都走不稳。他拿钱给她，她没有伸手接，也没有从床上爬起来做饭。

她从枕头上抬起头看他时，他被她的脸吓到了。那是一张塌陷到变形的脸，颧骨凸起，眼窝深陷，眼圈黑了一大块，汗湿的头发贴在头皮上，衬得脸色越发惨白。

她喘着气说："老头子，我快不行了。"

大舅慌了。他从没想过会面临这一天，他的心被别的事塞满了，这些年他从没想过她在这儿。"老婆子，你要我做什么？"他语气和缓地问，声音微微发抖。

"什么都不用做。"她柔声说道，眼中满是平静。

大舅害怕了，看来事情真的严重了。她真的快死了，而且很平静。

她怎么这么平静？她应该说："都怪你，老头子，是你把我害成这个样子的。"她却什么都没说。

她怎么病成这个样子的？她什么时候老成这个样子的？这些年他们过的是什么日子呀！

她太瘦了，她该吃点东西，也许吃点东西就好了。他赶紧去厨房给她找吃的。他在厨房翻腾，只找到几棵发蔫的菜头、几片发软的白菜叶、几块发霉的生姜。

只有这些吗？他们穷到这步田地了吗？怎么从来没注意到这

些啊？这些年他都干了什么啊？他难过极了，甩手把菜头、白菜叶、生姜都丢了。他揭开米缸，舀出一勺米煮粥。生病的人是爱喝粥的，他记得她以前常说他熬的粥很香。

他把粥端给她，她爬起来，靠在床上喝了几口就放下了碗。他怔怔地看着她，看着那碗几乎没动的粥，心想她心里定在怨恨他，竟然连他煮的粥都不愿意喝了。

他向邻居借来三轮车，送她去医院。这十几年他没去过医院，上一次到医院还是带人去打疫苗呢。医院变化真大啊，他记得以前是没有左边那座大楼的。他向人打听了几遍，才找到挂号窗口。幸好没有排很久的队，他们就见到了医生。

医生问了几句话，就开了一串检查单，验血，验尿，心电图，脑部 CT。折腾一上午，他们才完成检查。中午他让她在走廊休息，他走出医院买了盒饭。他回来时，她正歪着头靠在椅子上休息，从侧面看去活像一只被公鸡啄光颈毛的母鸡。她没有吃他买的盒饭，只喝了几口水。

下午分析检查影像的是个年轻医生。他仰头皱眉看了几秒脑部的一块阴影，在单子上飞快地写下一串串符号，然后把单子交给了大舅，说："先开一周的药，一天吃三次，没有忌口，想吃什么吃什么。"

"她的病严重吗？"大舅盯着医生的眼睛问。"不用紧张，按时吃药。回家去吧。"医生简短地说。大舅张了张嘴，还想问点什么。医生摆摆手说："回去吧，多吃点好吃的，想吃什么吃什么。"

大舅带着女人往家的方向走。这一天，他终于想起她是他的女人了。这十几年他怎么像是忘了她似的，他多久没给她买过东西了？想到这儿，他骑车拐进了集市。在集市上，他买了两斤牛肉、一双新鞋，还有她年轻时喜欢过的那种帽子。尽管这还不是戴针织帽的季节。

她坐在三轮车上等他，瘦削、苍老，头发白了大半。她目光无力地搜寻他的身影时，他觉得她歪向一边的脖子像是随时要断掉的样子。

他帮她穿好新鞋，又把帽子轻轻戴在她头上。她眼中露出喜悦的光芒。这光芒令他内疚，他早该送她这些鞋帽的。

他骑车往家的方向去，她在后面摆弄那顶帽子。后来，她扯了扯他的衣角，叫他停下车来。他回头问她要做什么。她微笑地看着他，温柔地说："老头子，你记得吗，我们的女儿就喜欢这样的针织帽。"

他差点从车上摔下来。他没忘记，他怎么会忘记！他有过一个女儿，他女儿喜欢戴针织花帽子。她喜欢在家门前等他回家，等他伸出手高高地抱起她。而她呢，一边用胖嘟嘟的小手摸他的胡子，一边咯咯地笑着说："爸爸，你的胡子真扎人啊。"然后她那肉乎乎的小脸蛋凑过来摩挲他的脸，那热乎乎的嘴唇娇嗔地吻着他的腮帮子。"爸爸，你的脸有鱼腥味。"老天啊，她的声音那么甜美，简直要把人的心融化。

他涨红了脸，眼冒金星，呼吸急促，两腿发软，没法回答老婆子的问题。

那天回到家，躺在一张床上，他们谈了很久他们的女儿。多数时候是他在说，她安静地听着。她没多少力气说话了，但时不时露出温柔的笑容。

他们度过六天祥和的日子。第七天早晨醒来，他发现她走了，她的脸很宁静，像睡着一样。他呆呆地看了很久她的脸，竟不知这张脸是怎么变老的。

他每次从河上回家，她都给他做饭、烧菜、洗衣服，而他总是阴沉着脸，甚至冲她发火，她是怎么忍受下来的？呜，她的五官和女儿多么相像！呜，她仰着这张脸对他温柔地说话时，他的心都碎了，奔涌的热血让他难受，最后都化成了怒气。呜，此刻这张脸多么安详！

“呜——”男人的哭声把他拉回了现实。他的烟燃尽了，烟头烫伤了手指。他把手指浸到河水里，河水是温凉的。

他想起了，他曾这样沿河寻找女儿。他没有找到女儿。有人说，她可能被冲到海里了。那时未建大坝，冲到大海是有可能的。大海，那倒也是不错的，她总算见到大海了，他都没见过大海。她曾指着电视上《春光灿烂猪八戒》中小龙女出海的画面说：“爸爸，我想去看海。”她真的看见海了吗？她会不会被水鬼拉进了石洞？她会不会连海的影子都没见着？

他曾划着那条有裂缝的船，带妻子女儿进城。她们在船上多快活啊。妻子唱着歌谣，女儿也学着唱：“日头上山冈，西江万里船。船行烟雨峡，鸟鸣在春天。小船轻轻摇，忽到下桥边……”

他虚弱地靠在船上，眼睛出神地看着前方。一群白鹭从岸边飞起，掠过水面，又停留在礁石上。“白鹭是一首精巧的诗。”“黄昏的空中偶见白鹭的低飞，更是乡居生活中的一种恩惠。那是清澄的形象化，而且具有生命了。”女儿若在那年上学，就会学到郭沫若的这篇散文吧。他路过学校，听孩子们朗诵过。他站着听了很久，背下了不少句子。

他想起了，女儿把右边的这座山叫作帽子山。山侧有一株高大的木棉，烟雨三月，满树红花，好看极了。多少年了，他一看到木棉眼睛就刺痛，只能刻意不看它。啊，木棉树还在这儿，它高大了许多，苍老了许多。

他想起了，女儿是入学前的一周跌入河中的。那年她六岁，他刚给她买了新书包。

他流下泪来。多少年了，他没让自己哭过，老太婆走的时候他也没哭。夜风把他的泪吹入河中，汇入一片呜咽的流水。

河上行驶着船只，码头亮着灯火，人们来接孩子回家了。那个男人擦干眼泪，抱起儿子，走向那片灯火。大舅跟在后面，向着他们相似的瓦房走去。

人们替孩子擦干净身体，换好衣裳，梳好头发，整理好面容，把他放进了棺材。

天亮了，他们抬着小小的棺材往墓地走去。

那也是老太婆的墓地。四周围着大片甘蔗林，这些甘蔗卖给糖厂一年能挣上万元。大舅把地全租给了别人，如今这儿没有一根甘蔗是他的。他父亲是蔗农，他祖父是蔗农，他祖祖辈辈是蔗农，而他竟多年没碰过一根甘蔗了。他怎么变成了这样？呜，他为什么不能好好过日子？他怎么把老太婆孤零零地丢在了甘蔗地？呜——

他们把孩子放入墓穴。孩子的新坟紧挨着老太婆的旧坟。大舅真想大哭一场，恍惚间看见了女儿。女儿还是六岁的模样，穿着红衣服，戴着针织帽，朝她母亲飞奔过去，扑入她母亲的怀中。他看见老太婆变回了年轻的模样。她们拥抱着、欢笑着，一副不需要他的样子。后来，她们回过身来，冲着他笑，冲着他摆手，好像在说："再见！"

大舅遭受了极大的震撼。泪水流过之后，他的内心生出一种新的悲伤、新的平静。"就该是这个样子的。没有我，她们过得更好。这倒让我更想她们了。"他喃喃地说。

葬礼结束，大舅回到船上。日渐苍老的他，常常往返于武宣码头与大藤峡大坝之间。几十公里水路，小舟一叶，两杆薄桨。累了，他就停船睡一觉。酒瘾上来了，他就拿起酒壶喝几口。他一直漂在河上，有时给人撑船渡河，有时给大坝工人运送粮油蔬菜，有时打几条鱼送到那孩子的家，和那个打过架的男人喝一夜的酒。

有时我去看他，碰到十里千船排队过闸的场景。更多时候，我只看到精瘦黝黑的他，摇着一叶孤舟，漫无目的地漂在河上。

后来，木棉花开时节，我们一起去树下捡落花。

后来，他带我走遍他和女儿走过的路，将他想对女儿说的话都说给了我。

后来，在回家的路上他跟我说，谢谢你。我聆听着，他的故事，他的一生。

码　头

等待者

有人说，那是个经济飞速发展的时代。有人说，那是个灵魂跑丢的时代。

然而，不管外面的人怎么说，我们的码头依旧在那里。

我一日日看着面孔和我相似的乡亲，脸上挂着不同的悲喜，在码头上来来去去。

这儿的风，吹了很多年了。这儿的水，也流了很多年了。吹了太久的风，面孔总会染上风霜的。目送太多的水，总有几滴变成眼中的泪。

除了生死没有什么大不了的事。父亲常说，想好好活，就要想法子把船划过险滩激流，别的都不要想，想也想不来。当我的心被岁月淘洗之后，才明白这话说出了码头人的坚强。

大河上船来船往，人们在水上忙忙碌碌地讨生活，码头永远是等待的模样。它静卧在河流一旁，深陷在山村里。也许是因为它看到的，比风和流水都多，所以它显得深沉、静默，愿意把一切都交给时间，交给从不停息的风和奔流远去的水。

站在码头上，人总觉得苍茫，因为远处的风，也因为近处的水。

无论晴还是雨，码头上总有很多人。既在劳作，又在等待。他们的心中，都有一个未归人。有的是丈夫去了外面，有的是孩子去了外面，有的是父亲去了外面。他们一日日地在岸边翘首以盼，就像码头在等待船只泊进河湾。

那天，我在码头上看见达美急匆匆地跑去找阿全，对他说了点什么。阿全便扔下河边的一切，向家的方向奔去。他们的身后，是暗下去的黄昏和雾蒙蒙的码头。

阿全的老娘死了。人们闻讯纷纷从田间地头赶来，从码头河上赶来。这些平日说话也隔着很多树的人，终于因为死亡而能抱在一起痛痛快快地哭一场。

他们哭完，随即开始忙碌，丧仪的事太多了，人人都得分担。负责买菜的是青壮汉，记簿的是德高望重辈，洗碗筷的是妇人，摆桌椅的是十来岁的孩子……只有哭丧婆一直在哭。

天色越来越暗，似乎一场大雨就要来临。达美被嘶哑的哭声搅得心烦意乱。她不得不关心丧礼以后的事情，因为那更牵肠挂肚。阿全会和别的青年一样远走高飞吗？这是他盼望已久的事情吧。

没有哪个年轻人不想去外面闯一闯。终日窝在这渔村打鱼、种地、砍柴，有什么盼头呢？人总是要有盼头的，譬如挣大钱、坐飞机、看万里长城……这些，都要从码头坐船顺着大河出去才能实现。而阿全长这么大，去得最远的地方只是离家最远的那块地而已。

阿全的爹一辈子都想着出去，怎奈过早娶了媳妇，媳妇又过早生了孩子，一家子的人离不开他，一家子的活儿也离不开他。阿全八岁那年，他爹出航打鱼就没再回来。那夜，他并未捕鱼，而是把船划到无人的水域，独自喝了大半夜的酒，掉到河里淹死了。母亲成了寡妇，含辛茹苦把他养大，他总该有点出息，阿全这么跟我们说。

他爹是迫不得已，阿全之前也是迫不得已，然而现在不同了，母亲已不再是牵绊。

乘船顺流而去，到大城市闯一闯，这似乎是由来已久的传统。很多年轻人抛下渔船和锄头，成功地离开了。留下的人，时常遗憾地看着河流远去的方向，满眼都是神往和失落。

丧礼过后，阿全就要离开了。在黄昏的余晖里，达美和阿全依依话别。“真希望和你一起走，你是对的。”“我挣了钱就把你接过去。”

临行前，阿全去拜访他的叔叔，也就是我的舅舅。舅舅住在山上，那儿有一个山庄、一座木楼、一个院落、一道篱笆。篱笆外，舅舅的果园和田地一直铺展延伸到两座山的脚下。

阿全对舅舅说要去城里时，舅舅老迈的眼睛瞬间红起来。他的兄弟吃水死了，老妻几年前也死了，膝下没有一儿半女。“园里和地里的活儿我干不动了，你要是愿意，就过来帮忙打理，等我死了，都是你的。”舅舅说。

阿全没有接受。在那一场特殊的对话里，我看到了阿全的坚定，也看到了舅舅的孤寂。年轻人不愿意在船上消耗一生，也不愿意在田地消耗一生。

从码头上船，到六里桥换乘快艇，上岸后换乘巴士，再乘坐五六个小时的火车，就是阿全要去的地方。阿全出发后，达美变了，一天到晚地计算他的行程，不再帮我整理鱼线。不仅阿全走的那天不帮，此后的很多天也不帮。她的全部心思都用在了一件事上：等待。

码头上的等待，是漫长的，很有可能没有终点。而码头上，还吹着那些风，不知从哪里来，又去向何方。码头下，还淌着那些水，不知从哪里来，又去向何方。

对于码头，风知道多少？水知道多少？风来水往，船来人往，只有码头还留在原地。

很多年后我才明白：对于码头，除了等待，没有更好的姿态；没有泊船，码头就不再是码头。

于是，在每天相同的时段中，在悲欣交集的日子里，人们在码头上起航，在码头上落帆。人们不停地离开码头，又不断地回到码头，中间的迂回，或许就是一生。

不知何时起，我也成了码头上一名面目模糊的等待者，带着一种茫然未知的心情，日复一日年复一年地向岸边走去。

在码头上，我遇见很多相似的面孔，每一张面孔都在隐藏离合悲欢。我只能看见眼中捉摸不定的祈愿，那是命运让我们彼此相认的标记。

在码头上，有太多的故事没有被说出，有太多的人已经被遗忘。

烟　火

村庄被一条大河包围，村庄的一切都靠这条河孕育。河流是村庄的起源，村庄是河流的积淀。村民是河流的子孙，河流是村民的基因和密码。河流的历史，比任何一个村民，比任何一座村庄，都更绵长、更悠久。它对每一座村庄的爱，对每一个人的爱，都犹如流水对河床的眷恋。我爱这条河，它不仅途经我的童年，而且深入我的血脉。

河流一个优美的转身，带出一个码头，码头的延伸，是一个绿树掩映的村庄。村庄的来历，我这小辈说不清了，码头的来历，我这小辈也不得而知。打出生起，这里的水养着，这里的米喂着，从里到外都是这儿的烟火气息，走到哪儿别人都能看得出我是这地儿的。

站在船中回望村子，只见平整的码头上去是个缓坡，依地势而起的房子多在此处，每家每户前又必有桃杏；再上去就是山，矮的像馒头，高的像芋头，遍野葱翠；山坳间是田地，种植玉米、豆子、稻谷等作物。

凭水倚山，这是村庄的风水。从码头至山村的路，如逶迤的长蛇。河边的码头，泊着乌篷船。船下行时运山货土产，上行则运盐及其他工业产品。临码头有一条河街，临河一面房子多是一半着陆、一半在水。楼下设吊脚，干栏悬空防水防潮。楼上房檐雕花，吊着玉米棒子和辣椒。楼里的人家，临窗可见宽阔的河面流水汤汤。

商店、肉铺、油行、盐栈、衣庄、扎纸店，装点着这条河街。虽然商店只有几家，肉铺不过四五个，衣庄也才两三处，扎纸店独独一户，但在我的眼里，它们是无穷无尽的世界。商店除了售卖日常用品，还兼收购和转卖木耳、蘑菇等山货，因此来往的人多而杂。肉铺虽是两家沿街对户摆摊，但相处和平，每家每天各杀一头猪，足够整个码头和村庄所需。衣庄陈列着绚烂的布匹，吱扭吱扭的机杼声令人想到草间的虫鸣。只有扎纸店让人既好奇又害怕，店主是个老头儿，扎的纸物件专供死人，平日里纸马纸人摆在店里店外，等着办丧的人家来买；老头儿越忙，死的人就越多，小孩们因此觉得他吓人。

当我还是个看见扎纸老头儿就怕的小孩时，我有的是闲暇。到了码头与河街，我却总觉得时间不够用。码头的路在大人脚下，不过五分钟就能走完，然而一窝沙土就能让我玩半天，要是发现个蚂蚁窝，又要看半天。河街就更费时了，虽不过一二里路长，却要用上一整天才能逛完呢。要看的东西太多了，商店、油行、珍子家、旺儿家、达美家……要说的话太多了，和麻子说说知了，和松哥说说渔获，问珍子妈几个故事的来历，讨七奶奶要花绳的编法……这一二里河街走起来本就迂回，加上街边的人家担水时总是打湿路面，走起来就更慢了。

我在达美家的商店逗留时间最久。她家的吊脚楼，朝街的一面挂满南瓜、红辣子、熏鱼、猪条子，临河的一面摆了一排桌椅，供下棋、喝茶、观社戏。河上有龙舟戏时，二楼是最佳观台，彼时店里也最热闹。平日里，她家也不乏喝茶消磨时日的主顾，多是无事的老头儿们。她家的柜台呢，对我来说简直是百宝箱，什么都有，爆米花、小丸子、泡泡糖、梅花饼、茶鸡蛋、打水枪、小汽车、彩气球、火柴炮、烟、酒、茶、花粉、酱料……

她爸爸既开商店又兼营理发，一把剪子，一个推子，一把刮胡刀，就包了整个码头的发型。我在她家赖着不走时，常见一些又黑又圆的脑瓜，带着农民的几分憨实之气，任由达美爸爸刀刮剪推；也常见一些不安分的小孩，由大人按着脑袋，边哭边剪，最后后脑勺总留着一小撮。

她妈妈既管卖货又管修鞋。一双烂得不能穿的胶鞋，找她敲敲打打、缝缝补补，又能穿上一阵子。她的工具也不稀奇，奇的是一双手，像码头上的很多女人一样，又准又狠。她每日当街坐下，用小小的钩子、镊子、铁钳、钉子，叮叮当当，手指穿来绕去，烂鞋就成了好鞋。

达美呢，身穿绣花蓝布衣裳、青黑色麻裤，扎个麻花辫子，坐在柜台后面。那时的她，笨手笨脚的，常常拿错客人要的货，端茶时又老是打翻茶水，跟个没魂的人似的。也难怪，阿全离开有段时日了，传回来的消息却少之又少。我缠着达美买糖，她不是少拿了，就是多拿了。唉，真是个傻姑娘。

那些喝茶的老人们，见到我总是笑眯眯的，拍拍长凳让我坐下，少不了胡诌乱侃，将他们年轻时的光辉事迹，或是祖辈的故事传说，一股脑儿地倒出来，说到兴头上，就吊起嗓子唱歌。

河街集市，最是热闹。三日一集，十日一市。方圆几里的村民，挑着鸡鸭鱼虾、瓜果蔬菜、烟草桐油、木耳蘑菇及其他山货，到河街上卖。买主多为坐大船来的外客，从村民手里收购山货往外运销，同时也给码头运来所需的盐、洗衣粉、洗洁精、农药化肥等。

货船到来时，我们这些小孩争着跑到码头去看，身旁跟着或肥或瘦的看家狗。货物一箱箱地从船上卸到岸上，村民就拿山货来换，或者花钱买。散场时还剩的货，船主让水手运到商店，由店家负责卖。袒胸赤膊的水手，生得身小臂长，看着比我大七八岁，或是沿河村镇人家的孩子？

船商采购时，我跟在后面，看他们挑挑拣拣、讨价还价。整个河街的山货，都由他们随心所欲地划品次、定价格。间或有村民嫌价压得太低，不愿出手，到了傍晚也得服软，只这一两个买主，没办法。而且再过一会儿，船商就离去了。船商总像流星般来去匆匆，再不让步就要一无所获地回到家里，而被耽搁一天的田地，必定会怪村民斤斤计较。

在码头上，有时我们会遇到跟船来的游客，他们中偶有一两个对我们的长相、肤色、发饰、服饰好奇，争相拍照。这时候，因为没有穿上最漂亮的衣服，没来得及洗把脸，手和脚都是泥巴，我们总是扭捏而局促。真渴望多拍一些啊，当他们把相机里的照片展示给我们看时，我们的心凉了。照片中，那些可怜兮兮的娃娃又脏又丑，难过瞬间击垮了我们，我们低着头心有不甘地跑开了。很久以后，传来一些照片获奖的消息，我们听了既喜又惑，喜的是获奖的照片印着自己的样子，惑的是自己的样子印成纸片怎么能获奖。

有时我爬上墙头，居高临下地看衣飘带舞的衣庄。纺织的人家，个个心灵手巧。一日日地搓麻、拆线、织布、上色，从春到秋，从冬到夏，织女们把心思缠绕在丝线里，纺织进布匹中，变成绚丽多彩的壮锦。吱呀的机杼声、轻轻的叹息声，从那低低的屋檐下传来，听得我的心绵绵的、软软的……

午间或傍晚，织女们停下活儿，走出院门，来到河边。绸缎般的河水潺潺地流着，她们把沾满颜料的手浸到水里，边洗边说体己话，却总绕不开织布的花样啊、布匹的上色啊等话题。偶有人说起心事，不禁让人感到漫漶似的美丽和忧愁。

有时我从墙头上下来，被收破烂的货郎吸引，便跟着他一圈又一圈地绕着村子走。他的单车架上有雪糕、果糖、竹蜻蜓等。他边推车边摇小铜锣，一腔一调地吆喝："卖雪糕咧，两毛一根的雪糕咧——"小孩们纷纷拿出破铜烂铁、鸭毛鹅毛来换。拿到雪糕、果糖、小玩具之后，有的欢欢喜喜地回去了，有的则像我一样跟在货郎后面绕着村子走。

有时跟在货郎后面，猛地就在一条山路上碰见送葬队伍，只好远远地站在一边，看他们咿咿呀呀地哭过去。看着看着，我不免觉得恍惚，这些哭声无端地提醒了我什么，我说不清，却真真切切地感觉到了。看着看着，队伍走去的路，开始变得冗长、邈远。那是每一个人最终都得踏上的路。

恍惚是短暂的，离开那条路，我又兴致勃勃起来，飞快地跑向河边。死了人，码头必定会放花灯，我岂能错过。

灯是卖纸店的老头儿扎的，他虽面相吓人，手却真巧，莲花灯、南瓜灯、玉米灯、橘子灯、白鹤灯…… 一盏盏地由逝者亲人的手送入河中，船家就自觉地熄了船灯，把舞台留给渡魂的花朵。

码头上来了不少人，小孩居多，或站着，或蹲着，只看灯不说话。太静了，河岸就添了几分肃穆的气氛。那高起来的月亮，也有了些凄美的颜色。月光潋滟的河面，花灯渐多，飘飘荡荡的，似有什么正驾着灯往远处而去。这时候，河不单单是河，变成了往生之路。亡者托着河灯，最后一次告别亲人，然后借着灯光上路。天黑路远，没有什么比灯更能寄托哀思了。

河面上灯越来越多，渐渐地飘向一处，这盏拥着那盏，那盏碰着这盏，推推搡搡的，风一吹一齐晃动，宛若河流幽幽的眼睛。河水远去，花灯也幽幽地远去，渐渐地看不见了。只有月亮还高高地照着，暗示着天地永恒而人世很短。看灯的人慢慢回去了，只有灯还在看不见的地方飘飘荡荡地亮着，没有了观众，显得孤寂、凄清。随着火种的耗尽，花灯一个一个地灭了，整条河只剩下黑暗，不知亡者找到去往彼岸的路了吗?

凄凉的河灯之夜过去，第二天，码头仍是生机勃勃的人间。

清晨，妇人们吱呀一声打开柴门，呼呼啦啦地飞出了鸡鸭，癫癫狂狂地蹿出了猪狗，翅膀扑扑闪闪的，屁股摇摇晃晃的，扎进树林滚下河滩去。原先蹲着人的地方，在早上跑着打响鼻的猪狗；原先飘着花灯的河面，此刻浮着白花花的鹅鸭。紧接着，妇人开始做早饭，烟从烟囱里钻出，婀娜婉转地飘到树梢上，逶迤蛇行地钻进竹林间，飘飘忽忽地荡在河面上，山川就都沾了烟火气。不久，进湾的船笛响彻码头，渔船满载而归，光着屁股的孩子们拎着鱼篓奔下河滩，新的一天就这般嘹亮地开始了。

生活啊，就像泊在河湾里的渔船，随着永不停歇的浪花，一浮一沉，一沉一浮，世世代代，无休无止。

远方的想象

逢年过节，外出的人回到故乡，衣着光鲜，挥金如土……茶客们津津乐道，闯天下的都是好汉、挣大钱的。尽管茶客们从未远走高飞，说起远方来却有板有眼：摩天大楼，时装模特，奔驰宝马，亿万富翁……

对于远方的想象在码头蔓延开来，沾上的人都像酒鬼沾上酒一样，成了瘾。达美也不例外，甚至比任何人都深陷其中。守在店铺的她，平时对什么都心不在焉，对茶客们的话却听得仔细。她盘算着，这会儿阿全该找到好工作了，过阵子就能把她接出去了。

她从一个游客手中弄到一张地图，小心地在上面画出线路，标出城市的名字和位置。久而久之，她对交通路线烂熟于心，甚至能精确地在白纸上画出地图。

只有一个刚从外面回来的瘦个子，对村民的想象不以为然。他衣衫普通，穿着和我们一样的麻褂子，脸庞瘦削，神情落寞。他从不在河街上大手大脚地花钱，人们以此判断他未交到好运。大家不希望美好的想象被他破坏，所以都尽量避开他。他对崇外的批判，码头的人也听不进一言半语。

码头太需要“美丽的远方”作为寄托了！

新　生

父亲经常乘船往返于码头与外城，不时地带回镇上的消息。譬如镇上有了彩色电视啦、洗衣机啦、电冰箱啦，而比镇更远的消息却没有。他只能为那些在码头上站得太久的人，从邮局带回一些被水浸染得模糊的信。这些识字或不识字的人，为此深深地感激他。

1998年春，父亲突然在大河边安顿下来。那一年，他带着我在河滩上转来转去，寻找一个上平下斜的石洞。他们想要生个儿子很久了，辗转奔波多年，母亲的肚子终于有了迹象，他们需要一个隐蔽的住处迎接这个超生子。父亲把石洞的沙面挖平，铺上干爽的细沙，又在细沙上架起木板床，再沿着石洞斜面把扎成屏风似的甘蔗叶围成一面挡风的墙，靠江的一侧留一道小门，繁衍的小窝就算搭好了。

父亲带着母亲住进了石洞。我每天都从外婆家带上吃的给他们送去，路上尽量小心地避开他人。3月的河滩，小草已经爬满沙面，野花次第开放，空气中弥漫着花香。我在沙滩上编草戒指、挖沙虫，玩得不亦乐乎。石洞旁的母亲，整日看着流水祈祷，希望儿子早日来到这个鲜花盛开的河滩上，来到这个万物竞发的春天里。盼着盼着，在一个不经意的傍晚，他就提前到来了，整整早产一个月。

那天，我和父亲去地里种甘蔗，外公外婆也在树林里砍柴，只有母亲一人待在石洞里。傍晚，父亲从甘蔗地回去了一趟，直到天黑他才到地里接我。

那天的月亮半圆，像一片切好的哈密瓜高高地挂在甘蔗林的上空。土路又弯又长，牛车一颠一颠地前进着，父亲突然把我揽在怀里，神秘而幸福地说："你有弟弟了。"

黄昏时，母亲一个人在石洞里生下了弟弟。她一个人在石洞的木板床上忍受剧痛，一个人拿水果刀割断脐带。她太虚弱了，因而没能把割断的脐带扎紧，以致弟弟四岁前肚脐眼都是鼓鼓的，像个充满气体的小球。

那把水果刀被欢喜的父亲扔在了河边。他们带着新生儿来到码头上，宣告延续香火的任务已完成。迎接他们的，是外公外婆欣慰的泪水，以及河湾逐渐停歇的橹声。

新生儿的消息很快传遍码头，人们的反应惊奇地一致。人们说，这两口子躲躲藏藏的日子总算到头了。他们怂恿父亲摆流水席庆贺。流水席，一字排开桌椅，客人轮番入席，高声谈笑，大碗喝酒，场面十分热闹。父亲没能应承，他的腰包太瘪了。

父亲不属于码头。他只是以婚姻之名从码头带走一个女人，后来又以现实为由在码头留下一个女儿。现在，完成传宗接代任务的他，要带着妻儿乘船离开了。我跟船送他们到镇上。

水路迢迢，我见到了大人口中所说的大大小小的带水村庄、人来人往的镇子、繁华热闹的街市。前路茫茫，父亲要去的地方，几个小时的车程才到，那是个有托儿所、幼儿园的城镇，那儿的小孩都被关在铁栅栏里读书。

回首往事，父母对我叮嘱的话已忘记，岸边的村庄和橘园，却明晃晃地留在记忆里。

河岸上的一切，因为河的缘故，总是妩媚的。船行水面，宛若游龙，水手歌呼而前，欸乃声声。一棵棵不过三米高的橘树，成片地种在岸上，绿叶丹实，烂漫照眼。芦苇和草滩水鸟特别多，时而掠水飞去，消失在苍茫烟浦里，别有一种辽阔的优美。

隔一段水路就有一个村庄，庄上多油坊、碾米坊、祠堂，黄墙青瓦，映碧和谐。到了一个码头，一个浣衣女孩等在岸边，只见一个年轻水手从船舱中捉出几条鱼，匆忙递给女孩。船行远了，水手还冲岸上喊：“回去炖了给娘吃，你也多吃点。”估计是兄妹。又到一个码头，远远地就看见三个女孩子站在一处，一只手高高举起朝我们挥着，一只手挽着装满红橘子的篮子。船靠近时，她们将橘子一个一个地抛到我们船上。看见渔家靓妹，水手们就活泼起来，渔歌就变成了情歌。

水手们在水上来去自如，这让我羡慕。他们长到十几岁，随便踏上一条船，河流就掌握在手里。他们的父母、妻女、情人，守在河边的某一处房子里，他们就能安心地漂在水上，吃鱼，吃虾，做个“水上人”。他们见的世面多，眼界心胸也开阔，即使说话粗鲁，但经了水的润泽，便也多情起来。

这和岸上的庄稼人不同。庄稼人的根生在田地里，心眼也在田地里，心里眼里就只有山塘橘园、瓜田菜圃。他们行动时，像一头迟缓的水牛；不动时，像一根打歪的木桩。

我就是一根被父亲打在码头的木桩。

车站临别，我依依不舍地亲着弟弟这个新生儿的小脸蛋。他多么可爱，又多么幸运！他的童年，将是一个有父母相伴的童年，他清澈的眼睛，将见证充满新生的城市。他会在那儿长成一个明媚少年吧？

返回码头，只剩我一个，不免凄凉伤感，两岸的风光此时也黯然失色。

死　亡

村里的人，有的是突然死掉的，仓促得谁都没来得及准备；有的是一点一点死掉的，先是这儿，再是那儿，慢得似乎所有人都知道他正在老死。五爷属于后者，福娃属于前者。

福娃的爹在城里。他像我一样，总是在河边乱耍。他会淘沙、捉螃蟹、捞螺蛳，最喜欢的是钓鱼。河里有各种各样的鱼，蓝刀、鳜鱼、剑骨、枪鱼、辣锥子、甲鱼、鲇鱼、草鱼等。那么多的鱼，福娃经常连一尾两指宽的蓝刀都钓不上，更别说草鱼、鳜鱼了。

我送父母那天，福娃破天荒地交了一次好运。一条三十多斤重的大鱼咬了鱼钩，活生生地把不愿放手的福娃连人带竿拖到了水里。

被捞起的福娃，直挺挺地躺在码头上。他娘哭得撕心裂肺，实在想不到这个蠢娃，能被一条鱼拖了去。乡亲们唏嘘感叹，他家就这么一个孩子。

由于是早夭，又是凶死，村民只能用一口薄白棺材把福娃装了，埋在鬼岗上。没有丧仪，只有扎纸老头儿送的两匹纸马。他娘也没给他放河灯。这女人的心肠突然变硬了，昏天黑地哭了七天七夜后，就跟男人坐船远走他乡。她受够了这儿的山风，受够了这儿的流水。她冷眼离开这水淋淋雾蒙蒙的码头，从此不再回来。

福娃被孤零零地留在鬼岗上，没有丧仪，没有河灯，也没有祭扫。他是和我们一块光着屁股玩泥巴的福娃啊，他娘没来给他放河灯，我们就决定给他跳“面面舞”。

我们跟织女借来颜料，跟木匠借来模具，动手做送神面具。我们用绳子串起贝壳，用水晶石制成项链和脚链，跳舞时挂在身上发出悦耳的叮当声。我们把颜料涂在身上，把假面戴在脸上，呼啦啦地跑到河边。

达美成了领舞，我们绕着码头和河街狂跳，一直跳到山脚下。铜鼓声震天，我们疯狂地扭着，面具七扭八歪而又夸张地笑着，项链、脚链汇成一片喧哗的声浪。没有人阻止我们，也没有人为我们喝彩，我们就那样狂热而寂寞地跳着。

河街传来骚乱，几个人大声叫嚷，原来是五爷没了。我们停下舞步，扔掉面具，跟着人群往五爷家走去。

五爷是一年前回到码头的。他的一双儿女都在大城市里发达，前几年接他去享福，他风风光光地去了，去年突然非要回到这穷乡僻壤来。他回到村子，不去达美家的店喝茶，也不在码头钓鱼，只爱坐在扎纸老头店门前说话。

他对老头儿扎的纸物件赞叹不已，金山银山、八抬大轿、高头骏马、宽宅大院，活灵活现，煞是好看。五爷喜欢跟扎纸老头儿谈论那边的事，扎纸老头儿懂得这些老人的心。

“我那两个孩子，离开码头久了，这儿的规矩全不知道，我的事啊，得托付小老弟你啰。我走的时候，你得给我扎个烟杆，一双软布鞋，全季的庄稼果实、瓜苗菜叶，一整套的锅碗盆瓢，还有别的过日子的物件，你都给我扎些个，到了那边我离不开这些……”五爷说着，扎纸老头儿应着，一个秋冬就过去了。

五爷遗言要按老规矩办，儿女既无奈又无措，只好一切全由扎纸老头儿操办。悬挂白幡、设堂供奉、焚香化纸、迎宾酬客、搭棚摆桌、请念经和尚、请吹打班子、请风水先生、请刻碑石匠……扎纸老头一样样布置好，对得起五爷的嘱托。

诸事完毕，扎纸老头儿从五爷家奔回河街的纸店，搬出未完工的全套，紫金的屋、黄的轿子、粉紫的马、橙红的橘子、金灿灿的南瓜、黑布鞋、青烟杆、黄的稻穗、绿的辣椒、金的碗、蓝的盆……

老头儿坐在门边默默地赶工，扎着扎着，想起五爷一整年跟他说过的话，抬头望望五爷以前常坐的凳子，泪珠子就一滴滴地落下来。老一辈的人一走光，扎纸店的营生就要到头了咧……

可不是嘛，所有的死亡都不是单个的事件，或引发一串眼泪，或纠缠一个故事，或关涉一种文化，或牵扯一段历史。一个人走了，他所关联的那一部分就跟着走了。

尾　声

阿全离开两年了，约定接达美的期限早已过去，这不免让人觉得他忘了码头。

深秋，我和达美上山看了一次舅舅。山庄依旧阔大，只是杂草丛生。橘树依旧挺拔，只是果实烂在枝头，没人吃也没人买。这样的橘园，在大河两岸是不是越来越多？舅舅比以前更老了，像一只孤独的鸟，耷拉着一张又尖又皱的脸。这样的老人，在大山深处是不是越来越多？

舅舅将一只水壶装了大半壶水，放到炉子上烧。他请我们吃篮子里的红橘子。我们问他要不要叫阿全回来。他说，他出去自有他出去的道理，这地儿的人也自有这地儿的活法，各有各的路，各有各的命。我听了觉得也对，心里的那块土变厚实了，若是梦想的种子落下来，说不定也能生根发芽，长成参天大树。

从山庄回来，我和达美不再谈论阿全。只是有的茶客不时会说一句：“将来的某一天他会回来的，会走进这家店铺，娶达美这个姑娘的。那时就是衣锦还乡，荣归故里。”

达美听后，不再置评。她端茶很稳当了，记账也变得又快又准。她慢慢积累起经营店铺的经验，要订购什么货，什么货卖起来很快，什么货堆在货架上几年也无人问津，怎么给客人推荐商品……

当天色黑透，茶客一个接一个离去，她闩上大门，开始整理杯盏和烟灰缸，然后清理垃圾拿出去倒掉。这时码头空阔无人，达美久久地站在岸边，望着被月光照得发白的河水，想起传说中曾有一个姑娘，沿着河岸一直往下游追寻她的爱人。

想着想着，达美笑了，眼睛就看见了那岸边透红的橘子。

不知这些饱胀了的东西，是否觉得她被困在了这里，青春和爱情都被搁浅了呢？

车　站

1

多年前，我和母亲穿过弯弯曲曲的山路进入国道，再顺着匍匐在玉米地旁边的国道抵达我人生的第一个车站。那是一个荒凉破败的过路站，在还没透亮的天色中寂静而孤独。

它被包围在广大的田地之间，仿佛就要被海洋吞没的码头。灯光很暗，只稀稀拉拉亮着几盏。狭窄的候车室和站台连通，晨光从站台渐渐变亮。

我和母亲拖着厚重的行李，深一脚浅一脚地朝站台走去。我不知她为何偏要拿上那袋粗笨的吃食和特产，我要去的地方根本用不上这些，相反我的旅途会因为它们而变得沉重。

好不容易到达站台，只见几个旅客在清晨的寒冷中缩头缩脑地候车，检票员呼着白气呆呆地望着车来的方向。母亲一边焦急地张望，一边嘱咐这唠叨那，而我则在一种若有若无的感伤中对前方满怀期待。

后来我到过更多的车站，离家乡越来越远，离母亲也越来越远。那些车站聚集着成千上万的人，各有各的去处，各有各的悲喜。有人出发，有人抵达，却没有人有归属感。我的感伤在路途中渐渐明朗，曾经期待的东西却越来越模糊。

那些年，我不停地上路，不断地告别，意识不到自己匆忙的脚步遗失了什么。我算得清车站离住处和目的地有多远，却算不清车站离我有多远，就像我搞不清从爱到恨的距离有多远。我所爱的，总是和我隔着一个又一个的车站。

车站让我遇见很多月亮，它们清冷地挂在檐上或者树梢，把我要走的路照得分外苍凉。那些月亮，无论是圆的还是弯的，都是一副没睡醒的样子，清醒的只有赶路的人。

圆的月亮，如同母亲烙的面饼，动摇我离开的决心；弯的月亮，宛若漂荡的小船，引发我深埋体内的漂泊感。

我在车站走坏了很多双鞋，它们被我丢在垃圾桶里。从我丢弃第一双鞋开始，我就是个在路上一边走一边丢的人。

我兜兜转转，想要找到一双最好的鞋，但任何一双鞋都经不起太远的路，我只好一直不停地寻找。

2

在车站，我见到最多的是陌生人。这些回家的陌生人，没有故乡的陌生人，奔走生活的陌生人，追逐梦想的陌生人，时时与我擦肩而过。

我跟着他们放声欢歌、尽情流泪，像他们一样，满怀斗志时，连神情和声调都表明，只要从车站出发，就能拥有天下；像他们一样，与人热烈相拥时，都想把彼此的温热留在怀抱里；像他们一样，时常表面冷漠而内心火热，不会说煽情的话，内心却满是牵挂。

我时常遇见一些陌生的姑娘，像极了多年前那个告别母亲的我。她们脸庞黝黑，满眼稚气，身上的包袱抵得上自身一半的重量。她们怯怯地站在黄昏的站台，汽笛声响起时，焦急而又慌张。她们上了列车，却久久地望向窗外，寻找送别的人。

当列车驶出车站掠过无数的风景，她们流下了克制很久的泪水。那些泪水，因为灯光的映照，溶入了所有的爱恨别离。我明白，她们要在这个年纪独自背着包袱踏上列车，是因为她们出生在一个贫困的家庭和落后的村庄。我见过太多这样的故事，在这些辛酸而倔强的故事里，有着生存的无奈与坚强。

我时常在车站遇见陌生的乡愁病患者。他们挤满城市的车站，密密麻麻的脸，既疲惫又满足。他们从车站进入城市，洒下笑声，也流下泪水，在笑与泪之间，创造一个个小太阳。他们从车站奔赴家乡，带着城市的见闻和一年的血汗钱，点亮千里之外的故土。

我挤在他们中间，为没被大雪堵在路上而庆幸。我找到一处空地静候列车，一边等待一边观看他们脸上的风霜。我发现不是所有人都在候车，那些裹着大衣睡在过道的人，不过是借车站躲避外面的雨雪。这些穷苦或倒霉的人，一定是费尽心机才找到这唯一不用花钱的地方避寒。他们迷迷糊糊地睡着，也许是梦到了家乡，嘴角咧开笑纹，口水就顺势流下。当他们从睡梦中醒来，扭头看见被车站挡在外面的风雪，似乎就得到了安慰。这时我发现，一种叫“思念”的东西在人群中悄然蔓延。

有一次深夜候车，我也是这样裹着大衣靠在椅子上睡。那时我没有钱，住不起旅馆，只好昏昏沉沉地在候车室等十几个小时。我坐在陌生人中间，焦灼、困倦、慌乱，不断想起母亲的叮嘱，在路上要警惕陌生人，不要和陌生人说话，不要吃陌生人的东西。母亲的话使我意识到，陌生不仅使我失去故乡，还使我失去依靠，出门在外一切只能靠自己。

那时，我真痛恨车站啊，它给我带来分离和失去。它摆在我面前的路，那么陌生，那么迷茫，我只能一个人上路。因为车站，我成了一只被季节搞蒙的鸟，在陌生的城市到处乱飞，找不到一棵安静的树，也没有安稳的巢穴。那时我和那些乡愁病人多么接近啊，整天挂着一张涂满思念的脸。

后来，我不断在陌生人的脸上，看到苍白的月光，看到深暗的麦穗，看到落叶的颜色，看到滚滚的红尘。渐渐地，我在车站不再浑身武装、拒人千里，而是以歌声和泪水问候陌生人，他们也同样以歌声和泪水问候我。

此后，陌生人的故事，不断地从车站嘈杂的声音、纷乱的行李、千奇百怪的神情纷纷扬扬地向我走来。我怀着崇敬与感激之情聆听着，生命因此更美丽、更丰盈。

不知何时起，我不再觉得辗转于车站的人是陌生人，尽管我们彼此之间只是面目模糊的过客。

3

前几年我在上海求学，和一个遥远的人谈着遥远的恋爱。我们无数次通过车站抵达彼此，又无数次在车站送走对方。那些在车站相拥的日子，那些在车站挥泪告别的日子，我们只愿内心的情感永不褪色。

为此，我久久地保留一枚从站牌下捡起的落叶。它是被风吹来的，还是沾在旅客衣服上跟来的？车站外，季节在大地上持续更替，但一切已与我手中的落叶无关。它安静地躺在我的掌心，像一条带花纹的鱼，它那失去生命热度的纹理凝固在叶片上，无声的美丽盛大而旷远。

那些日子，这个人从车站走向我，衣带飞扬，头发飞扬，神采飞扬。这个飞扬的人走向我，从此我的生命也是飞扬的。我跟着列车不断前进，以为他每次都会在车站等我，可突然有一天，我在人群中再也看不到他。

许多事突然都有了解释。比如在车站他每次朝我喊话，我怎么都听不清。即使拼命地朝他的方向跑去，我也无法捕捉他说的话。我怔怔地站着，奋力地挥手，渐渐地只剩下一片茫茫雾霭。

我忽然明白，在车站所有的相遇都是萍水相逢，所有的离别都是再一次出发。没有人会停留，就连我也不会。

于是，在站台上站一会儿，就分不清快乐和悲伤了。

于是，人在车站懂得了前进和放下，懂得了回头和珍惜。我依然还会在车站落泪，却不再强求任何东西。车站成了人生真正的中转站，是我不断出发和抵达的场所。

于是，无论是悲伤的日子，还是快乐的日子，我不断地向车站走去，不断地通过它去到任何想去的地方。

4

我曾多次路过一个简陋的车站，它深藏在荒野之中。世上所有的路都远远地绕开这片荒野，却有一条细微的土路穿过它。

这条土路断断续续的，虚弱而执拗地穿行在群山褶皱之中。除了居住在深山的人，没有人会愿意走这条路。这是一条没有生气的路，前不着村后不着店，半天也看不到一个人。

不知何时起，荒野之中建起一个车站，其实只有一块写着七扭八歪的字的木牌，以及两间歪歪斜斜的茅草屋。

一对不知从哪里来的夫妻，不知经历什么样的婉转和曲折，异想天开地进入荒野，然后艰难地找到一条溪流，并在溪流边盖起两间茅草屋，立起一块站牌，开起一家临时歇脚的简陋饭馆。

起初，柴米油盐都托付过路车运送，后来男主人从溪流中捞出鲜美可口的野生鱼虾，女主人在溪边开辟出一个菜园，又在屋外放养一群白花花的鸭子和毛色鲜亮的土鸡，渐渐地就自给自足。

这样的一个小店，仿佛荒野中的灯塔，长期行驶在无人之地的司机们远远地瞅见它，眼中立马放射出逼人的亮光。在茅草屋，他们抚慰辘辘的饥肠，洗去蒙面的灰尘，有时甚至小憩半晌方才踏上前方的路途。

那时，我常去深山调研，每个月都要走几次荒野小路。当我一路颠簸到达茅草屋时，心中总是激动无比。

这对荒野中的夫妻，在贫瘠中讨生活，孤独而又寂寞。经常一连几天都见不到人车路过，只有旷野中的风不断敲击着他们的木门。

偶尔，丈夫搭过路车进城置办物品。这时荒野中就只剩妻子一人，无边的孤寂随着风浩浩荡荡而来，吹打着这个柔弱的女子。

后来，在经历太多的风霜之后，留守太久的妻子跟着一个司机走了。那个男人在旷野中抽了一根烟后，没有选择等待，也爬上一辆车走了。于是荒野在拆散一对恩爱夫妻之后，又重归死寂。

我常常在回忆中让那对夫妻重新回到荒野中的茅草屋，不是为了让他们过苦日子，而是为了重新燃起荒野的希望。

我想象着，他们手拉着手回到旷野上，把饭馆翻新后重又开张。男人整日面朝溪流，劈柴生火；女人时时打理菜园，照看鸡鸭。在潺潺的溪流声里，在鸡鸭的轰鸣中，他们原本忧愁的脸冲着荒野露出了笑容。

这样想着，沿着漫漫时光，沿着崎岖蜿蜒的土路，我流下了斑驳的泪水。

5

这些年，我走过无数车站，仿佛走在岁月的深处。当我不再依赖地图前进，我的额上就亮起一盏灯。不断有人朝我走来，又被我路过。我对路上的一切充满期待而不强求，走进一个又一个的黄昏、一个又一个的黎明，经历着离别，也经历着欢聚。

这些或新或旧的灯，即使蒙上岁月的灰尘也依然明亮。旅途中，总会遇到困难，远方的生活也不一定比原地好，但我依然会因为这些灯光而迈出脚步。

有时我独自守在车站，想象那个要来和我会面的人，穿越多少风雪，才能抵达这个车站。我等了很久，腿脚都冰冻了，那个人还没有出现。有时我还未抵达车站，载着那个人的列车就已到达，我们因此而错过。

有时等我的人久久地守在车站，而我却还未到来。他们等着笑着哭着，慢慢老去，化为片片落叶。

有时他们从山中来，倚着车站的柱子等待，只是为了有一天，我能从列车上走下来，回到他们中间，从此把脚收在山中的一棵树下，与他们长相厮守。

在等待和被等待的日子里，我在车站百感交集，就抬头寻找月亮。月亮躲在云里，我看到了灯。

人是天地间的过客，而车站点着明亮的灯。

寄居客

一条灰黄的河流养育了这座年轻而骄傲的城市。整个冬天，冷雨大风断断续续，如同婴孩的啼哭。从宿舍窄小的窗户，可以窥见从河边升起的高楼，钢筋骨架直插云霄，天空被烟雾熏染。

冷雨不断打湿水泥路面，潮气浸润发冷的膝盖骨，人越发地不想动了。古运河把河水带入小区，连通已经萎缩的湖泊，老旧的蒋公堂出现了几个罕见的游客。他们草草地看了几眼木质建筑，抱怨着阴晦的天气，随即穿过弄堂，用手机叫了一辆出租车，很快就消失在雨雾里。

我的房间位于公寓的五楼，十五平方米，摆着一张床、一张桌子、一把椅子，没有暖气，空调只能开冷风。我买了几个保温水壶，每日到热水器旁灌满它们，储存在宿舍里。脚冷得实在受不了了，往桶里倒上一些，兑点冷水，把冻僵的脚放到桶里，水温从脚板底沿着脚往上走，人就舒服多了。把几壶热水用完，一天便过去了。

楼里的租客很多都无法按时交房租，房东每次来都会抱怨：“这年头谁都不容易，包租婆也不好当，都不交房租，不是让人喝西北风吗？”她这次来，我以为她还会重复老调子，没想到她却提起了过年的事。“眼下就要过年了。”她说，“有几户终于结清账回家了，年关最是要紧。”末了她问我回不回家，我说不回，把房租给了她，仍旧埋头做自己的事。许久之后，仍能听到她楼上楼下地讨要房租。

靠近楼梯的那一户，是一对中年夫妇，看上去像民工。每次路过，要是他们的门开着，我就会看到女人在收拾屋子，男人则坐在床沿，要么抽烟，要么有一搭没一搭地和女人说话。房东对他们说，她也知道农民工的难处，政府不是专门制定政策照顾民工了吗，克扣工钱的事这些年也少了，何况是过年了。坐在床沿的男人，听了房东的话，默不作声地从口袋里掏出皱巴巴的钱，然后默不作声地递给房东。房东走后，他轻轻地关上了门，开始和女人商量过年要在工地加班的事。

我的对门是一位老人，住在这里好几年了。他总是独自一个人，没有人见过他和什么人有来往。房东每次见到他，几乎都是半哭丧着脸半发狠地对他说，必须得按时交房租，她也得吃饭，要不然就请他搬到别处去住。这次房东照旧催他，他吞吞吐吐地说：“下个月我会全部交清的，年底老板一定会给我发工钱。”房东只好作罢，走了还回过头来冲他窄小的房门喊：“下个月我会来催的啊！”一天，我听到楼道里有人大声打电话，吵得我没法安心写稿。开门出去一看，是老人和家里通话。兴许耳朵不太好，他喊得特别大声，电话那边像是他孙女。他乐呵呵地冲着电话说：“爷爷不辛苦，爷爷能赚好多好多钱，爷爷下次回家给梅梅买新衣服。”电话挂断之后，只见他茫然若失地站了许久。我轻轻地掩上门，心上像被抽了一鞭子。

楼顶有个简易小阁楼，住着一个清洁工。除了扫大街，她每天会打扫整栋楼的楼梯和楼道，由此可以抵消掉一点房租。她每天回屋，要爬六层楼梯。她往上爬的时候，要用一只手按着膝盖，那里一下雨就疼痛不止。她的另一只手也没闲着，拿着她的扫帚，时不时扫一扫尘土和碎屑。不知什么时候起，她总是抱怨楼梯太陡了，简直跟爬云梯一般。我知道，是她年纪大了。

她抱怨的时候，嗓音尖利，租客们受不了，也就不太搭理她。她爬一层楼梯，就停下来喘口气，挥舞几下她的扫帚，有时还能打死几只蟑螂。她经常说她儿子很孝顺。媳妇嘛，她顿了顿，眼睛眯了一下，慢吞吞地说，也很孝顺。大家都知道她在扯谎，上次她在雨地里走路，不小心摔坏了腿，躺在楼顶的阁楼一个月才恢复。我们在她屋里找到她家里的电话，叫她儿子接她回去，她儿子支支吾吾，半天说不了一句话，最后媳妇把电话抢了过去。媳妇说，又不是什么大病大伤，休息几天就行了，家里哪有地方再住一个人。打完电话，大家一个劲地摇头。她不好意思地解释说，儿子住的地方小，就一室一厅，她也不想回去和他们一起挤的。

我经常到楼顶走动，看看老妇人，拉拉家常。她说她腿骨一定长了虫子，咬得她生疼。我说那是风湿，劝她多休息，注意保暖。这时她往水盆倒了点热水，洗了洗脸，又用手指擦了擦牙，算是刷牙了。她坐到一张矮凳上，然后往盆里加了更多的热水，脱下鞋子袜子，把皮肉松弛的脚放到盆里泡，嘴里发出呼哧呼哧的声音。我问她过年不回家吗。她说不用回，到时儿子会给她送点年货过来。说完她问我：“我儿子很孝顺是吧？”我不回答她，又问她晚上做什么菜吃。她说是姜末炖菜，吃了身上暖和。

一天，我到楼上去，看见她坐在露天的地上，屁股垫着一张报纸，头上也扣着一张报纸。风潮湿阴冷，雨丝细密，报纸淋湿了，她露在外边的衣角也淋湿了。我问她怎么了。她说她脚下打滑摔了一跤，膝盖疼得站不起来了。我说您不会喊人来帮忙吗。她说她怕她一喊整栋楼都听见了，她不想被太多人看见，那样她就在这里住不下去了。我跑到楼下叫了个男人把她扶到床上，打了热水给她擦洗。老妇人意志坚强，积极吃药治疗，但最终还是没能继续住在楼顶，她爬不动楼梯了。房东强迫她儿子把她接走了。

每天早晨，一些房客从楼里出去，走过潮湿的水泥路，横穿过河上的桥，搭公车去工地上班。一些失去工作的房客，也会早起四处找工作。他们精神抖擞地出去，疲惫不堪地回来。

我偶尔看到一些路人被雨困在公交车站边，举着被风吹得鼓胀的伞在雨中歪歪斜斜，直到裤子湿透车还没来。几个流浪汉蹲在站牌旁的墙角，用报纸遮在头上挡雨。天实在太冷了，他们的报纸很快湿透。

河上，一些挖沙船在作业，马达声发出沉闷的喘息。一些货船停在港口装货，码头工人全都穿着绿色的雨衣，穿行在灰蒙蒙的河岸上。一些货船缓缓地行驶在宽阔的河面，船尾都拖着一道白色的水花。水上公园有几艘空荡荡的游船寂寞地泊在岸边，售票点的门窗紧闭。

有时，我去找住在楼道尽头的姑娘说说话。我们一边吃零食，一边谈论有关找工作的事情。这不，每年都有四百多万的大学生毕业，然而社会每年只能提供两百万个工作岗位，一半的毕业生就处在待业状态。我们毕业了，既是待嫁的姑娘，更是待业的青年。她是学工商管理学专业的。这专业前几年还很吃香，这阵子竟落到了冷门的地步。而我这个文科生，更是“门前冷落车马稀”。我们用坚强的心脏和夸张的信心，慢条斯理地爱着“冷冬”。有时我们也会谈起春天，憧憬经济回暖，股市上涨，大批的岗位招聘新人。细雨中，我能清晰地听到远处的清真寺传出做礼拜的声音。

天气越发冷了，早晨和晚上路面都结了冰，窗户蒙着蚯蚓般的水迹。我用食指肚轻轻划开窗玻璃上的水雾，观看外面的世界，期待天空早日放晴。

一天，我发现窗台的一盆水仙冒出了花骨朵。情形会慢慢好转的，上了年岁的人说道。

楼里的妇人开始置办年货了。男人们忙着工地的事，她们就两三个人结伴到大超市购买年货，有的女人还给自己买了新衣裳。点子多的女人，从农贸市场买来糯米和苇叶，按老家习俗包起了粽子。几个女人聚集在楼道里，边说笑边裁剪红纸。她们说，家乡的对联都是女人们整出来的。

终于过年了。细碎的雪花从天空飘下来，刚落地就融化了。

看着灰蒙蒙的天空，越发觉得冬天实在是太长了。租客里没有和我年纪相仿的留下来，楼道尽头的姑娘新找了个男朋友，几天前就去她男朋友那边过年了。

我到银行往父亲的卡上存了三千块钱，又给家里打了电话，他们轮流拿着电话向我送来祝福。母亲照例说她做了许多菜，有鸡鸭鱼等，还做了我爱吃的糯米糍粑，说我要是在家准能美美地吃上一阵子。我说，这些我都能在超市买，不缺的。母亲说，超市的哪能和她做的比呢。我不和母亲争论，眼泪差点流下来。

我往回走的时候，抬头看见公寓所有的房间都灯火通明。进了楼，我意外地发现大家都聚在了一起，脸上喜气洋洋的，穿上了最好看的衣裳。大家都把桌子摆出来凑到一块，铺上报纸，放满各种吃食，女人们边嗑瓜子边聊天，男人们边喝酒边高声说话。他们招呼我加入，说反正都要守夜，也没电视看，凑在一块热闹。我靠着女人堆坐下，听她们谈论家乡过年的吃食以及各自的手艺。临近午夜时，一个男人举着酒杯站起来说："过年了，一起干一杯！"

是啊，过完年就是春天了，这该死的冷冬就过去了。为了这个，所有人都激动地举起了酒杯。

我们在走廊边喝边唱，直到天明。我很久没这么开怀欢唱过了。灯光从悬着蛛网的房顶倾泻下来，我们的思绪浩荡起来，回家的欲望也浩荡起来，我们思念着月亮、粮食和土地，在昏暗的灯光中收获天涯沦落人的友谊。

过完年，气温仍是透骨地冷。进出楼房的人，他们的脸在雨中模糊起来，也生动起来。

傍晚，最先回来的总是湖南夫妇，他们一边开门一边操着湖南腔说话，大概是议论米价菜价又上涨了。接着是东北大汉收工回来了，他在一个建筑工地当水泥工，衣袖裤管沾满星星点点的水泥。最后是那个老头儿，他开门的动作要迟缓一些，也轻微一些，不时还伴着几阵咳嗽声。

女人们忙活择菜做饭，烟火气开始升腾。电饭锅端了出来，电磁炉炒锅端了出来，叮叮当当，噼噼啪啪，洗碗声、炒菜声此起彼伏。此时我要是走到楼道里，他们就会微笑着邀请我一同进餐。这笑容令我感动。这笑容是自在的、友善的，不像面对老板、阔人时那般谦卑、隐忍。饭做好后，他们便支起木板制成的简易饭桌，摆上菜，心满意足地吃起来。南腔北调的欢笑声，在这个小巷尽头的老式公寓里，点染出一幅生活画卷。

冬天的最后一场雨下过之后，寒风敛起锋芒，苍天拭去泪滴，阳光从容地迈进窗户，我的水仙开了第六朵花。站在花前从窗户望出去，小巷深处和以前一样幽深、静谧，却少了几分落寞，多了几分希望……先是柳树爆出了枝芽，接着迎春花缀上了繁花。花开得烂漫时，我的房租到期了，不得不告别楼中的租户，再次踏上新的征程。

简单的几句祝福之后，背后的门关上了。我站在小巷回望老楼，意外发现楼顶的阁楼亮起了灯，一个年轻人的身影出现在老清洁工阿姨常站的窗前。他将和楼中走南闯北的人一起，在这里感受悲辛，也感受温暖和欢愉。

槐树街的生意人

1

我所租住的公寓，在一条长满槐树的街上，这一带的人就叫它槐树街。实际上它有个很庄重的学名：五四路。

槐树街的房屋，一栋挨着一栋，没有隔开适当的距离，而是杂乱地寸土必争地挤在一起。不知出于何种原因，这一片没有被漂亮的小区同化，而是颇为不协调地插在新建的高档小区之间。

住在这里的，多半是城市扩张前就在此地的城郊居民，还有低薪的打工族，以及像我这样穷酸的自由职业者。

出租屋多是早已搬走的住户提供的。这些出租屋，大多面目可憎，窄小逼仄，家具破旧，墙板渗水，洗浴间布满积攒多年的污垢。

从我的阳台，目光越过晾晒的衣服和槐树的剪影，可以看见不远处宽敞的大道，以及大道那边富丽的小区。喧嚣从那边传来，车轮呼啸声，铁门开关声，钢琴声，私立幼儿园的欢闹声……

目光旁移，是大宾馆冠状的楼顶、餐馆惹眼的广告、万达商场夺目的橱窗玻璃……槐树街有不少年轻女子在万达做销售员。白天，她们化上淡妆，穿上制服，骑着电车过去。晚上十点商场关门后，她们才带着疲倦归来，那时从街巷会传来她们低低的说话声。

我的邻居中，也有放荡不羁的人。夜间他们在街上晃荡，在大排档喝酒，神魂颠倒时才在晨雾中似醒非醒地归来，间或发出一些混沌的酒话或歌声。

我的阳台对着的那一户，是一对三十多岁的夫妇。由于阳台紧挨，墙壁很薄，不论是否愿意，我们的生活都交织在一起。每天，我听着他们的争吵声睡去，又伴着他们两岁孩子的哭笑声醒来；我闻着他们的菜香做饭，又在他们的洗碗声中吃完我的食物。我能从阳台晾晒的衣物判断那孩子尿了几次床，也能从床板的吱呀声获悉他们翻身的频率。当然，他们也对我无所事事的生活奇怪，时不时从阳台投来诧异的目光。

过滤掉争吵，他们可以说是幸福的三口之家。男人大概是城里一家公司的小职员，朝八晚五，勤勤恳恳。女人是全职妈妈，在家做家务、带孩子。男子傍晚七点准时到家，一有时间就帮妻子分担家务。

他们争吵的内容，多半和钱有关。女人唠唠叨叨，反反复复总是孩子的尿布、奶粉，声音裹着烦躁和辛酸。男人听得烦了，争吵就会爆发。男人声音高了，女人就哭，那个孩子也哭，男人只好告饶，费力安抚。

有时男人也会干脆摔门出去喝酒，男人与酒的关系，正如女人与唠叨的关系。酒使男人倾吐不快，唠叨使女人疏解心酸。

好几次，我从窗口看见酒醒的男子穿戴整齐，像所有兢兢业业的小职员一样，挎着公文包出门，熟练地挤上公交车，没有因为宿酒而耽误上班的步伐。而擦掉泪痕的女人，则开始哼着歌洗洗刷刷、忙里忙外。

2

我经常陪朋友在街角的那家卤煮店吃卤蛋、卤鸭，她来自一个产卤味、霉干菜、陈皮香料的地方，好这一口。我吃不惯，只吃旁边一家蜂窝煤炉上冒着热气的包子。

巷子尽头有一家旧书店，是个别致的存在。那里偶尔会举行读书活动，我和诗人朋友常去旁听，看他们燃烧才华。书店旁边是一家茶店，门口时常卧着一条狗。狗的主人是个擅长茶道的中年妇女。每次路过，我都能看见她在一张古旧的桌旁摆弄茶具。

数着槐树拐入另一条巷子，店铺更芜杂了，裁缝铺、古玩铺、房产中介、烟酒铺，林林总总。小店大多光线昏暗，店主面容慵懒。我很少走进这些小店，它们陈列的东西与我无甚瓜葛。

我只接近那些与自己气味相投的东西。比如路上这些四季鲜明的槐树，树下零零散散的摊点，摊旁目光浑浊的小贩，小贩跟前流着鼻涕的孩童……

我就是因为这些槐树、这槐树下的人，迟迟未离开的。我观察他们，接近他们，试图聆听他们的故事。他们不会因为大房子里华美的琴声而驻足欣赏，却会为墙根盲人的二胡而动容。

我经常站在一棵老槐树下听卖苹果的老汉胡吹乱侃。他吞云吐雾时的笑声，有种诡异的诙谐。城管很少来这巷子，来了他就叼着烟蹬着三轮车跑，不来他就这么闲散地摆摊。他有种难得的随遇而安的心态，“就这么熬日子呗，天塌了也这么过”，他嘿嘿一笑。

一天，我像往常一样走到他的摊前，他却只有一个背影对着我，烟雾从他头顶飘过来，是那种烈性的自制烟草所特有的气味。我大声说：“生意可好？”他转过来，我看到一滴没来得及擦掉的泪。

很久之后，他才在一次不经意的谈话中蹦出一句：“我儿子走了，白血病。”

很多人的生活，就是像他这样平淡无奇而又暗流涌动的。这就好比街边的矮墙，一日日看似无事地立在那里，然而任何一阵风、任何一辆疾驰而过的车所激荡起的空气旋涡，都能刮落砖缝间的一些细土。墙每时每刻都在变瘦，但没人能察觉到，直到它倒下为止，然而它又是不会轻易倒下的。

矮墙边卖板栗的大叔，是个河南人。每次经过他的摊点，都能看见他挥动铁铲，娴熟地翻动铁锅里的板栗，浓郁的香味顿时就飘进我的鼻子。挨着他闲坐的，是三两个无所事事的大爷，或是摆张报纸下盘棋，或是边抽烟边侃大山。悠闲的姿态，与不远处大道上奔流不息的车流对比鲜明。

久了，我注意到，这些摊贩和闲人是冲着槐树来的。他们很少去繁华的万达广场，而是像飞鸟投林般一天天跑到槐树下，仿佛这儿有他们丢不开的生活。

一个秋日的傍晚，我在槐树下听到了一种奇特的声音。是一种断断续续若有若无的弦声，夹杂在沙沙的树叶声中。我的脚步不自觉地放轻，眼睛四处寻找，才发现隔着六棵槐树的地方，有一个白发苍苍的老人正静静地坐在墙边的矮凳上拉二胡。

我听不出是什么曲子，只觉得有一种绵绵不绝的力量，在秋风中久久飘荡。

3

我每次经过岔路口，都要去看看住在第四十八棵槐树旁边的朋友。每次去，我都会带上些吃食，或是三轮车大叔的苹果，或是河南大叔的板栗。

她的住处是一间阴暗的阁楼，朝北的窗户正对着一棵大槐树。在昏暗的灯光下，我们谈近来所读的书。她有一种近乎神性的感受力，这或许得益于她体内流淌的巫族之血。

她是一个巫师的女儿。在产霉干菜的老家，在逝去的日子，她父亲有过一些辉煌时刻：供过神的金银花治好了高烧小孩，神水洗过的车前草消除了老鳏夫的疮痛，香案前的牛大力、桔梗使肺痨婆多活了十几年……这些神奇的巫术配方，为她父亲赢得了声誉，她从小也在父亲的教诲下熟记并且深通。自然的草木关乎人神的离合，这是她从父辈继承来的法典。当然，这些已经一去不复返了。

如今，她是电子厂流水线上的一颗螺丝钉。沉寂在体内的巫术，化作了神奇的诗行。她二十岁就写出第一本诗集。在我认识的人里面，没有哪一个人的诗，似这般楚楚动人而撼人心魄。

我看到她在窗边投下的影子，和槐树影子叠在一起，瘦弱，却很笃定，并且离我那么近。我掏出在出租公寓写的文字递给她，她每次都认真读完，并且给出恳切的评价，从不慢待用心血浇灌而成的文稿。

每次从她那里出来，重新走在已然寂寥的街巷，我都会对自己的文字有种新的认同。于是，路过一棵又一棵槐树时，我感觉自己就像是在进行一场朝圣之旅。

这种感觉源于朋友对生活和美的笃定，这种笃定就像槐树一样让人心安。不知不觉，我的生活被槐树改变，也被她改变。同样被改变的，还有槐树餐厅。

槐树餐厅是一个后来认识的朋友经营起来的。朋友从普通师范大学毕业后，就梦想在城市经营餐馆。像他那样的人，本可以在这个城市找一份薪水不错的教职，或是回老家娶一个贤惠的女人相夫教子。

然而，一个冲动的驱使，他倒向了扑朔迷离的选择，从此和形形色色的人打交道，觥筹交错，推杯换盏，餐中自有黄金屋，酒中自有颜如玉。

有时在资金周转不灵的深夜，他惊恐地发现自己是无助的孤家寡人。然而，谁要是认为他后悔的话，他会第一个跳出来反驳。

他留在这座城市，做前途未卜的事情，完全是为了一个女孩。

那是一个富人家的孩子，遇见他总会甜甜地喊师兄，而他则称她为师妹。他相信这样的称呼是暂时的，待到时机成熟，他会捅破窗户纸，大声告诉她，他想把她娶回家。

尽管长着一张平凡的脸，短头发，身材微胖，她仍是父母的公主。公主的生活都是由富有经验的人规划的，所以她成长的岁月平坦笔直却难免索然无味。而与一个背景不同的学长的一点暧昧，多少给并不紧张的学生生涯增添些令人期许的浪漫。

他怎样才能让那对高贵的父母把公主嫁给他？

餐厅，是他想到的唯一蓝图。她鼓励他，让他相信自己的才干应付得了凶险。于是他贷款租了十字街口的一个门面，着手开起了餐馆。

他亲力亲为地操持所有的事情，而把定菜谱的事交给女孩，他相信她的口味准没错。她呢，大大地发挥了她的才华，将菜谱设计得精美绝伦，只是价格偏贵了些。高档餐饮嘛。

开张时生意不错，她的不少朋友来捧场。后来就如鸡肋一般，不好不坏地拖着，挣钱谈不上，有时还会有些亏损。

女孩沉浸在经营餐厅的乐趣中，对他越发温柔起来。他们在一起的样子，看上去真的如相亲相爱一般了。

他终于被领去见女孩的父母，紧张、兴奋、羞愧，交代家底时大汗淋漓。他说再过几年他就能买得起市区的大房子，但两位长辈犀利的眼神三两下就把缠绕在他身上的梦幻剔光了。

他们等不了，只几年他们也等不了。他们向他抛出的决定，像石头落地般清脆。他的难堪，则像午后突然而至的暴雨。

一年以后，他不得不关闭闹市的餐厅，辗转到槐树街经营一家平民餐厅。他亲手制作菜谱，香椿炒鸡蛋、西芹炒肉、娃娃菜……简单实惠，很接槐树街的地气。不到半年，他的餐厅就有了一些固定的常客，加上不断流动的散客，收入还算可观。

发稿日我经常去那里吃饭，一荤一素一汤一饭，不过三四十元，偶尔他会和我喝上一杯。他说有一天，隔着玻璃门看见公主挽着一个男人的胳膊走过街头，他并没有觉得多么悲伤。他是在有些醉意时说的这话，我几乎相信了，但湿润的眼神出卖了他。

一次偶然的机会，我带写诗的朋友来到他的餐馆。温馨的小饮中，他们奇异地辨认出彼此身上的执拗。执拗碰上执拗，就产生了另一种爱。于是，他那熄灭的爱情火苗，又重新燃烧起来。

他仍然欠着银行的贷款，但有一个槐树般品格的人和他一起承担，这让他的小餐馆好像一首诗，并且增添了梅菜扣肉、香干卤蛋等实惠的菜肴。

初春，槐树爆青时，他们在餐厅举行了小小的婚礼。婚礼期间，挂在门前槐树上的红灯笼红红火火地照着，日子也一天天红火起来。后来，他的餐厅干脆改名为“槐树餐厅”。

他们日复一日地在槐树餐厅忙前忙后，经营着物美价廉的餐饮。人们从容地走来，坐在擦得锃亮的桌前扬起筷子，一天的疲累和烦恼随即消释。

而高大美丽的槐树，就在街边静静地看着众生烟火……

以一棵树为起点

站在一棵树下

我曾在一个小剧场看过一次演出，一个小剧团表演的贝克特的《等待戈多》。据说他们选择此剧，是因为它只需要很少的演员和一棵树，并且剧中没有女主角，而他们正缺女演员和道具。我不知道贝克特在场的话他会怎么看，无知的人被自己的无知蒙蔽了，一点也没想到此剧的复杂，于是又在人间演出了另一桩荒诞的悲剧。

在《等待戈多》的两幕剧里，整个舞台的背景只有一棵孤零零的树。两个等待戈多的人，频繁地做着毫无意义的事，等待着不知会不会到来的人，一个他们从未见过毫不了解的人。整部剧我无法记住有关演员的任何事，他们在舞台上做的事本就是无意义的。但我记住了那棵树，它始终站在舞台上，看着一切发生。

剧终散场，我看到道具员把一根不知从哪里找来充当树的歪木头，扔在了剧场外的垃圾堆。这根歪木头曾经是一棵真正的树，人们把它从大自然中掠夺过来，将它变成一根歪木头，让它短暂地再充当一回树后，又把它抛弃了。

我一直对那根歪扭光秃的木头印象深刻，似乎是因为自从我们站到人生这个舞台上时，就是一棵戈多的树。

在人生这个舞台上，我们背后的图景如此清晰又如此模糊。我们似乎永远是站在一棵树下等待的人——尽管无望，也一直在等待的人。等待“戈多”这个朦胧虚无的幻影、这个梦魇中的海市蜃楼，任由它决定我们的命运。

尽管荒诞，我也觉得等待中的戈戈和狄狄是可爱的。他们在等待中面临的环境如此恶劣，只有一棵快枯死的树陪伴他们站在无边的荒野，只有流逝的时间在见证他们的等待。然而，他们依然在希望和憧憬戈多的到来。此时的“戈多”成了绝望中的精神寄托，无望的等待由此具备了撼动人心的力量。我想这就是人生的意义所在吧。

我时常觉得，人类的力量不在于执着本身，而在于知悉处境之后依然怀揣着憧憬而执着。这犹如诗人曾卓笔下的被风吹到“悬崖边的树”：孤独地站在那里，寂寞而又倔强。即使被雷电从树尖到树根齐刷刷劈掉半边，只要还活着，它就仍然直直地挺立着，春天到来时长满青青的枝叶，还是一整棵树那样高，还是一整棵树那样伟岸。

人生流寓于树，似乎并不是可悲的事。

如果《等待戈多》是人生的隐喻，那么我们的一生也可以视为“站在一棵树下渴求与等待的过程”。树尽管只是树，却是一双“保护之手”，尽管它远不能成为避风港。在人生的舞台上，人类不能没有树。在大地上看到树，犹如看到伸向上帝的手。

戈多的树，或是上帝派到舞台上的使者，又或是上帝的雕像。上帝用绿叶装饰了树，树好像大地伸向天空的祷告之手。树在，人就有依傍、有念想、有希望。

于是，我怀着信念站在一棵树下等。

我身旁的这棵树，它的年轮像岁月的皱纹。它长了那么多年，粗粝的树皮如同这个民族过于沧桑的记忆。它向空中伸出无数的手，不停地摇动，就像是想要抓住什么。

我时常希望自己能像树一样宁静。一棵树会把嘴巴深埋地里，将地火和雨水化作生命的浆液，这是一种无声胜有声的沉默。树由此护住了养育它的水土，它在沉默中将光阴变成一圈又一圈的年轮。

我经常感觉我需要一棵树。一棵会开花结果的树，花朵是树木的狂欢，果实是树木狂欢后的结晶。

树以年轮计算它的时间，而我用文字梳理我的岁月。人生荒诞，事物转瞬即逝，“文字给人类提供了一种向‘更强大的实存’内部的‘逃去’的方式”（里尔克语）。这些年，我写下的文字像树的年轮般一圈一圈地扩大，内心始终充盈着近乎通明又近乎悲伤的感觉。文字是岁月赠予我的花朵。我想花一直开，但日落时花还是合上了心房，风中若有若无的香也了无痕迹。

我又一次站到树下，这时我的身旁多了一朵由文字浇灌的小花。围绕着花，一只蝴蝶翩跹起舞。它为什么是一只？它的家在哪里？有另一只蝴蝶在等着它吗？它为何徘徊不去，不怕巨大的黑暗不久就要覆盖回家的路吗？花自顾自地开，不是每一朵花都会结果。蝴蝶自顾自地起舞，不是每一只蝴蝶都有另一只蝴蝶在守候。我所写下的文字，不过是梦里的呓语。因为一只蝴蝶，这些呓语曾经熠熠生辉。

小村大树

我从没见过任何一个没有树的村庄。树于村庄，是一个浩繁的存在。

松树、苦楝树、石榴树、枣树、柿子树、芭蕉树、柳树、杨树、柏树、乌桕树、梧桐树、柚子树、橘子树、桉树……那么多的树，点缀在山间、门前、屋后、院中、田垄、河边……在乡村，树木比石头更长久，又如同人类那般年轻。

树比人多，甚至比任何一种动物都多，就有许多树能长成大树，尽管村民的很多生存必需品要从树那里获取。房屋、板床、牛车、扁担、柴火、晒衣杆等，都要从树身上得来。从树身上取下的枝干，构成村庄的各种零件。

村庄里的树很多，房屋就显得很少。这几年，房屋深深地隐藏在树林之中，一个比一个孤独。房屋里，通常是守着孤灯的老人，他们总是早早地卧床，却很难睡着，第二天天没亮又早早地起来。他们在世上要做的事情越来越少，醒着的时间却越来越多。

于是，老人们接二连三从房屋中走出来。我曾经在树下见过一个百岁老人，她这样经历过清末、民国、新中国的老人，已经很久没露面了。像她这样的老人是不该出来的，她太老了，让人觉得世界到处是隐忧和危险，老屋才是属于她的地方。这个老人，她弯曲的影子单薄，扁扁地缩成一团，在秋风中晃来晃去，整个秋天都被折弯了。

我站在树下看老人的时候，桥上的一个人，同我一样，也正看向老人。似乎我们都感受到了某种必然的终点。我们终将老去，成为下一代老人。而此刻的我们，会成为老年记忆里的某个片段。很多故事，是从回忆开始的，是从树的倒影或者树的声音开始的。树发出大自然晚秋的声响，与宇宙中其他的声音隐秘地汇合，这是生命之间最好的交流状态。我没有跟桥上的人说一句话，树在我们之间沙沙沙地响；我也没有跟老人说一句话，树在我们之间沙沙沙地响。我知道，这个老人之所以出来，一定是因为某一段记忆苏醒了。屋子总是装不下苏醒的人。

多年来，我从未和人说起过村庄中一棵平凡的树、一个平凡的人。我希望他们在言说之外丰富着，因为语言如此乏力，他们的形象会因为简单的勾勒而损伤。可是，他们在我身后轰然倒塌了。于是我开始后悔，后悔没抓住他们，没为他们留下任何影子，他们就用倒塌制造出一生中最大的声响。他们倒下后，村庄更加寂静，我的世界更加寂静。

于是树在我心底埋下的种子发芽了，它们在我的记忆里潜滋暗长，成为不可忽视的大树。

记得村庄里有一棵大榕树，不知是哪个年代的人所手植，抑或是一只鸟衔落的种子，已亭亭如盖多年矣。据说清朝时，它已经有三个人合抱那么粗了，太平天国从金田起义后，经过它前往桂林，恋土的士兵曾扯下它几片叶子，放在嘴边，一首婉转的茶歌就从那叶子飞出了。黄埔官兵们北上时，或许也曾见过它的身影。而大扫荡的日军，则实实在在地在它身上留下许多弹洞，如今在树下玩耍的孩子，偶尔还能在草丛中捡到弹壳。大生产运动时，曾有人提议要砍掉它当柴烧炼钢铁，村里的老人视之如命，拼死守护，才保住这棵村庄的神树。后来树下斗死过一个人，再后来那个人被村民封为树神。如今，这棵树已有六个孩子合抱那么粗，曾被台风刮断两根碗口粗的树杈，亦被雷电劈掉小半边树冠，但它依然挺立在村庄里，撑起半个操场大的树荫，农人闲暇时就在树下乘凉、下棋、聊天。

小时候，我常站在大榕树下，等父亲归来。那时，邓小平爷爷已经在中国的南海边写下诗篇，中国紧接着捧出万紫千红的春天。我的父亲在广东崛起的一座座城里，挣那座座金山边角的血汗钱。他常常在正月元宵节后的春天出发，直到雨雪霏霏的年前才回来。我知道一年中的大部分日子，我等不到父亲，但我就喜欢在树下等。和我一起等的，还有一些老人，他们多半已经没力气到地里干活儿了，只好天天走到树下，既像是在等远在他乡的儿孙，又像是在等自己的离去。

在那些等待的日子里，我发现村庄中的生命全都依存于树。

虫禽如此，人更是如此。日常用品就不用说了，单看那么多人都取名“树生”就可知。他们有的五行属木，有的命赖以树，有的认树为干爹、干娘，有的常年祭祀供奉树。

我发现，村庄中有些人越来越像树般不可缺少，人们依赖他们，就像依赖土生土长的树。他们，或笨拙，或木讷，或迟缓，或五大三粗，多多少少有着树的坚忍，里里外外沾点树的精神。这些秉性使得他们像村庄的树标。在村庄，只要循着这些树标，就能找寻到村庄的秩序。

村主任，一个退役的军人，到来时如同一粒从风中飘落的种子。他生得牛高马大，一脸胡子，额方面阔，长相有点凶，实际上为人和脾气极好。他在村庄生根后，颇有人缘，孩子们多半认他作“亲爷”，村民们有什么事都请他裁决。他时常从薪水中拿出部分钱给孩子们买课本，街坊邻居为鸡鸭猫狗的事闹矛盾，他说几句在理的话，评理断案，人人都服。他是村庄稳固的树标。

背着木箱行走在山间村道的草药医师，整日跟细菌、病毒打交道，成天与树皮草根厮混在一起，深深地懂得什么树皮能治好哪个村人的病，什么草根与哪个婆娘的病症对应。在他手上散发香气的草根树皮，仿佛是整个村庄的病历本。我们只需弄懂他的草根树皮，就能了解整个村庄的健康状况。他是村庄安好的树标。

瓦屋土墙里的木老师，不英俊，不潇洒，会背唐诗宋词，晓得加减乘除，村庄的孩子都靠他开蒙。他原不是这个村的人，竟也落地生根啰！他娶了个会耕田种地的婆娘，生了一对爱爬树的孩子，几度春秋，鬓已成霜。谁家的孩子叫什么名字，谁家的孩子总写错别字，谁家的孩子爱哭鼻子，他了如指掌，说起来如数家珍。他是村庄成材的树标。

以树标为中心、为方向，目光扩散开去，可以看到许许多多的树。那些树下的老人说，树在，村庄就在。

大城小树

大城有高楼、豪车、公路、霓虹灯、商场，有吃喝拉撒、喜怒哀乐。熙熙攘攘，纷纷扰扰，名利场中手起刀落，光怪陆离中万金如土。芸芸众生，众生芸芸，左不过是“生老病死”四个字。

生、老、病、死，是大城也不可避免的命题。再坚固的水泥，也终将老化。再高大的楼房，也躲不开风雨。再先进的科技与医疗，大城里的人也逃不开生老病死。这四个字，仿佛轮回的魔咒，谁也免不了。钢铁土石等事物尚且免不了，更别提钢石架构而成的大城。不仅如此，这四个字占全已是大幸，而有的人只得其中之“生”“死”，而无“老”“病”之机会，襁褓之中则夭折；而能够“生”“老”“死”而无“病”的，似乎从来没有。这四个字，只一个“生”字稍带喜庆，“老”“病”“死”与人如影随形，也与城如影随形。

因此，人们想在大城保留一些持续的东西，比如泥土，比如在泥土上种一些树。这些树，是他们从城外强行搬进来的，由于水土不服总有些营养不良，但毕竟算得上是树。大城有了树，仿佛装了无数鲜活的净化器，人们在呼吸中，也仿佛觉到了光合作用的律动。

没有树的城市是不可想象的，正如没有鸟停歇的树是悲哀的。我一向不喜欢缺乏绿化的城市，霓虹闪耀、车水马龙的繁华热闹，若是没有树作为衬托，也只是没有生气的热闹而已。堆满楼、车的大城是死的，而树的加入，激活了城市。树静止时，如大城恪尽职守的卫兵；树摇动时，如大城妙曲迭出的乐手。在树的一静一动中，大城获得了庄重和脉动。而这庄重与脉动的布景里，常常少不了鸟的身影。在大自然中，鸟是跟随树生活的，人们把树搬到大城，就把鸟引到了大城。唧唧啾啾的鸟声，给大城增添了一抹轻灵的亮色。

树本来长在乡野，由于人之关系，移进了大城。大城里的树，或许是旧的结束，或许是新的开始。冥冥之中，一切似乎已注定。在一些微不足道的瞬间，树不经意间就将大城悄然逆转。比如树改变了风的走向，比如树接住了病人投来的一缕目光，比如树读懂了匆匆行人的疲累，比如树抚慰了空巢老人的孤独……树的每一次摇动、每一次呼吸，起于无意，终于无形，不知不觉间一切就有了不同的未来。于是，水泥砖瓦不再冰冷，生老病死不再艰难。

我一直以为，是树把天上的灵气输送到地面。作为连接大地与天空的桥梁，树勤恳地充当大地与天空的使者。即使在大城里，树与树之间的联系被阻断，无法连成森林，它们也依然不可替代。

在大城，人很容易忽略深受其裨益的树和鸟。这是因为树没有楼高，鸟鸣声容易被喧嚣淹没。在大城，人与树似乎各有各的存在，人和鸟似乎各有各的活法。较之于人，大城更亲近树和鸟。树是大城的佛性，鸟是大城的神性。

鸟类生来就具有俯视人类的高度。在过去的日子里，它们始终在比人高的树上歌唱、捉虫、睡觉、孵蛋，我们从来都只是仰望它们，而很少去惊扰，与其说是因为鸟，不如说是因为树。树拉开鸟与人的距离，创造出一个安全的缓冲地带，但并没有隔断人与鸟之间的关联。在相安无事的岁月，鸟给人带来天空的消息、日月的消息、季节的消息……即便是现在，人时常也会因为鸟而激动，比如有时经过一棵树，听到鸟鸣啁啾，我们麻木的耳朵就会突然苏醒，我们低沉的头就会不自觉地抬起。我们对鸟投以欣喜的目光，对树发出由衷的赞叹，混沌的兴致一下子活过来，情不自禁地哼出一些遥远的曲调，仿佛自己又变回那个新鲜的血肉丰满的人。

我时常对大城里的树投以惊叹的目光，虽然它们脚下的泥土那么少，但它们的枝叶依然繁茂，始终朝着天空和阳光的方向伸展。走在大街上，坐在公交车上，站在窗前，我总爱凝视目之所及的每一棵树，树同样以宽容和悲悯的目光注视我。

我发现不管人们在不在意，他们越来越离不开树了。睡觉或办公的时候，他们需要树吸音；在公园晨练的时候，他们需要树来辅助吐纳；在站点候车的时候，他们需要行道树来站岗和维持秩序……

我发现越来越多的人，认为他们的寿命与树有关联。他们将森林比作地球的肺，将树比作大城的空调，甚至以树来衡量生命的长度，比如寿如松柏，就好像树让沉重的生命有了依傍。越是上了年纪的人，越是着急往树奔去。清晨或傍晚，老人们郑重其事地从家里出来，走到公园里，走到广场上，走到任何空旷的地方，专心而虔诚地抱着一棵树延年益寿。

前阵子我的一个朋友在大城添新居，费尽心力地将老家的一棵月桂搬进新家的花圃。我去看过这棵月桂，它已经有小腿那么粗了。朋友说，这棵树是断不能割舍的，倘若不能将它带来，宁可回老家也不进城。这话未免夸张，却具备心理的真实。我想起作家苏童也曾为“三棵树”耿耿于怀过。他从小就因为没有属于自己的树而遗憾，1998 年他突然在城里拥有了两棵树，于是在《三棵树》中写道，这两棵树弥合了他与整个世界的裂痕，让他确认自己是幸运的，这是父母和朋友都不曾做到的。

我曾在医院倾听将近一个月的树声。那时我生的病，不是什么大病，却得住院、得手术，手术后又得住在白惨惨的病房里，年纪轻轻的人怎么受得了呢？况且，又不能看书，又不能见很多的人，一天到晚不是躺着就是靠着，无聊得很。我多么希望能跟外界多一些交流啊，只要能冲出狭小的病房，就觉得什么都是好的。闭上眼睛祈祷，我听到了一棵树的声音，沙沙沙，沙沙沙……我还听到了鸟儿的声音，唧唧啾啾，唧唧啾啾……我睁开眼睛向窗子望去，见不到树，偶尔能看到鸟儿掠过窗玻璃的身影。我想，那窗子底下必定站着一棵树，不然哪来的沙沙声与鸟鸣声呢？我问从外面回来的母亲，母亲说：“是呢，是一棵碗口粗的杉树。”等我能从病床上起来走动时，就时常走出住院部大楼去看那棵杉树。它挺拔、秀丽，竟还隐藏着一个鸟窝。我猜想鸟窝里一定有斑白的鸟蛋。呵，一棵医院的树上，生命正在悄悄地孕育萌发！一个清晨，我在病房里醒来，听到沙沙沙的树叶声中，夹杂着雏鸟的欢叫声，急忙下楼去看，只见鸟妈妈正给小东西喂食呢！医生说，我心态好，对治疗积极配合，手术后恢复得特别快，可以提前出院了。我竟有点舍不得那棵住着鸟儿的树。呵，我幡然醒悟，我的康复是它们赐予的呢！

从医院出来，我又走在大街上，走在一棵棵树之间。树还是那么生长着，大城还是那么繁闹着，似乎毫无变化、亘古永恒，又似乎不管我离开多久，它们依然在此等待——

一天深夜，我加完班走到一株泡桐树下等末班车，昏黄的路灯照着我，也照着树。莫名地，眼前这一片月色般的灯光在我内心浮泛开来。我回头望去，那一棵棵挺立在大城的树，好似一个一个的人。

我是一棵树

大地上生长着许多树，谁也不知道它们是怎么长出来的。通常，它们以一粒种子为起点。种子不知是风带来的，还是鸟带来的，但一定是从另一棵树那里来的。

在我出生的地方，人们往东、往西、往南、往北都能遇到树。树在房前屋后，在田间地头，在山沟土坡，在石边水畔，甚至在悬崖绝壁上。树无处不在，人仿佛只是树的陪衬。人走到哪儿都走在树的影子里，走在树的沙沙声中。人的脚步既是在离开一棵树，又是在走向另一棵树。人们在树的面前感到清爽自在，声音像鸟一样清脆，心像风一样舒展。

我想正是因为大地上有树，我们才甘愿死后化入泥土，否则还不如撒入海中无根无痕算了。一棵优美的树，或许才是我们最终的归宿。

我时常觉得我像一棵树，总是恋土，仿佛有根；总是拼命地伸展，仿佛有枝叶；总是循着固定路径又总在旁逸斜出，仿佛主干和枝杈。我以为我就是大地上的一棵树，实际上我比树差远了。树能深入大地，我却不能；树能结出果实，我却不能；树能不停地长出可爱的绿色，我却不能。所有树能的，我都不能，这令我多么惭愧！

我在梦中变成了一棵真正的树。我先是从黑暗中破土而出，接着举着两片豆芽似的叶子吸收阳光雨露，然后长高、长大。我绽放花朵，蝴蝶围着我群舞，蜜蜂围着我嗡嗡成阵。我结出果实，引来叽叽喳喳的鸟儿，招来馋嘴的孩子，他们的到来不是一种索取，而是一种信赖。我抵抗住雷雨大风、动物啃食，在天地间自由自在地伸展，最终成为一棵参天大树。

实际上，我不过是依赖树的一个凡人罢了。从一出生，我就是个和树牵扯不清的凡人，一个在襁褓中差点夭折而靠着树才活下来的凡人。那时，我才一岁，害了很重的病，所有人都以为我活不成了，连母亲都要放弃了。一个算命先生说，我命里犯浑，只有找到一棵梧桐树，再找到一个八字相合的干爹，由干爹年年带着我给梧桐树祭祀，我才能活下来。于是，抱着死马当活马医的态度，他们给我找到了池塘边的一棵梧桐树，以及一个能说会唱的中年民间艺人。我奇迹般地活了下来，因为一棵池塘边的梧桐树。

因为树，我的生命得以延续。我在一棵梧桐树的庇佑下成长，肢体越来越挺拔，像树干；手臂越来越壮实，像树枝；头发越来越繁茂，像树叶；脾性越来越接近于梧桐树上的鸟，非梧桐不栖。渐渐地，我再也离不开一棵树，尽管它不高大，只是山旮旯里一棵平凡得不能再平凡的树。这些年，我有许多东西从树那里获取，比如树的生命力、树的脾气、树的品格。如今我与树的关系，因为大城的介入已变得复杂，却也一如既往地紧密。我身上的一些部件在大城慢慢发生变化，而树始终为我提供生命之源。我相信，每一棵树都和某个人存在着隐秘的联系。

几天前，母亲告诉我，那棵一直庇佑我的树被人伐倒了，枝干并未被大用，村民只是将其肢解了当柴烧。我产生了一种奇异的错觉，仿佛它之所以平凡，是因为它将一切美好都给了我。这些年，我离它越来越远，仿佛不再需要它，这或许让它伤心。有一天它累了，最终倒了下去。它倒下之后，竟还奉献出自己的枝干。它就是这样的一棵树，在它面前，我曾是一个需要保护的孩子。当我羽翼丰满，它安然倒下，有如功德圆满。它就是这样的一棵树，不祈求任何人记住它，即便曾经落脚的鸟对它毫无印象，它也沉静地站立着，直到倒下的那一刻。

我的那棵树虽然已经化为灰烬，但我仍是它的孩子。其实，那棵树倒下后，还有很多的树在发芽、生长，在无怨无悔地输出它们的爱，尽管它们最终的结局也不过是倒下。

我继承了一棵树，并将长成一座苍色森林。

草木一秋

通常，世界上的人分为两种：一种是被关注、被谈论、生活在聚光灯下、参与时代进程的人；一种是容易被遗忘、处在高楼大厦的阴影、奔走在瓦舍草木丛中的人。前者令人羡慕，后者令人感叹。

我经常在不起眼的地方看见这些令人感叹的人。他们生活的边缘世界，以一种奇妙的方式打开着。当你走进去读它的时候，会觉得这里存在着生命最具震撼力的篇章。在这里，我找到了治愈孤独的灵丹。这只巨大的孤独怪兽，曾经像影子一样缠着我，现在它被一阵风刮走了。

像影子一样的人

每天，山河都会从不失手地吞噬落日，这些事一天天地发生在树木逐渐缩小的远方，我望不穿，但能感觉薄暮正在悄悄地降临。它小心翼翼地放下帷幔，从各个隐蔽的地方蛇形而出，像湿气一样沾满人的皮肤，又不动声色地爬满房子、院子、水井，撩动着山河、树木、云朵和天空。它从四面八方朝我涌来，又在风中轻轻散开。它随着落日的消失而慢慢加重，开始是橙黄，接着是昏黄、灰黄、灰黑，最后成为一张巨大的纯色黑幔。它遮笼了我，包括我内心的隐秘。

有时我怀疑是风吹来了黑夜，它是个会画符的巫师，将墨水涂满天地间，直到清晨的露珠将墨水洗净，太阳重新照亮人间。这个怀疑很快遭到否定，因为白天也有风。白天的风除去一些蒙在家具上的尘土，却并不阻碍我看见事物。我对着天上的星星充满疑惑，为什么只有它们不被遮住呢？从地面到星空，存在什么不同？为什么地上的灯会灭，而天上的不会？行路的人没有回答我，行人各自回屋，回到收容自己的角落，回到风声比野外小得多的地方。我站在旷野上，朝着家的方向奔跑，景物的颜色和轮廓隐没在黑暗之中，我什么也看不清，我什么也不需要看清。

这样日复一日，年复一年。我的年龄随着树的年轮增长，树的年轮随着落日的光晕生长。大河辽阔，青山辽远，风使一切变得苍茫的同时也给一切安上了翅膀，山河跟着来去自如的风向远处迢递，只有沉默的村庄像刺猬般蜷缩一方。人们一如既往地在薄暮降临时各自回屋，不论是风和日丽的阳春，还是酷暑难耐的炎夏，抑或秋凉似水、寒风肆虐的季节。

我从哪儿来？村庄从何处至？为什么登上再高的山也留不住

落日？为什么跟着河流走多远都找不到风的巢穴？薄暮常常倚门相待，收拢我小小的影子，我必须跑到灯下才能重新把它找回。而母亲，即使是在没有停电的夜晚，也要在偏房里点亮一盏如豆的油灯，这颇像藏人点酥油灯的风俗。母亲不是藏人，她说她点灯是为了深夜回家的先人能看见自己。先人是谁？先人就像影子一样，要靠灯来照见。这很奇怪，影子明明是幽暗的东西，却只存在于光明的旁边。每当深夜被憋醒不得不爬起来上厕所时，走过偏房的门我都不敢往里看，生怕撞见先人们的影子。我承认我对他们心生恐惧。

村庄中有个独眼人，总在薄暮朦胧时从家里走出来，额头亮着的探照灯，仿佛是他的另一只眼睛。我曾问他在夜里哪只眼睛看得更清楚，他说他从来不用眼睛看。"那干吗还要点灯？""点灯是为了让别人看见我。""你不用眼睛看你用什么呀？""我用耳朵听，它们像眼睛一样亮堂。"他在薄暮中听到什么？白天用不着点灯，于是白天人们似乎看不见走在阳光中的他，而在薄暮中额头上的灯照亮了他的存在，看见他的人都问他几句好，甚至停下来和他谈谈庄稼、说说菜园子。薄暮收拢了我的影子，却照亮了他的声音。

有人对我说，很多声音在薄暮中会变得更清晰。比如生活的气息，锅碗瓢盆，铿铿锵锵。比如母亲的呼唤，悠长绵软，温润如水。比如归鸟的翅声，扑扑啦啦，风中有声。再比如蝙蝠的叫声，花朵的凋谢声，庄稼的拔节声，夜行人的脚步声……呵，夜晚的确有那么多声音啊，它们像风一样舒展开来，像薄暮一样合拢起来，它们多么丰盛啊！

收破烂的、卖冰棍儿的摇着铃声沿着黄土路走远了，讨饭的、借宿的敲着破碗出现在村口。他们闻着饭香朝着有炊烟的人家走去，蹲在人家门外喊门，沙哑的声音应和着厨房里锅碗瓢盆的声音。“有人在家吗？”门里的人虽知门外的人明知故问，但还是把门打开，端出一碗带汤的饭来，倒到铿然有声的破碗里。夜里这些讨饭的会借宿在草垛、柴房、牛棚，甚至只是干爽的墙角边，没有人知道他们打哪儿来，也没有人记得住他们长啥模样。村里人说起他们，只是一面嬉笑一面耸耸肩。曾经有个从别处来的妇人在村里问：“可曾见过一个左脸带刀疤的讨饭人？”“讨饭的？”被问的人重复道，“你问的是哪一个？我们这里一天要来好几个讨饭的。”“脸上带刀疤的。”“脸上带刀疤的这阵子也来了十几个呢！”妇人到底也没打听到什么，因为村里人从未留意讨饭人的模样，从未弄清他们叫什么名字，就连他们走过的路、睡过的地方也没有留下他们的一丝痕迹。讨饭的给村里人留下的唯一印象就是：他们是在薄暮中才能看见的、敲着破碗的、面目模糊的一群影子。

我时常要在薄暮中摸索徘徊，渐渐地我的耳朵也获得了眼睛的能力。我和额头点灯的人擦肩而过，我的耳朵和他的耳朵一样充满声息。各种晚风冲击着我的皮肤和神经，各种声息舞动着在黑暗中点亮的灯火。我在厚实的土地上，不断遇见头上举着火种的人，在自己的旅途上点燃光明的人。我和他们越来越接近，如同树木与天空越来越接近。

变成兔子的人

2016年我时常生病，住了两次院。在医院里，我睡的是20号病床，穿的是20号病服，胸前挂的是20号牌子。那些日子，我失去了名字。医生、护士找我时喊的是20号，周围的其他病人也喊我20号。“20号，该你检查了！”“20号，量体温了！”“20号，该吃饭了！”“20号，你是哪里人？”大多数都是命令句，只有少数是问句。这种问句基本上是病友发出的，带着医院少有的情感热度和色彩温度，仿佛泥土厚重的黄颜色，让人倍感亲切。医院最多的颜色是白色和蓝色，白色是墙壁和床单，蓝色条纹是病服，只有病友之间的交谈带有生活的颜色。

这一病，查出我没有左肾，并且左腹有长宽几厘米的积液，造成腹部的坠胀与疼痛。医生说我的左肾没有发育，是因为母亲怀我三到五个月的时候，受到致畸因素的影响。我问母亲，我在她肚子里生长到三至五个月时，她受了什么刺激。她说什么也没有，一切都和平常一样。我让她仔细想，几天之后她想起来，那段日子她养过兔子，并且这些兔子都离奇地死了。

兔子！什么都和平常一样，只有兔子不一样！兔子全部死了！它们死了，我的左肾没有发育，我的肾脏畸形！这些兔子带走了我的左肾，改变了我的人生。我的左腹没有肾脏在跳动，所以我脾弱、肠胃弱，每个月都肚子痛。呵，兔子！它和我的命运交缠了那么多年，而我竟没有发现！现在它和我待在白色的病房里，而且仍将与我的人生牵牵绊绊。这是一种什么样的关系！除了结婚，我从未如此深刻感受到，世界上还有这样的一件事物与我休戚与共、甘苦同当。

刚开始时，医生说必须施行手术排除左腹的积液。后来医生发现，这些积液只是暂时出现，并且像兔子一样鲜活。只要我身体恢复，它们就会自动排出，并且像兔子不吃窝边草般不危害我的性命。多么乖巧的兔子，闪着红色的眼睛，竖着灵敏的耳朵，在我空荡荡的左腹制造着声息。它在我醒着的时候发出咕噜咕噜的声音，在我睡着的时候也发出咕噜咕噜的声音。我在咕噜咕噜的声音中坠入梦的深处，变成一只眼睛发红的兔子。我左奔右突、上蹿下跳，想要胜过狐狸、豹子、猎犬、狮子、老虎……我弱小，但我有速度；我愚笨，但我有足够灵敏的长耳朵。我在荒草丛中寻找多汁的嫩叶，在低矮的土坡构筑自己的巢穴。高兴时我迈开腿欢快地奔跑，难过时我在阳光下晒晒发红的眼睛……

这样的梦做得多了，我渐渐有了兔子的属性。比如我的听觉异常灵敏，任何细微的声音都能被我捕捉。那些等着看我好戏的人在背后咬耳根子嚼舌头，哼！屏蔽，屏蔽，耳不听为净！小鸟儿在远处的树上叽叽喳喳，听到了，听到了，虽然隔得远！花朵悄悄张开了花瓣，多么轻微啊，但我听到了。蝴蝶的羽翅扇起了气浪，在耳膜留下一个意犹未尽的省略号，那些细微的花香就乘着翅膀扑鼻而来，浸润肺腑……

后来我和一个疯子成了朋友。出院后我在南方的一座城市上班，单位的人对我不好不坏，秩序井然的工作节奏让我们少于交流，等级森严的职位差异更是让人不谈感情。总之，工作后的生活和医院里的生活一样单调、乏味，直到我在薄暮的雾霭中遇见越来越多的疯子。

遇见第一个疯子是在夏天的一个黄昏。我下班回出租屋要经过一条街巷，街巷有银行、店铺、裁缝铺、米粉店、饭店、服装店……她穿着睡衣坐在银行前的瓷砖地上喝水，喝完她用手蘸水在地上画了一张人脸，接着嘻嘻哈哈地对着人脸说话，仿佛在逗乐一个孩子。水迹干了，她就重新蘸水补画，然后继续她与画之间的密谈。她不像个乞丐，她的衣服极其干净，每天都换洗。她也不是流浪者，她从不缺吃的。她又不像住在附近的人，因为她的亲人从未出现。我每次都在固定的地点碰到她，看见她一个人自得其乐地自言自语。

街巷里没有一个人理会她。街巷里全是赶路的人、吃东西的人、取钱存钱的人、逛服装店的人。她神态自若地说自己的话，睡自己的觉，比我见到的任何人都快活自在。有一天，我路过她身边时，她抬起头来，冲我微微一笑，像跟熟人打招呼那样说，你回来了！微笑衬得她的面庞极其美丽，使我忘记她是个疯子。我想，她从未和街巷里的任何一个人说过话，却突然跟我说话，一定是因为她看到了我身上的兔子属性，一定是因为我能听懂她自得其乐的富足。

遇见第二个疯子是在一家休息厅。休息厅在省立图书馆后面，我周末去图书馆看几本书，然后在休息厅休憩一阵子，吃吃饭、喝喝水，再坐公交车回出租屋。去了多次之后，我发现休息厅少有生面孔，大体上总是那么些人。我经常坐在进门右转第四排靠窗的桌子，前面是复习考试的复读生，后面第一排是一个退休老大爷，第二排是头发留得很长的男子，第三排是个秀气的女大学生，左边是一个面容姣好的长发女子。长发女子安静地坐在那里，什么书也不看，不吃也不喝，只是目光掠过我，看着窗外的一棵树。我很奇怪，既然她要看树，为什么不直接坐在靠窗的位置，而是每次都坐在我的左边，即使窗边有多余的空位。休息厅里没有人注意她，所有人都埋头专注于自己的事情。我最后也习惯了有一双眼睛总是幽灵般掠过我，落在窗外的树上。

有一天，我对面来了一个不认识的大婶，她以前从没出现过，估计是来帮孩子借书的。她刚坐下不久，就发现长发女子一直在看她。开始她只是把头扭到一边去，后来她发现这样没有用，因为一刻钟之后，长发女子还是那样定定地看着她。她逐渐坐立不安，以为自己身上出了什么问题，就上上下下地查看自己有何不妥之处。未发现异常，她有些恼火，就瞪了长发女子一眼。没想到长发女子对此没有任何反应，仿佛看不见她似的。大婶恼羞成怒，就嘀咕几句“有毛病啊，老这么看人”。长发女子像听不见似的，眼睛仍然直勾勾地看过来。最后大婶气愤地站起来，走到长发女子旁边，恶狠狠地说了句“疯子”，就气急败坏地离开了。长发女子受惊般惊醒过来，不知道发生了什么事，而周围的人都齐刷刷地看着她，她羞红了半张脸。几分钟后，我听到左边传来轻微的啜泣声，扭头一看，是长发女子在哭。她哭的时候，像极了一只受伤的小兔子。我走过去安慰她，给她递纸巾。她告诉我说她不是在看我，也不是在看那个大婶，她是在看一棵树，一棵她和别人一起种下的树。我点了点头，抱了她一下。我后来才知道那棵树是她和她丈夫种下的，我左边的座位是她和她丈夫之前常坐的位置，从那里可以看见整棵树的样子，以及从树顶冒出来的公园寺庙的塔尖。而她丈夫，在一次军事演习中牺牲了。

我遇到越来越多的疯子，有的穿着花裙子，有的打领带穿西装，有的提着装满青菜的篮子，有的背着轻便的双肩包……他们是各色各样的人，住在各色各样的房子里，在生活中几乎没有任何交集，但都有一个共同的特点，那就是他们的眼睛满含清澈的泉水。这使得他们会在生活的某个间隙，或是某个无法预料的瞬间，突然流下温润如玉的泪水，睁着一双兔子般发红的眼睛。

正在消失的人

小时候，我和外婆住在陇头湾，跟小美一家挨得很近，隔着一片香樟树。树下经常拴着几头母牛，小牛们要么在附近转悠，要么躺在母牛身边。

小美的哥哥比我大几岁，经过我家门前时，我经常跟他打招呼。他是个英俊的小伙子，走路充满自信，在学校是个好学生。看到他，我会喊一声“放学啦”或者“上学啦”。他则会微笑着说“小美等着你呢”，然后迈开大步继续往前走。学校就在十公里以外的镇上，对于我和小美，那是个神秘的地方。那个方向的树林，常常升腾着一片朦胧的暮霭，隐藏着一个我们所不知道的世界。后来小美的哥哥在通往那片暮霭的路上走着走着，就不见了。人们说，他去了远方的城市，过上了好日子。远方有多远呢，比镇上还远吗？这里的日子不好吗？为什么去了远方才是过好日子？大人们回答不了我的问题。于是我只有亲自走上那条路去寻找答案。

住在村口的“碎医生”，他和那些瓶瓶罐罐打交道多年了，他和村庄的病痛也打交道多年了。他熟知那些脆弱或坚强的人的私密病痛，懂得该给谁配什么药。他甚至用不着烦琐的诊断和询问就能准确地开出药来，抗生素、止痛片、消炎片……这些药物让他在村里声名显赫、衣食无忧。可是有一天，“碎医生”被一个女人悄无声息地带走了。人们以为他只是出去玩几天，不久就会回来。凭着这么多年的生死情谊，他们坚定地认为，他们离不开“碎医生”，“碎医生”也离不开他们。直到“碎医生”很久没有出现在村子里，直到他们由于病痛疼得“哎哟哎哟”地乱叫却求告无门时，人们终于明白自己被抛弃了。

就在“碎医生”失踪不久，我的二伯失去了妻子，我的父亲失去了母亲。风中多出了两个瘦弱的身影。而村庄里，这样的失去越来越多，这样瘦弱的影子越来越多。多年后我发现，这些失去和“碎医生”无关，这些瘦弱也和“碎医生”无关。有很多东西生来就是要失去的，有很多人是被岁月削去血肉而瘦下去的。明白这些事之后，我不动声色地看着这一切，不动声色地记录着这一切，不动声色地陪伴着这一切。人们已经习惯沉默地收敛自己的悲伤。这些悲伤的人，他们蹲在村庄的影子里，慢慢浓缩枯萎，直到他们也成了正在消失的人。

家乡一直在变。有些变化令人欣喜，有些变化令人忧虑。熟悉的事物、熟识的面孔在一天天变少，就像我身上的家乡印记在一天天变少一样。金钱、事业、远方，最后是死亡，那些不知名的事物带走了我所爱的一切。渐渐地，家乡成了一个念想，就像父亲是母亲和儿时的我的念想一样。

我小的时候，父亲经常在外地打工，每次都走得匆忙。过完年，母亲才刚拿下神案上供了十五天的柚子，父亲就草草地收拾行李出了门。父亲做这些的时候，我总是胆怯而又小心翼翼地看着他，希望他能多待些日子。我可怜巴巴的眼神什么也改变不了，父亲还是照行不误地走向公路。他穿着被汗液浸染得发黄的T恤，肩上扛着行李袋，跨着大步沿蜿蜒的小路朝前走。我偷偷地跟在他后面，一直跟到村口，又在村口呆呆地看他拿着行李袋笨拙地挤上车，消失在远方。

母亲是个瘦弱的女人，个子很小，五官比一般农村妇女漂亮，但由于不爱笑显得面容凄然。她老是穿着草绿色的粗布衣裳，天才蒙蒙亮就拿着镰刀消失在晨雾中。她沉默寡言，不像其他农妇那样喜欢大声说话，或者三五个凑一堆东家长西家短地说个不停。若说她不愿与人交往，毋宁说她太忙了。大多数时候，作为女儿的我，也只能默默地看着她出门干活儿时刚毅的背影和不得闲的双脚，并且同样沉默地按捺住内心的渴望。我渴望看到母亲像其他孩子的母亲一样，大声说笑，逗孩子玩，哪怕是笑着和我说一会儿话也好。可她总是愁眉苦脸地干呀、干呀，从不理会我内心的渴望！那些暮色苍茫的傍晚，望着延伸向田野的村路，我清楚地知道，太阳下山以前，母亲是不会回来的。

有时，我会被欺负我的大孩子追赶到树林里，那是所有孩子都感到恐惧的地方。那里平时没人敢进去，包括追赶我的人。他们等候在篱笆外，不敢越雷池半步。而我在破败的老屋中气喘吁吁地听他们在不远处嘲笑我。“那房子经常闹鬼，她死定了。”他们总是这么说。

那里有一个荒芜的院落，长着一棵茂密的榕树，树下是一圈落满树叶的空地，躺着一条死气沉沉的老狗。对着榕树和老狗的黑屋子，住着一个孤独的老人。所有的小孩都怕黑屋子里的老人，他的院子里停放着一口棺材。那口棺材与草缠绕在一起，油漆已经剥落殆尽。那是老人为自己准备的棺材。他是个单身汉，年轻时没钱娶老婆，一辈子攒的钱只够给自己买棺材。

其他小孩都把他当成鬼。这个鬼，却会把自己为数不多的红薯分给我吃。每次从林中老屋回家，母亲都会向我询问老人的情况。她的热情里，带着妇人们特有的善良和同情。她很巧妙地问我老人的身体好不好啊，米够不够吃啊。从母亲细碎的问话以及唠叨中，我惊奇地发现，原来老人年轻时当过兵。他的父母去世得早，早年的恋人也已在他当兵的年头嫁给他人。他无牵无挂，自己凑合着过，挺不容易的。我不无浪漫地想，一个当过兵的人，怎么会娶不到老婆呢，除非……除非他不愿意娶别的女人！啊，想到这一点，我忽然觉得老人身上有了神圣的光芒。那光芒是许多人看不见的风景。我这样想着，忽然对老人有了好感，甚至觉得他荒草般芜杂的胡子也很可爱。

有一天，树林里响起了一阵鞭炮声，惊飞了刚刚归巢的林鸟。老人走了，带着一点人世的遗憾。鞭炮声后，他和他的棺材被抬到山上埋葬，一同埋掉的还有一生的荣辱。有些东西被埋掉了，有些东西却不会。

很多人死了，没有人知道他们的不甘，除了那些围绕在逝者身边短暂爆发的泪水。那些泪水，是从散落的田地汇集而来的。村民们因为各种各样的活计不停地奔波劳碌，在柴米油盐中蹒跚前行。他们清楚，不能为了什么人或事而耽搁一株庄稼的生长。但是他们愿意为在乎的人停下手中的活计，去痛快地流一次泪水。在好友死去之前，我从没花心思想过村人对待死亡的态度。当我看见他们流下泪水而又很快擦去并重新投入劳作时，我震惊了。一个村庄面对一个人的消失，竟然可以如此从容。他们在田地里边忙活边谈论一些人的离去，他们奔走相告放下手中的农活儿赶赴一个人的葬礼。他们走向葬礼的从容，就像他们出门去地里干活儿一样。人要经历多少的世事沧桑，才可以练就这样的态度啊！

有一天，他们告诉远方的我，那个养育过我的人走了。他们说话的语气，就像是说田里的庄稼枯死了一样。我想起了很多张生动的脸，还有淡淡的草木灰的味道。我写下几个字：草木一秋。谁都不例外。他们活着，像庄稼一样茂盛，该开花的开花，该结果的结果。他们走了，像秋收后田里剩下的秸秆，被翻进土里，变成下一季稻的肥料。

拉莫河畔之药与毒

河　滩

那些年，沙滩没有变肥，没有变瘦。它总是这样高、这样大、这样平、这样斜，保持着和风水相谐的姿容。这缘于天地生生不息的运转，缘于风与水的琴瑟和鸣。天覆地载，日升月落，沙子随风水到来，也随风水溜走。风吹不止，流水不息，河滩的沙子每日增加的和失去的一样多。增与减相当，就是不增不减，这是公平的。公平的沙子没有好恶，风让它留下它就留下，水让它离开它就离开。只有种子安土重迁，一旦降落在这片土地就舍不得走，然后在沙土中发芽，在阳光雨露中长成草木。草木是多情的，它们拼命抓住大自然赠予的一切。被草木抓住的沙子，就会长久地留下来，变成有根的孩子。沙土中的养分，沿着根须抵达草木的每一寸肌肤，草木就会越来越高大、越来越茂盛，在沙地上撑起一朵朵绿色的浓云。

“翘翘错薪，言刈其楚。”外婆把杂乱而高出的枝条砍下来，整齐地晒在沙地上，干了就用草绳捆束起来，背回家当柴火。她不会把整棵树都砍掉，信奉自然的观念使她深知感恩，不会伤及草木的根本，而只是修剪多余的枝条。草木经过刀斧的打理，通风性会更好，能照到更多的阳光，生命力就更加旺盛。“翘翘错薪，言刈其蒌。”外婆把蒌蒿粗老的枝叶割下来，整齐地晒在沙地上，干了就用草绳捆束起来，抱回家用作引火的材料。春天，她还会摘取蒌蒿的嫩芽，或是焯熟了凉拌吃，或是配上猪肉一块炒。由此，我知道“蒌蒿满地芦芽短”赞美的不只是芦芽，还有蒌蒿的嫩芽。

舅舅是个优秀的渔夫。他的船很少泊在河湾里，而是行驶在江河中。船是木船，桨是木桨，没有乌篷，完全敞开。人在这样的船里，可以看江河、看星空，但不能睡觉。想睡觉了，舅舅就把船划到石洞下，然后跳上岸，铺开他留在洞中的席子和被子，心满意足地躺下。有篷的船是可以睡觉的，但不能用大桨手动划船，得靠柴油发动机驾驶，行船时马达声很大，会惊吓鱼群。舅舅不喜欢有篷的船，相比于机器，他更相信自己的双手。他有一双爬满青筋的大手，紧握船桨时青筋凸起，看上去就像地图上的河流。他划船的节奏匀称优美，人站在船中央，面向船头，两手把桨，左右同时一圈一圈地划，船就像鱼一般破水前行。

舅舅熟悉拉莫河甚于孩子。孩子生下来，在女人怀里哭上几声，在泥地打上几个滚儿，就哼哧哼哧地长大了，大丈夫用不着为此费心。对付江河就不能这样了。江水野得很啊，有暗流，有漩涡，有起落，有洪流，不时时留心可不行。这野水生养的鱼鳖，也野得很啊，没有过硬的水上功夫，是追踪不到它们的。舅舅长年风里来浪里去，琢磨透了水的脾性，也摸准了鱼的习性。他能察觉江河任何细微的变化，知晓哪个河段富产何种鱼虾。捕获的大鱼，他拿到集市上卖，镇上、县里的人都争相来买。若是小鱼，他就丢回江中。他说："小鱼仔，肉少刺多，不好吃。"不好吃是一方面，实际上还有更深层的道理，他懂得却不爱挂在嘴边，那显得太酸了。连鱼仔都不放过，河里的鱼就会越来越少，不是长久之计，江上的人都明白。这正是孟子说的"数罟不入洿池"的王道。

在河滩上，我能承担的劳作是放牛。我挺喜欢这活儿的。我把牛赶到河滩上，任由它们去寻珍觅草。它们的嘴唇看起来厚实、温柔，不知道会不会把草木弄疼。我注意到，牛通常只吃植物的叶端，不会将它们连根拔起，牛唇亲吻过的地方，植物三两天就长回来了。从来没有一株草因为害怕牛而躲藏。它们在沙土上、牛蹄印中，惬意地舒展身躯，风一吹就快乐地摇头摆手，似在唤人走到它们跟前。我学着牛的样子，把脸凑近一棵小草，用牙齿咬下一片叶子，慢慢嚼碎然后吞进肚子，如同吞下大地的秘密。这时，我看到了草的手和脚，蜷曲的、细密的，紧紧地抓住大地的皮肤，深深地扎入大地的血肉，似要争做大地的骨骼。这是多么有志气的生灵啊！我不甘心被小瞧了，忍不住把手插入沙土中，想象它们像草一样发芽、开花、结籽、枯荣。想着想着，我痴痴地笑了。

有时，我发疯似的躺下，在草滩上尽情打滚儿，恣意地大喊大叫。河滩空旷，四野苍茫，我的声音浩大而孤独。唯有牛偶尔抬头哞哞叫几声，像是在回应我，又像是在感谢草木的恩典。鸟雀扑棱棱地飞来，如同雨点般落下，啄食藏在风中的果实、草籽。阳光被它们的翅膀搅碎了，化成无数的小影散落在地上。我真想把这些影子捡起来装进口袋，带回家给轮椅上的太婆看。我想，她会喜欢的。她经常叫人把她抬到院中，看树的影子、云的影子、小猫小狗的影子。她尽可能地搜集所看到的影子，只可惜她老眼昏花，既看不清蜜蜂蝴蝶，也看不清轻捷的鸟影。

风中的消息比鸟影还快，太婆抓不住，我们也抓不住。消息从省城传来，像风一样吹遍每一个角落。大河两岸的人都知道了，大藤峡要修水电站，江河的水位会涨高，这北岸的土地将被大片地淹没。

征地的来了，跑断腿也没法让渔民爽快地签字。他们不是不愿意配合，只是想多耽搁一阵，再好好看看这片热土，毕竟世世代代住惯了。于是，这慢吞吞的北岸，在日益迅疾的风面前，就像根除不尽的毒瘤。

码　头

不放牛的时候，我就坐在北岸边的石头上看来往的货船。货船都是两层楼，楼上有穿白制服的人影。长长的甲板上堆满货物，货物盖着绿色的帆布。船尾拖着一道白水花，是螺旋桨打出来的。船开过去，水面涌起半米高的大浪，从靠近南岸的水道一直奔腾到北岸，持续几分钟才停歇。夏天，我喜欢抱着救生圈扑到浪花里，随着水浪起起落落。除了穿制服的船长、大副，还能看到光着膀子在甲板上行走的水手，风有时会把他们的说话声裹挟至北岸，但听不清。船的排浪声太大，掩盖了一切声响。

向东远望，可以看到龙兴码头。港口经常泊着数十艘大货船，几乎都是空船而来、满载而去。船员们在码头休整时，码头搬运工就负责把矿料、牛羊等转送到船上。数日后这些货就会出现在广东的工厂或市场里。这个码头在古代就地位显要、声名远播，陆路交通发达后，它有过几十年的衰落期。20 世纪 90 年代，地质勘探员在附近的甘蔗林发现铜矿、钨矿、锰矿、重晶石等资源，矿业发展起来了，成本低廉的水运再次兴起。近年，恒大畜牧业在河边经营了几个大牧场，码头的生意就更好了。

隔着毛茸茸的芦苇草，遥望矿石——这来自大地深处的骨头——被机器挖出、筛选，然后装船随江水流向广东，是村庄孩童的一大乐趣。除了矿场，我从未见过大地如此触目惊心的裸露。当挖掘机撕开大地的皮肉，石料土块在机器中发出惨烈的爆破声，我听见了风中的怒吼。轰，石屑迸散，四处飞溅，在半空中开花，又急速下落，我在阵阵尘雾中得知，矿工找到了他们想要的。目送草木喂养大的牛羊，被一块块分解装入冷箱，成批成批地运上船，也是村庄孩童的一项成长课程。畜牧场上，那么多的牛，黑压压的一片，像移动的乌云；那么多的羊，白茫茫的一片，像黄白色的云。云被风往前驱赶，牛羊被屠宰工往屠宰场驱赶。不过一顿饭工夫，一头头肥壮的畜生，就变成了一坨坨打包好的肉。生长需要数年，死亡不过一瞬，半点都由不得它们。

码头的重量积压在装运工心上。运一箱是五毛钱，六百箱就是三百块钱。一天扛六百箱上百斤的货物，不能说不繁重，所幸肩膀足够厚实。只要身子骨扛得住，他们就觉得码头的活儿不磨人，无非是卖力气。而只要吃得饱饭，庄稼人有的是力气。现在不流行打号子了，但讲究集体出工、集体吃饭。他们干活儿很简单，只动手不说话，拿货时两腿张开半蹲，箱子往肩背上一搁，再用手扶住，蹬一蹬腿站直，大踏步往船上走，到地儿放下码好，又回头接着扛下一箱。他们吃饭也很简单，一大锅菜，一大锅饭，并不盛出来装盘围着桌吃，只是拿上各自的碗，盛上自己的那份，蹲在马路边吃完。他们吃的时候不怎么嚼，食物扒拉进嘴里，打一个滚儿就吞下去了。

装运的活儿累人，老一辈的人很少愿意干，只守着种甘蔗的老本行。码头上拉车扛包的多是七里八乡的年轻人。别看这活儿苦，但来钱快，想揽活儿还得有熟人介绍。种几亩甘蔗，一年一次收成，卖了只得几千块钱，在码头干两个月就挣这么多了。谁不喜欢钱呢？包工头在码头的影响力，相当于渔夫在自家船中的影响力，留不留人全凭他说了算。包工头通常从自己亲友中招募工人，知根知底，用起来称心。于是码头上常有这样的事发生。找活儿的人对包工头说："要吧，我有的是力气。"如果得到认可，他就会领到一个号码，进入集体工作的秩序，用汗水换钞票，然后凭这些钞票盖几间房，讨一个中意的老婆，生两三个孩子。如果来的人长得太瘦小，他将会被质疑。"你干不了的。"包工头摇头。他则强调:“我干得了，我还是你某某亲戚的外甥，从某某村来的。”“是吗？没听他讲过。你还有什么要讲吗？”包工头已然不耐烦，但还是保持客气。“我的力气能举起一头牛，我经常当着全村人的面这么干。”那个人讨好似的补充。包工头弹了弹烟灰，眯着眼说道:“来的人总这么讲，我怎晓得你讲的是不是真话。”那个人脱下上衣，露出腰背上的一块疤，看起来像是被牛角顶伤留下的。他指着那块疤说:“这就是证据。别人可能会说假话，但我不会。”“哦，还有呢？”包工头似乎有些无语。“还有……我半夜三点钟出门，走了一天才走到这里。我不能就这样回去。”他有点窘迫，甚至生气。“那你先留下干干看吧。”包工头递给他一个号码，叫来一个人把他领到工棚。就这样，码头上又多一个像牛一样踏实干活儿的人。

比起装运工，船员的待遇要好得多。船长的月薪能上万，副手的有六七千，水手的也有三千多。他们和轮船公司签有雇佣合同，工资定期发放，旱涝保收。在码头停歇期间，船长和副手不屑于四处溜达，或是忙着整理材料，或是安静地睡觉。水手们则会抓紧时间上岸四处逛逛。到底比船长年轻，水手们就是闲不下来，双腿在水上晃久了，也会迷恋陆地的安稳。他们在码头上这里瞧瞧、那里看看，想要寻点乐子。只可惜码头虽然货运繁忙，却连一个像样的商超也没有。这么一块乡野阔地，这么一个萎缩的城镇外壳，既找不到高级的理发店，也买不到趁手的剃须刀。倒是附近村子的姑娘，能让人心头一热。

一日，我沿着河岸向码头的方向走，右手边是蒹葭苍苍、江水汤汤，左手边是密密匝匝的甘蔗林，太阳很大，花香很浓，野草丛不时有蛇爬过。我一株一株地辨认路过的药草，桔梗、黄精、老虎须、牛大力、金银花、金钱草、车前子、香附子……我这么干纯粹是为了好玩，外婆教过我认草药，我乐意在闲晃时练习这一技能。我摘一片草叶放进嘴里嚼，用舌尖细细品味微苦的清香。突然，我注意到甘蔗地中有动静，先是一男一女压低的说话声，接着是牛一般粗重的喘息声，然后是哼唧哼唧的呻吟声。这呻吟声很奇怪，听起来像蜜蜂采完蜜后愉悦的歌唱。我搜寻声音的主人，发现两个在甘蔗丛中摇晃的影子，有点像打架，一个扑倒另一个。我有点害怕。我见过公牛骑在母牛背上，见过蚱蜢压着蚱蜢，见过青蛙驮着青蛙，但没见过一个人如此猛烈地来回撞击另一个人。我慌忙躲到一棵大树后面，看不见人影了，但还能听到甘蔗叶的哗剥声、甘蔗秆咔嚓的断裂声。我大气也不敢出，直到世界突然安静下来，我才发现左脚踩在一个蚂蚁窝上，疯狂的蚂蚁爬满我的腿和脚。抓一把艾叶，我小心地将腿脚上的蚂蚁扫掉。再次抬起头时，我看清了从甘蔗地走出来的人，一个是我某个远房表舅的女儿，一个是某艘货船的年轻水手。我没有出声，等他们走远了，我才从树背后钻出来，继续往码头走去。

药　酒

酒是米酒，药不是草药，而是蛇。黄蛇、响尾蛇、五步蛇、竹叶青，都不稀罕，他们更钟爱扁头风和过山风。扁头风的头扁扁的，它还有一个更响亮的名字，即眼镜蛇。过山风速度极快，像风一样哧溜一下就爬过了山头，因而得名过山风。过山风很凶猛，会吃同类，还会主动攻击人，这不是一般的蛇会干的事，所以又叫眼镜王蛇。这里的人相信，扁头风泡的酒能治风湿痛、关节痛，过山风泡的酒包治血管疾病。他们把这两种名字带风的蛇，封在透明的玻璃酒瓶里，一瓶瓶地放在床底，想喝了就端出来倒上一碗，跟喝水一样。

我的床底就放着几十瓶蛇酒。其实，这原本是舅舅的床。他长年住在石洞后，外婆就让我和表姐在他屋里睡。老是躺在蛇上面，人是容易癫狂的。毕竟，瓶口只是用木塞封住。而酒中的蛇，看起来就跟活的一样。不，我根本无法判断它们的死活。舅舅从不用死蛇泡酒，而是直接把大活蛇丢进瓶中。那蛇进去后，就在酒中游动、扭头、摆尾，用头撞瓶壁，最后才慢慢安静下来。你以为它们不会再动了，晃一下酒瓶，它们又活跃起来。你完全不知道它们何时断气。我想摸那些瓶子时，表姐就吓唬我："不能动，会咬人！"这话增加了我的恐惧。而且，为了进一步震慑我，她给我详述了隔壁村一个酒鬼被蛇咬死的事。他捉的扁头风在酒里泡了几个月了，开瓶倒酒时蛇居然蹿出来咬死了他。这个故事是真的，舅舅还参加了他的葬礼。我很怕床底的蛇会顶开木塞爬出来。睡觉时，表姐的冷脚不小心碰到我，我会误以为是蛇。接着我就在梦中发抖、尖叫，直到在冷汗中醒来。

外婆很爱喝扁头风泡的酒。她说她那把老骨头没有酒喂，早跑到树根底下了（即死了）。女人喝酒本不多见，把理由说得这么冠冕堂皇的更是少有。她的骨头的确有毛病，从地里干活儿回来，她老是喊这酸那痛的，要是变天喊得更厉害。而且，她喊得多的时候，总是会下雨，比天气预报还准。天气越糟糕，她喝得越猛。酒多话也多，顺心的不顺心的事，全都说个遍。说着说着，还唱将起来："日头下山江水长，风吹树叶人喊凉。人喊凉来仔喊娘，酒碗打酒慌没慌……"这唱得只能用一个字来形容："绝！"大字不识一个的她，酒后居然能编出这么好的词，真是没白喝。她倒酒的技能也是一绝，酒瓶举高微微一倾，酒就像线一样飘入碗中，不溅不洒，蛇还会随着倾斜的酒瓶逶迤。倒完酒，她用筷子捅一捅蛇身，那蛇的头竟然扭动起来，身子还在瓶底溜了一圈。我几乎喊出声来！她把木塞啪的一声插进瓶口，然后用那只刚捅过蛇的手潇洒地拿起酒碗，把酒咕咚咕咚地喝进肚里。喝够了她就不喊疼了，就冲这点，家里人从不阻拦她喝。

陇村遍地都是喝药酒的人，不知是不是因为这个，全村竟无一人怕蛇。除了我。这里的男孩到了一定年纪，就会去捉蛇来证明自己的勇敢。

比我大五岁的表哥，十六岁就开始精心准备他的捕蛇计划。陇村到处是蛇，草丛树上、田间地头，甚至房前屋后，都能看到蛇的身影。一个人走在村道上，没见过蛇是不可能的。蛇不难找，难的是如何无师自通地学会捕蛇。骄傲的男孩不会去向父辈请教技巧，只会在心里反复琢磨和演练。"掐七寸。"表哥喃喃自语。我听了毛发直竖："要是没抓准怎么办？"女孩的劝告根本不管用，他不屑地甩出一句："男的就该胆大，这没什么好怕的。"

他拿着黄皮袋出发了。扁头风一般不会在人居附近出没，他要去野沟草泽搜寻。中午十二点，蛇从洞里出来觅食，这个时段最容易抓捕。他拿着一根长棍，拨开前方的灌木和杂草，动作很快、很轻。一些蟋蟀和蜈蚣见光后四下逃窜，他抽出棍子继续前行。一条活物叼着一只呱呱叫的田鸡在草地上蠕动，是贪吃的土地公蛇。这蛇没有毒，不是他的目标。他找了半天，走遍湖头沟的每一个角落，半点扁头风的影子也没见到。大概知道他要来，毒蛇们提前躲起来了。

接下来的几天，他扩大了找寻范围，从湖头沟到坡仔岭，用棍子一寸一寸地探查。烈日当头，热得人都想像狗一样把舌头往外伸，但一想到蛇信子可能就蛰伏在绿草中，他的心头就泛起凉意。暴雨骤至，草木顺风倒伏，他迎着风头呐喊，奔腾的血液几乎要从发红的眼睛喷薄而出。江水为之咆哮，芦花为之点头，仿佛少年的成长是天地间的大事，扁头风不能再推诿逃避了。雨过天晴，他终于在草坡上看到一个黑影，足足有一米多长，蛇鳞闪着亮光。呈倒三角形的蛇头，像嵌入空气的锥子。前身立起时，脖颈张成一把圆扇，中间还有一个方形圆孔的白色几何图形。就是这个家伙，没有天大的胆子，谁敢靠近呢？可是，这北岸的少年，毫无畏惧地启动了他的成人仪式。

他已在脑海中演练多回了，甚至早在梦中就无数次捕获过这条蛇，现在只不过是把梦中的情境再过一遍而已。他悄悄地从后方向蛇逼近，趁它低头晒太阳之时，猛地将叉子钉在蛇的七寸上。他看着这个家伙挣扎了一会儿，才弯腰用手掐住它的要害提起来，蛇身顺势盘在他的手臂上。他站在阳光中，与蛇对视了几分钟，另一只手轻轻地摩挲它发光的鳞，接着抓住蛇尾把它从手臂上解下来。蛇身像牛鞭一样在空中荡了几下，然后被丢进黄皮袋中。他缩紧袋口，用麻绳绑好，就提着袋子回来了。

这的确是一条难得一见的大扁头风，被放进为它准备的酒瓶后数日，头还高高地昂着，仿佛不愿向命运屈服。就这样，表哥以代代相传的方式宣告成年了。从此，舅舅再也不能对他大呼小叫。他想喝酒就喝酒，想驾船就驾船，想去广东就去广东，想谈女朋友就谈女朋友。总之，想干什么就干什么，他彻底自由了。

而那些嗜酒如命的人，一如既往地从各个地方沿着蛇径走来，伸出双手把我床底的酒瓶抱走，然后像外婆一样打着治病的口号喝光。为此，他们愿意掏出种甘蔗挣的钱、在码头扛包挣的钱、从牙缝中省下的钱，丢到外公的烟袋上。他们说用蛇泡过的酒是甜的，因此喝光后又再次回来抱走另一瓶。要不是这北岸的毒蛇多得数不尽，我都担心药酒有一天会被他们喝得一滴不剩。

多年以后，我也用双手去拼命挣口粮时，突然明白这北岸的捕蛇故事，不是什么山野传奇，也不是英雄游戏，而是乡民糊口的方式。一如骨头痛的人，将蛇酒当成救命的药，蛇越毒药性越强。

门中的少女

我的人生是从一道木门出发的，我在那道门前拍下了人生的第一张照片。那是一道红漆斑驳的木门，中间是两把圆形锁。照片上，我站在门里，只探出半个身子，头发梳成两个羊角辫，微微地荡着，棕色的大眼睛闪着晶亮的光芒，也许正望着门前通向远方的路。这张照片是回家探亲的堂叔随意给我拍下的，那么多年了，我几乎都忘记这张照片了，整理抽屉时突然翻出来，轻轻擦去上面的落灰，竟突然发觉，门中的少女被来自遥远时光的回声击中了。

这道红木门属于一座老宅。那是一座有五十多间屋子的数百年老宅，无数的门、回廊、天井，如同深藏秘密的迷宫。我在其中成长到十一岁，我的十几代先辈在其中活到死。那几乎是我整个家族的全部，几百年的历史沧桑，历经战乱，几度沉浮，终而不倒。明朝的将军在其中享过天伦之乐；日本兵在其中杀过人，抢过东西；打土豪、分田地的人在其中搬走过谷物；我的祖父在其中贫病而死；我的父亲在其中忍辱负重；我的母亲在其中生下我们几个孩子；我们几个孩子在其中度过了无忧无虑的童年，最后跨越那一道道门，逃离了老宅。多年以后，我一次次梦回，才知道那无数的屋子和门，都是我的历史、我的胎记、我的血脉和发肤。是它们，构成了我，以及我的族人。

二十多年前，一个女婴在老宅最里间的屋子呱呱坠地，扯开嗓门儿哇哇大哭，似乎要撕破老宅长久的寂静。从那时起，她拥有了名字，与老宅命运相连。她每天睁着眼睛看老宅的高墙黑瓦、风吹折的墙头草，目光一次次地从那些门进进出出。长大一些，她就自己走过那些门。起初，她的步履颤颤巍巍的，不时地摔倒；后来，她踉踉跄跄地奔跑，边跑边欢快地甩动肉墩墩的胳臂；再后来，她进出自如，迈着灵活的步子，长成了姑娘。

她第一次走出大宅门（记忆中的第一次），忽然就看见了几棵鸡爪树、几个菜园子、几条不知延伸向何方的土路、一片望不到边的天空。风把鸡爪树的叶子吹得沙沙响，把阳光吹得明晃晃，几声嘹亮的鸟叫，划破天宇的寂寥，阳光细长的触角悠悠地伸进大宅门里，她看见了自己小小的影子。

是那些光把她的脚拉长了呢，还是影子把她的脚拉长了呢？奶奶试图把她拽回老宅，她却撒开脚丫跑到那绚烂的阳光里。阳光下的路何其漫长，它们偷走了女孩的心神，似乎所有的事都在那时埋下了伏线。

几年后，母亲牵着我的手跨出红木门，绕过菜园子和鸡爪树，拐过几道矮墙，来到一座刷着白漆的大门前。隔着大白门，我看见里边有许多同龄的孩子，更多的是比我大的孩子，他们在奔跑嬉闹；还有十来个年纪不一的大人，他们在看管奔跑嬉闹的孩子。在大白门里，我有了另一个身份——学生。母亲把我交给一个年轻的女老师后，就转身走出了白门，白门随即在她身后关上了。我看着她头也不回地一步一步走开，身影在白门里很小，我第一次感觉到我不能再依赖她了。从红木门到大白门，那个少女看见了坚强和孤独。

在大白门里，我才知道，只有我住在那样的老宅子，而他们都住在漂亮的小楼里。同学和玩伴之间，放学后会串门玩耍，今天你去我家，明天我去你家。没有人愿意去我家，他们说我家有鬼，我家像迷宫，进去了出不来。我的委屈像树影般在秋日潜滋暗长，我不甘心，他们为什么相信谣言呢？一天，我用心爱的玩具骗得同桌答应去我家。上学前我已央求母亲准备好红薯、玉米等吃食，然后整天都坐立不安地等待放学铃声响起。没想到放学时，同桌却面露难色，推脱不去。在我的一再坚持下，她才扭扭捏捏地跟着我穿过石头铺就的巷子，拐进长着青苔的院墙，跨进红漆剥落的木门，然后紧挨着我走过那一扇扇七拐八弯的门。昏暗中，我能看到她眼里的恐惧，能捕捉到她不均匀的呼吸声，我心底涌起一股报复般的难过和失落。在我家还没待够一刻钟，她便要求我领她出去。我赌气说要走一个人走，她不敢，眼泪都快掉出来了，我只好又领着她穿过那一扇扇七拐八弯的木门，走到路上去。从那以后，我再也不愿求人去我家了。

我在心里关上了一道红木门，除了我和我的家人，再也没有人进出。关起了门，就关起了秘密，也关起了人生。可门还是要打开的，秘密终究是要见光的，人总要跨过门走到路上去，走到人生的来处和去处去。哪里有人，哪里就有门；哪里有门，哪里就有家；哪里有家，哪里就有亲疏远近、是非曲直。无数的门，开开合合，只给自己欢迎的人打开，只给要回家的人打开。这是个人的戒律，也是普适的戒律。被迫强行打开的门，总有一段难言之隐或者难以抹去的耻辱。不必说仇人的硬闯、敌人的入侵，就是那不受待见的人来了，也会落得一身的不痛快。因为门，是人的最后一道防线。仇人的硬闯，敌人的入侵，都是从门进来，也都是从门赶出去。门还是人的脸面，富丽的、清俭的、威严的、朴素的，一看便知那门中人的身份。方的门、半圆的门、月亮门、狗洞样的门，总之，门的功能只有一样，门的样式却多种多样。功能是必需的，样式是衍生的，人的尊卑、欲望都体现在那样式里。不仅如此，门还体现人的态度，入得了门就得到了接纳和认可。你看民间的习俗，“进”的喜欢名之以门，比如迎娶媳妇叫作媳妇进门，收纳的徒弟叫作入门弟子；“出”的却不太名之以门，嫁女儿叫作出阁，人走了出殡叫作上山。可见人对门是何等慎重！门中人对他人最坚决的弃绝姿态，是拒之于门外。门外人对门中人最坚决的弃绝姿态，是拒不入门。人对自家的门有自由支配权的时候，人才是独立自主的。近百年前无数中国人在国门旁流血牺牲，为的是独立的尊严；一千多年前晏子出使楚国，费尽巧舌要走大门而不走小门，为的是一国的脸面。这门，也就不单单是门了。

门，关联着门中的人。门是人的防线和脸面，人是门的态度和品格。我的先辈守了十几代的红木门，门外早已换了几个朝代，门内却还是那铮铮铁骨。每当我从自个儿的屋门，穿越十三道门走进家族祠堂，仰头看到巨大的中堂，心底就会莫名升起一种悠远的情愫，像是崇敬，又像是悲伤。我们这一代，是在老宅生活的最后一批子孙了。我们最终离开了它，然而，许多与我辈命运相关的大事是在红门边发生的，许多与我辈息息相关的仪式也是红木门完成的。妹妹结婚时，父亲执意要回老宅举行嫁女礼，十二岁的弟弟给她打伞，她在伞的遮蔽下跨出了生养自己的家门，这是一种仪式。当天下午，她又在另一个村落、被另一个男子牵着手领进一个陌生的家门，这也是一种仪式。从一扇门到另一扇门，是两段截然不同的人生、两种生态各异的家庭，是从女孩变成女人的分水岭。从此，她离开了父母的怀抱，进入一片新的天地，好与歹，都由一扇门来产生、来标记。

记忆中的老宅，走不到二十步就有一道门。满头白发的奶奶，在一道又一道门中进进出出。屋顶的树枝上，每天都有几只鸟雀叽叽喳喳，它们从高处俯瞰曲折回环的老宅，俯瞰奶奶在门与门之间移动的日益瘦小的背影。奶奶却从不去想那些鸟儿每天能看见什么，她甚至从不注意它们的存在，因为她从没有像那些树上的鸟儿般站在高处看过自己的家。她在七拐八弯的门中，懂得了迂回，懂得了沉默，甚至懂得了隐藏泪水。在那些缓慢而沉滞的日子里，她的丈夫在对越自卫反击战中染病，最后去世了；她的大儿子，为一个女人终身不娶；她的二儿子，性情古怪，什么姑娘都瞧不上，也终身不娶；她的女儿嫁给了一个小学校长；她的小儿子娶了一百公里以外一个富农家的女儿。为这些，奶奶已经耗尽了心神，再也顾不上别的了。可我总是好奇，鸟儿与我们朝夕相处，为何从不飞下来同我玩，为何总是不停地叽叽喳喳，说一些我听不懂的话，它们是否在反复咏唱命运的秘曲？听懂它们的秘曲，是否就可以参透人世之谜？

岁月把很多人的生命耗尽了，连奶奶也去了，老宅却固守在那儿，暗沉沉的，像一张老旧的照片。照片中的少女已成为游子，她离家万里，四处奔波，可是她还是要岁岁迢迢而归的，她还是要不断走进那一道道门里去的。她不断从门里出发，又不断回到门里。门外是新鲜的世界，门里藏着她最珍贵的东西。门永远在她心里，有时开，有时关，牵动的不仅仅是思念，还有父辈最珍贵的记忆。

母亲在 1988 年走进了老宅的红木门。进门后，她有两件事总是被娘家兄弟取笑，第一是壮族人穷酸的玉米粥，第二就是那有着无数道门的迷宫式的老宅。的确，这个老宅已经败落了，以至于它的主人很穷，在新的时代，这样的一座老宅，没什么可骄傲的了，只能沦为笑柄。在这老宅的红木门里，母亲唯一珍贵的东西，就只有爱情。

1988 年，是父亲最漂亮的一年。那年的一个霞光绚烂的秋日黄昏，他向别人借来崭新的毛衣、帽子和脚踏车，次日大清早就从老宅的红木门出发，奔向他的爱情。

父亲在祖父的咳嗽声中长成二十岁的俊小伙子，不偏不倚地在初见我妈时坠入爱河。家里没钱，两个哥哥还没成家，父亲怎么办？这一切都没能阻挡父亲跋涉一百公里路，去外祖家找母亲。父亲是令人羡慕的，那个时代也是令人羡慕的，父亲生在了一个有爱情的时代，成了沐浴爱情光辉的人。

1988 年，南方的天空大雁南归，南方的大地玉米吐着红穗子，金黄的稻田可以用一望无际来形容，父亲走在“柳武公路”上，前面是无尽的山，背后也是无尽的山，他圈圈绕绕地前进着，风撩得他的短发像路边的树叶般翻动。父亲说，他走在路上，扯几根路边的草放进嘴里，觉得滋味也是甜的。说完他嘿嘿地笑两声，试图遮掩已被我捕捉到的腼腆。

一百公里，那么多山河隔着，就这么一个女儿，怎么舍得女儿远嫁呢？老宅深院的人家，除了屋瓦穷得什么也没有，怎么能让女儿去受苦呢？外公外婆起初是不同意的，但母亲执意要做父亲的新娘，他们只好同意。那年冬天的小年夜，母亲就嫁给了父亲。嫁妆十分丰盛，包含了那个年代最好的嫁妆：凤凰牌缝纫机、凤凰牌单车，以及那个时代刚出现的最时髦的黑白电视机。此后的几年里，那都是大覃村唯一的一台电视机，一度吸引了一村的老老小小打破对老宅的排斥前来观看。

我很好奇，父亲是如何迈出老宅的红木门，一鼓作气走完通往外祖家的一百公里路的。太多的细节我无法知道，能确知的只有母亲是为爱情进了红木门，并且生下了我。在成长的岁月里，我见证了父亲的贫穷，穷得一个月才能见一次荤腥，穷得连我的学费都交不起；我也见证了父亲的幸福，他和母亲相亲相爱，这么多年没吵过一次架、没红过一次脸，闹了别扭最多也就生会儿气，不超过一小时就和好。搬家时，我从老宅的里屋翻出父亲的日记，从褪色的纸页中我发现，他是多么深爱着母亲啊。

2002 年，我们搬出老宅，住进了漂亮的楼房。这以后，我很少回老宅了。许多年过去了，我以为我对老宅的感情已经淡漠，然而当我再一次跨入它的门槛，我才明白，所有的一切并没有远去，所有的一切都随着回首或抬头的瞬间再次到来，使我成为今天的我。这就是人为什么总是抑制不住回家的欲望吧。

2017 年底，我从合肥回到武宣，打开尘封已久的大门，吱呀一声，竟看见许许多多的往事汹涌而来，它们替岁月保存了往日的我。就连亲人们的气息，也像泥土里等待生根发芽的种子，一旦有了泪水的浇灌，立刻破土而出。一只无形的手牵拉着我走过一道道门，而我却不能轻易说出一句关于过去的话，它们实在太厚重了！

一扇半掩的门，一个潮湿的院落，一口残破的井，已经没有人迹，只有墙脚堆着破碎的瓦砾。记忆延伸到暮色浓郁的黄昏，那时的她还是个孩子，父亲给她讲了一个狐仙的故事，她吓得看着井哇哇地哭喊，觉得狐仙就在那口井里。她未见过狐仙，可是某个秋天的黄昏，那种神秘的恐惧爬上了她的记忆，缠绕至今。风吹着橘黄色的瓦楞草，似乎要揭开掩藏在那一道道门里的历史和故事，有什么声音几乎破门而入，可定睛一看，只有黄昏在遁去，只有月亮慢慢爬上屋顶，在门上洒下淡淡的月光。她模糊的泪眼看见父亲的脸上印着一片树叶的影子，仿佛鬼故事在她心上留下的疤痕。苦难和欢乐，忧愁和释怀，冤屈与正义，都曾经走进老宅的门。给她讲故事的父亲，曾在这些门里，像冬天一样阻挡苦难，结果还是徒劳。那些年月，你们在门里此起彼伏地呼喊，想要分辨出历史的痕迹和山河的皱纹，却只看见了时光的影子。如今宅院长满野草，几丛野花稀稀拉拉地开着，呵，这些深红的小花，多么像照片中那个少女脸蛋上的微笑啊。

人离开了，老宅终是死去了。几只小鸟衔走了它的骨灰。可这不是最后的结束，一座沉寂的宅院仍在召唤它的孩儿。

风中的鸢尾草摇摇摆摆地晃荡，那些年你的影子也随着草在这个宅院摇摇摆摆地晃荡。你的父亲和母亲在这里搭建一个让你生长的小窝，你在这里享受了亲人能带给你的所有温情。你每天白天上学，傍晚回家。没有战火，没有硝烟，也没有帝王，只有千千万万寻常人家的烟火，牵绕着你的平安岁月。

如今，你只身一人回来，默然地站着，循着一道道门返回从前。以前，门中的种种你不曾留意；现在，你找不到通往过去的路了。漫长的离开和孤寂的回来，这条路你走得太疲惫了，以至于下了火车你就一直步履踉跄。老树的阴影投在老宅的门口，一些屋瓦已经掉落。不会再有人像你父亲当年那样，认真对待墙洞里蹿出的吱吱叫的小耗子了。不，这里根本不会有别人。可你曾和家人在这里分享故事，多么好哇。月光静静地照着，回忆中你拥着柔弱深情的母亲，微靠着慈祥和蔼的父亲。不止这些，老宅的一切都在向你走来，影影绰绰的，仿佛从历史的断简残篇中走出，他们的影子里有你，正如照片中的少女一般大。此刻，你一定感觉到有什么东西在血脉里荡漾成涟漪。

寂静的门依旧寂静地立在那里，像拄着拐杖蹒跚前行的老人，穿过许多寒冬，走过许多盛夏，淡看这一个又一个轮回的沧桑，倾听岁月日复一日绵延不绝的低吟浅唱。远处的灯火已然阑珊，昨天早就去得很远。黑白剪影的宅院月光斜飞，投下斑驳参差的阴影。窗棂古老繁复的花纹，覆盖的是一段又一段冷去的岁月。不经意地在老宅碰到一口井，清朗里盛满古老的月光，就像母亲擦拭过的每一个清晨和夜晚。老宅已像中年人心底的相思般老去了，在我以为自己还如盛夏般璀璨不衰大肆挥霍青春的时候。

记忆中奶奶的话总是最多的，被岁月浸泡久了的暮年人，都有唠叨的习惯。“你爷爷最放不下这处宅子了，他是族里二十八个堂兄弟的大哥，最大的儿子都比自己一半的堂弟年纪大。这个大哥的身份，让他自豪一生，也让他负累一生。他掏心掏肺地照顾他的弟弟们，临死非得见到二十八个弟弟才肯闭眼。那时你三叔公在城里，没有回来，他就是不肯咽气，最后你爸去接你三叔公来，他才肯走。”“你爷爷最放心不下这个老宅子了，兄弟们都搬出去了，他就是不肯搬走，还嘱咐你爸要看好宅子。”奶奶的话重复了一遍又一遍，我最后听得都没有趣了。倒是爷爷死前那两年的事我记得清楚。那时爷爷总是坐在门边，在墙头草的影子底下，低低沉沉地拉他的二胡。除了鸟声，爷爷的二胡声是老宅院另一个持久的声响。我和妹妹在这扇门和那扇门之间捉迷藏，总能听见二胡声时远时近、时高时低、时而悠长绵远、时而如泣如诉。

后来爷爷病情加重，拉不动二胡了，可那被风吹动的墙头草，似乎接续了二胡声，似有似无，若断若续，挑弄一缕无法捉摸的悠沉。这声音多年回荡在我心里，直到有一天我明白了老人对红木门的依恋。

父亲在奶奶生前从不敢提搬出宅子的事，奶奶走的第二年，我们就搬出去了。这一搬啊，就把老宅整个地撂在了那里。没了人气的宅子，老旧得更快了，这些年它老去的速度，超过了几百年来的速度。奇怪的是，就在我哼哧哼哧地跑远后，却总是忍不住回头去看看它，看看那个少女倚过的红木门。看着看着，就瞧见了老树的阴影里，一个枯槁、瘦小的母亲孤独地坐在门槛，追思那一去不复返的已然消逝的岁月。慢慢地，有一种幽暗在凝固，最后隐没在老宅雕花院墙的昏暗里。

在老宅，我的先辈们，浓烈过，寡淡过，恢宏过，卑微过……而沉寂的一切，其实从未真正消失。那些频频回望的深情眼眸，将比穿行于岁月的风更悠久。

天鹅湖

一抹灰黑色在天际浮动，近了，是迁移的候鸟。我背着包，蹒跚在山路上。西天陡然落下去一枚火红的圆日，树梢的风瞬间大起来，我的衣服被灌得鼓鼓的。我心里着急，加快了步伐，越发觉得口渴了。从包里摸出水杯，一滴水也不剩了。我舔了舔嘴唇，往肩膀掖了掖背包带，向着那轮沉下去的红日追去。

过了一个山头，看见坡上围着一圈栅栏，茅草屋亮着豆大的灯火，我心下一喜直奔过去。柴门半掩，没有狗吠，只有风把屋顶的茅草吹得呼啦啦响。我大喊："有人吗？讨口水喝。"半天无人应，我索性推门进去，在院里看见一个破了口的水缸，盛着一缸清凉的水，水面浮着一个黄褐色的葫芦瓢。我抓起瓢舀水，咕咚咕咚喝了几大口，顿时觉得清爽多了。

这时远处传来鸭鹅嘎嘎嘎呃呃呃的叫声，一地白花花的水禽向院子靠近。一个老人肩上挎着二胡，一手拿着鞭子驱赶家禽。

我迎上前去，越靠近鸭鹅越欢腾。我说："老人家，讨口水，叨扰了。天鹅村小怎么走？还有多远？”

他打量了一下我，咧开嘴笑着说：“你是新来的老师？”我点了点头。他说：“不远了，再翻过一个山头走上一里路便是。”

我听得头大：“一个山头一里路，少说也要半个钟头的脚程，怎么说不远了呢？”他说：“我们山里人，不觉得远。”见我面露难色，他说：“你先在我这儿歇歇脚，吃口热饭，今天有鱼，吃完我送你一程。”我看了看完全不见太阳踪影的山头，点头称谢。

把鸭鹅赶进圈笼，他从腰间卸下一个鱼篓，从里头倒出一条青鱼来。鱼扑通一声落入水桶中，溅起水花，欢快地游起来，可精神了。老人把二胡挂到墙上，拿出砧板和菜刀，一手卡住鱼鳃将鱼捉出来放到砧板上，一手操刀麻利地刮去鱼鳞，剖肚去肠，剁成一块一块的。他说：“淡水湖鱼，清甜可口，鱼头做个汤，鱼肉放生姜和甜椒煮了吃。”

我看他的刀法和汤料，觉得他不是本地人，倒像是桂北一带的。我说：“老人家是桂北人吧。”他笑了笑说：“好眼力，临桂的。”他的爽快倒让我不好意思起来，仿佛我窥探了他的秘密似的。我赶忙说：“哪是我眼力好，在那边念过几年师范罢了。”

“怎么想着到这穷地方教书，也是支教？”他恰到好处地捉住机会问道。“在城里也找不到好的工作，来历练历练。”我说。“你们学历高、有知识，孩子喜欢你们，村里欢迎你们。你们不嫌弃我们穷，山里人也会好好待你们的。”他言语清晰，话也在理，似乎懂得挺多，手脚还特别爽利，说话间饭菜都做好端上桌了。我也不客气，坐下和他边吃边谈。

他说他来这里二十年了，只一把二胡，伴着晨曦夜月，拉拉扯扯就过了半辈子，清苦是清苦了些，可也享了别处没有的福分。说着他把二胡从墙上拿下来，带着怜惜之情慢慢地抚摸，那样子就像在抚摸一个女人的皮肤。许久，他抬起头，眼睛水亮水亮的，问道："读书人，听上一两首曲子？"我说："要得。"我听闻乡间艺人总是能给人惊喜，因而内心满含期待。

优美的乐声从弦上滑出，洗耳洗心，感人肺腑。我的疲乏消去了大半。起初弦上流淌的是当地的谣曲，曲中有泉水叮咚、花草拔节、晨鸟和鸣。接着，由谣曲转向新的曲调，我从未听过。曲声如泣如诉，拉奏的人沉浸其中，似有说不尽的思念，门外的月光也深情起来。曲终，竟有一滴清泪落在发烫的胡弦上。我很是诧异，一个山坳里的老人凭着几根细弦，竟入情入戏到如此地步。

他把电筒套在头上，一束光就从他的额头打到地上，我们由这束光引领着向前，走在草虫轰鸣的山路上。他果然不食言，亲自送我到村里。山风凉凉的，月光洒在山道上，树影婆娑，起风时仿佛魑魅魍魉。我拉紧背包，一步一步跟着老人往前走，心始终悬着放松不下来。

天上闪着星光，像极了人心中摇曳不定却始终不灭的信念。老人步态自如地在我前头走着，嘴上哼着小曲。

"老人家，怎么一个人住在山上，不在村子里呢？"我故作轻松地问。

"早些年在山上看林场，老了退休了，帮人家看湖养鱼。来时看到我家前面的大湖了吗？那是一个寡妇的产业，她在县里上班，承包这个湖养鱼，得有人看着。她丈夫死得早，她一个女人拉扯三个孩子，不容易。我年纪大了也干不了别的，帮她看湖，每个月还能挣三四百工钱养老。”

山风吹动，月光和树影抖动起来，他的话也在我心中翻涌。这世间看似平常的人，心中却有着绵长的善良与爱，看似云淡风轻的话语，其实隐藏着悲欢离合。一把二胡，一个老人；一片湖水，一个寡妇。这样的组合，其中的辛酸与坚忍自不必说。

走进村子，传出几声狗吠，拐过十一棵树，就是村小了。我仔细数过，的确是十一棵树，枝叶在夜风中舒展摇摆，款款地欢迎我。村小有个独眼看门人，老人拍门叫他，他蹒跚走来，边走边上下打量我。在他用一只眼打量我的时候，我惊骇于它是如此锐利，仿佛鹰眼一般。

我暴露在独眼看门老人的目光下，竟有点紧张。没等老人介绍，看门人就对我说：“新来的老师？辛苦了！”我急忙点头，说：“本该早点到的，但路不好走，就晚了。”他打开门，接过我的行李，说：“辛苦老师了。”随即他扭头往回走，往一排宿舍而去，算是给我领路。这时老人与我告辞，亮着一束手电光，独自朝山头走去了。

我向看门老人追去，显露出初来乍到的笨拙与慌乱。看门老人打开一扇宿舍门，摁亮了屋里的灯，指着一张床和一个柜子对我说：“这是老师的宿舍，床位、生活用品都备好了。”他将一把钥匙交到我手里，就急忙转身朝他的住处走去。

我关上门，打开柜子拿出床具，把床铺好，又打开我的背包，把带来的衣物和书籍都摆放好，正准备一下子扑到床上蒙头大睡，突然听到一阵敲门声。我懒懒地问了一句："谁呀？"门外传来回答："老师，是我，守门人。"我打开门，看到他手里拎着一壶开水。他把开水递给我，说："老师一路辛苦了，我给老师烧了一壶水。"我接过水壶，连忙称谢。他腼腆一笑，让我觉得格外亲切。

夜深，我独自躺在乡村小学宿舍的床上，想这一路的风景、那山间看湖的老人、村小看门的独眼老人、即将开始的支教生涯，一夜难眠。

翌日，校长在全校师生面前对我进行介绍，我卑微的简历被他说得十分光鲜，听得孩子们既羡慕又高兴，眼睛总是亮闪闪的，看着我。

乡村的教学条件比想象的艰苦，教室都是泥瓦房，有一间教室还从中间隔开，分别安排了二年级和三年级。我要负责二年级、三年级和四年级的语文课程。每天，太阳升起后我带领他们早读，将近日落时我带领他们晚读。他们的发音乡音十足，但都很洪亮，偶有几个顽皮的孩子，我使上几招就乖乖听话了。他们都听话了，我就用自带的电脑给他们看电影，以此作为奖励。

电脑对他们来说是新鲜玩意儿。他们都是在山里长大的，从没见过电脑，更没想到一台小小的薄薄的笔记本电脑，既可以看电影，又可以看书、写字等。

一天，我给四年级的学生讲柳宗元的《江雪》："千山鸟飞绝，万径人踪灭。孤舟蓑笠翁，独钓寒江雪。”吟咏诗句，我脑中突然闪现那个看湖老人的身影。有个学生问我：“这诗写的钓鱼人，是不是像天鹅湖的看湖人一样啊？”

有一种解读认为，《江雪》是柳宗元佛禅心境的写照，不管外界如何喧嚣，始终宁静自若，了无尘埃。老人的天鹅湖，是否也是这样的所在，我说不上来，心中却有了去看看老人的想法。

白天，老人的屋子看得更清楚了，那是由竹子和木头搭建而成的，历经风吹日晒露出斑驳的痕迹，也散发着淡淡的木香。我到的时候，老人不在，我坐在门前的凳子上等他回来。

临近中午，老人出现在通往湖泊的小径上。他从芦苇掩盖的小路冒出来，然后慢慢靠近。他手里拎着一条鱼，肩上照例背着一把饱经风霜的二胡。

他一见我就说我是冲着他的鱼宴来的。的确，他烧的鱼，清甜可口，余味无穷。此前，我没吃过这么好吃的鱼。天鹅湖养的鱼，养鱼人烧的鱼，只在那一山一水之间。

这一次，他变换了做法。洗净鱼肚后，往里面塞上几根葱，在鱼身上抹一层盐，把草药捣烂，掺入姜汁做锅底，用小火慢慢煨熟。开锅后，清香四溢。饭后，他给我端来风味独特的山茶，芳香中带有绵长的回甘。我竟羡慕起他这般有滋有味的生活来。

他又开始拉二胡了。弦声呜咽婉转。我没有看他，一心一意沉浸在弦声中，眼眶竟不知不觉溢满泪水。心里凉凉的，又甜甜的，仿佛看到往日的恋人朝我走来。也许，他爱过。爱过的人才能拉出这样的曲调。

村里人都知道老人原先是山上的护林人。他为什么从远方的城市来到山里，人们却知之甚少，只知他来时带着一个女人。过了将近十年，女人死在了山上，埋在了山上。

他说，他年轻的时候，在南方某个大城市的工厂工作，先后在制丝车间任“二次润叶”车长、“打叶机”车长、“切尖解把机”车长等。在任“切尖解把机”车长的时候，他认识了一个来自四川的女员工，被她的美丽大方和勤劳善良打动，不知不觉深深爱上了她。不到一年他们就结婚了，婚后继续在厂里工作，以自己的双手挣钱维护温暖的小家庭。他们安稳地度过了三个幸福的年头，第四个年头妻子被调去能源车间。那是靠近烧锅炉的车间，不到一年她竟染上了肺结核，原因是吸霾过多。起初她只是咳嗽，他说要带她去医院看病，她舍不得花钱，说什么都不愿意，就只在诊所抓药吃。谁知吃药不见好，有一天竟咳出血来，去医院检查竟是肺结核。

医生说发现得太晚，已经没法治了。他伤心至极，思来想去，决定放弃工厂的工作，带妻子到乡下疗养。起初妻子不同意，他说在林场当护林员也可以挣钱，妻子才同意了。山间林场空气好、水好、粮食好，妻子的病竟大有好转。他白天在林场劳作，傍晚带些山货回家炖汤给妻子进补。妻子病痛时，他就拉二胡给她听，她就会对他笑。这样的日子一过就是八年。八年，比医生说的两年多了六年，他们足足多赚了六年在一起的时间。

妻子走后，他把她埋在一座漂亮的山上，山清水秀，野花烂漫，他时常带着一把二胡去看她。

那天，他带我去看望他的妻子。那是山间矮矮的一方坟茔，两旁长着松树，坟草被修剪得短短的。坟茔沉寂，牵系着生者的思念。

老人坐在一个木桩上，默默地拿出二胡，深情地拉起来。山鸟为之惊起，我叹息不已。

此后，我周末常常去天鹅湖，有时到老人的屋里坐坐，有时独自在山道或湖边散步，看漫山遍野自由绽放的小花，看无拘无束满湖游动的鸭鹅。天地清朗，山水明净，我开始看清未来和远方。

有时，静静地坐在湖边的草地上，我能听见山林间传来断断续续的弦声。老人又在野花丛边和妻子相会了。遇到他，我终于相信人间有至死不渝的真爱。

第二年夏天，天气酷热，村里的小孩偷偷背着大人跑到湖边去玩，甚至扑通一声跳到水里游泳。这些孩子都是野惯了的，父母在外地打工，根本管不了他们，祖辈更是看不住他们。老人怕他们在水里出事，就拿鞭子撵他们，怎么撵都撵不走。孩子们知道老人根本不会真的打他们，就大胆地在水里扑腾，像那些快活的鸭鹅一样。老人却始终放心不下，一直在湖边守候，所有的孩子都上岸回家了，他才松一口气。

夏至日，知了的叫声慵懒。天气闷热，树叶发不出一丝凉风。几个孩子偷偷潜入湖中，肆无忌惮地游来游去。危险随着快意到来，一个游得离岸太远的孩子，腿脚抽筋，溺水了。老人见状，急忙跳入水中，向正在水中挣扎的孩子游去。

经过一番折腾，死拉硬拽的，老人才把孩子拖上岸。做了几次人工呼吸，孩子终于醒来，吐出积压在胸腔里的水。

此事惊动了孩子的父母，他们并没有感激老人救了他们的孩子，而是大闹着说老人没看好湖区才引发危险，连带着也责备学校没有管好孩子。

那之后，老人风湿痛发作，一条腿瘸了。再去湖边，看到他拖着一条腿蹒跚地走路，肩上还是背着那把二胡，手中还是拿着鞭子赶鸭鹅，我竟忍不住难过。

时令入秋，天气转凉，老人的风湿痛更厉害了。走过他的小屋，经常听到里头传出痛苦的哼哼声。我推门进去，只见他蜷缩在床上，原先花白的头发已全白。

我扶他起身，让他靠墙坐着。然后拿起他的茶壶，往里放了几块姜，烧开了水，给他喝了一碗。我按照他的吩咐，从他的草药库里找出川乌、草乌、没药、乳香、胆星、地龙，和水煎了给他服下。后来我才知道，这是活络丹的配方，活血化瘀，专治风湿痛。

老人渐渐地恢复了神气，又能像往常那样沿湖巡逻了。他仍旧背着他的二胡、鱼篓，在水边走走停停。有时他蹲坐在岸边，垂下他的钓竿，远远看去，红枫树下的身影，竟有“寒江独钓”的清冷。

秋渐深，湖水更加清澈碧蓝。一对黑天鹅从远方飞来，白天在蓝蓝的湖中畅游，夜晚栖息在湖边的芦苇丛中。黑天鹅高贵美丽、端庄优雅，长长的脖子在水中映出好看的弧度。它们相亲相爱的模样，勾起人对爱情的回忆和想象。老人整天都坐在湖边，安静地看着水中自在游动的天鹅。

一天傍晚，一个利欲熏心的打鸟人用沙枪对准了黑天鹅。枪声惊动了在湖边巡逻的看湖人，他对着开枪的人大喊：“黑天鹅是国家保护动物，打天鹅是犯法的，快住手！”打鸟人没想到会被人看见他非法捕猎，惊慌之下胡乱朝着声音所在的方向开了一枪，然后逃之夭夭。沙枪子弹是四下散开的，鸟群闻声惊散。一些散弹击中了赶来制止非法捕猎的老人，使得他的左腿顿时鲜血淋漓。

我赶到医院时，老人的腿部已被包扎好，从此他再也下不了床了。在医院住了几天，他吵着要回湖边的老屋。我和村民便带他回去。他身体每况愈下，却放心不下湖里的黑天鹅，托我报请野生动物救助中心来救助。

不到一个月，他已滴水难进，时常昏迷不醒。有时醒来看见我在，就嚅动着嘴唇，似乎想要对我说什么。那天，刚刚下过一阵雨，空气中散发着泥土的潮味，他的意识回转过来，嘴巴一翕一动地颤抖着，我把耳朵靠近，只隐约听见“二胡”两字。我点了点头，从墙上拿下他的二胡。他眼睛眨了一下，对我微微一笑。我明白他的意思，试着慢慢拉奏他教我的曲子。

我的泪水和弦声一样扑簌，老人却心满意足地闭上了眼睛。守在一旁的村民，以及从县城请假回来的承包天鹅湖的寡妇，竟再也叫不醒他。

他走了，从此和妻子相亲相爱，像那对美丽高贵的黑天鹅。

村民把他埋在他妻子的坟茔旁边。新土垒起，我对它拉奏了一曲《月光爱人》。

我再去湖边的时候，常常坐在他常坐的地方拉二胡。那两只黑天鹅没有飞走，也没有被野生动物救助中心领走。它们安详地在湖中游来游去，清澈的湖水映出它们美丽的剪影。

鹰

1

现在很少看到鹰了。

我小时候，鹰是很常见的。它们盘旋在乡村的上空，隐遁在屋外的高枝上，时刻威胁着农妇们的鸡鸭。

我刚学说话，外婆就指着天空中时远时近的黑点，教我一种呼哨来吓唬鹰，以免它们叼走过年的硬菜。

“那是老鹰，来抢你的鸡腿吃咧。”外婆严肃地说，随即鼓起嘴唇又张开，发出一声声神奇的呼喊，“喔喂喔啊——”

“喔喂喔啊——喔喂喔啊——”我大声模仿着，眼睛警惕地盯着天空，生怕一不留神它们就俯冲下来。

黑点远了，呼声果然有魔力。我看不见鹰了，但那对翅膀留在了心里。我闭上眼睛，像鸟儿展翅似的伸开双臂，外婆把我抱得更紧了。

外婆可能是不喜欢鹰的。她看向天空的神色总显得忧虑，只有大地才让她安心。大地温厚妥帖，一滴滴的汗水总能变成一粒粒的粮食。而天空充满变数和危险。

每次干完地里的活儿回来，她都要仔仔细细地点数散养在院子和树林子的鸡。

“一,二,三,四,五……”她的瞳孔随着数目的增加而变大。要是少了，她就要找遍房前屋后、密林草沟。若找不到，她就双手叉腰直立院中，对着长天伤心气愤地咒骂。

鸡是不是鹰捉走的，谁也没见到。也许是贼偷了打牙祭的，也许是黄鼠狼吃掉的。但这不重要，外婆先入为主地恨上了鹰。

是的，鹰总是出现在天空，而且打过鸡的主意。而贼和黄鼠狼都善于隐藏祸心，不会整天在人眼前晃悠，即便凶手真的是它们，也不会最先被怀疑。

“提防着点！”外婆嘱咐我，“那个发瘟快得很！”“发瘟”说的是鹰。更早的时候，还指过麻风病、鼠患之类。这些一辈子面朝黄土背朝天埋头苦干的人，总是这样称呼他们畏惧而又痛恨的事物。

我小心提防着，因为那个“发瘟”关乎我的饭碗。

在南方的天空，鹰不像燕雀那般随处可见，但每天总还能见到一两只，漫不经心地在天边或山头滑翔。一看见那铁扇般的翅膀、那傲视一切的姿态，我体内的河流就会加速。

整个童年，我的心是被鹰提在半空中的。

一天中午，我放学回家，刚走过篱笆，一个黑影从树林上方飞掠而下，刮起一阵强风。鸡群四散奔逃，母鸡咯咯叫唤。

是鹰！翅膀比我手臂还长，一把骇人的鹰钩凸在前头，两只脚向下绷得紧紧的，锋利的爪子迅猛地抓起一只差不多两斤重的小鸡，闪电般蹿到天上。

我急忙大喊："喔喂喔啊，喔喂喔啊……"抓起身旁的木棍奋力朝天扔去。小鸡从半空中跌落下来（可能是鹰故意摔的），连连惨叫。我以为鹰是一时受惊没抓稳，心中又得意又狂喜。

傍晚外婆回来，我将此事告诉她。她立马冲到鸡圈，找到那只还卧在地上呻吟的鸡。外婆蹲下来，把鸡抱在怀里，细细地检查伤势，确信它一时半会儿死不了，决定继续养着，没舍得杀。

那只鸡不争气得很，苟活两个月后，肉一点不见长，反而越来越瘦。外婆不得已把它宰了。去干净毛，只见它半个身子都是瘀青的，肉吃起来十分苦，丢给狗，狗都嫌弃。

外婆气哭了。

次日天蒙蒙亮，我起来发现外婆没去地里干活儿，而是噼噼啪啪地在院子里鼓捣竹子，脸上还有股狠劲儿。

我吓得大气也不敢出，蹑手蹑脚地走进厨房舀粥吃。吃完出来，我看见外婆弯弓作射大雕状，正是电视剧《射雕英雄传》片头郭靖的姿势。

她竟然做了一把竹弓！"我不信射不死那个发瘟！"她咬牙切齿。我被她的一本正经逗得想笑，又不敢出声，脸都憋红了。

那一整天，她都没出工去地里，而是手持大弓四处转悠，寻找她认定的元凶。鹰那天恰巧没来，她的弓箭没能一展神威。

事实上，那把弓箭终其一生都没派上用场。它杀不死任何一只鹰。

雄鹰盘旋于高空，俯瞰大地，而不受制于大地。

这是自然的规律，地上的人和万物只能臣服。

2

我刚会走路时，活在鹰的阴影中。

它的钩嘴能一口撕开兔子的胸膛，利爪能直接刺穿动物的头骨，包括人的。这一带还流传着鹰伤人的故事。

大鹰从天宇如利箭射下，双爪扎进小孩的头颅。刚才还在草地上玩耍的孩童，此时就像悬挂在铁钩上风干的腊肉，被突兀地带到天上，然后不知所终。这不是孤证。有个放牛娃在河边打瞌睡，头部就被突然袭击的鹰抓伤了。

所有的小孩都被大人告诫：“当心鹰！”

从此，我一离开屋檐暴露在天空下，就心惊胆战。

没有人想过，鹰为何突然伤人。以前鹰是不伤人的。长大后回首调查这些现象，我才明白是自然界中鹰的食物变少了，体型较小的儿童自然而然被当成了猎物。

人当然会成为猎物。在鹰眼里，一切比它弱小的动物都可以成为食物。对鹰而言，人和别的动物并无不同，只是人类一厢情愿地觉得自己高于万物罢了。

人把野兔捕杀完了，农药把蛇和老鼠都毒死了，曾经多得铺天盖地的燕雀也难觅踪影……饿得头昏眼花的鹰，就盯上了人类。为了生存，它们别无选择。

首先遭殃的是人类的弱小者，而弱小者恰恰是孩子，而孩子是无辜的。孩子是最干净的人类，没有伤害过一只兔子、一条蛇、一只老鼠、一只鸟，却要最先承担人类的罪孽。

我在蓝天下学会奔跑后，终于没那么怕了。强大可以使自己免于伤害，聪明如鹰是会权衡的，它们不会轻易攻击有还击能力的人。但这并不意味着阴影的消退。

和表哥表姐们玩“老鹰捉小鸡”的游戏，瘦小的我总要扮演小鸡，而脸庞宽大身材高挑的大表姐，则充当守护孩子的母鸡角色。

大表姐张开手臂在前头扑闪，我紧紧拽着她身后的衣摆，另一个孩子紧紧拽着我的衣摆，别的小孩又拽着他的衣摆，依次下去，一个串着一个，躲在“母鸡”不堪一击的荫蔽中。

老鹰瞅准母鸡的漏洞左奔右突，速度越来越快。我们在母鸡身后左躲右闪，终至筋疲力尽，于紧张中不可避免地被捉住。

刺激的游戏，使我对老鹰的敬畏有增无减，并认清了人生的一些事实。无论爱有多强烈，事物仍受限于本身的属性。母鸡不能保护孩子，雄鹰高高地在蓝天之上。只因母鸡是鸡，雄鹰是鹰。

这种差异令人恼恨，在对比中将弱者的“可怜”暴露无遗，而“老鹰”始终是那主宰小鸡命运的王者！

这种恼恨还发生在梦中。

梦中我变成一只小鸡，徒有一双退化的翅膀，无用而且碍事。

我扑棱棱地飞奔着，穿过院子、刺丛、树林、河堤、乱石堆……羽毛在风中不断掉落，翅膀被荆棘划出了血。

冲破无数障碍，身上留下多个伤口，我没有迎来安全和救赎，只是证明挣扎的可笑而已，比束手就擒好不到哪里去。

一条大沟赫然横亘在面前，翻滚着黄色的臭水，我飞不过去，也不会游泳。无路可逃，而鹰就在身后追赶，越来越近。利爪就要扎下来了，恐惧先于鲜血决堤。

我吓醒了，枕头汗湿了一片。试着伸伸胳膊、蹬蹬腿，确定自己还是一个能挥刀砍柴的人，我才放下心来。翻了个身，我冲着外婆咕哝："老鹰要把我捉走咧！"

外婆迷迷糊糊听见外孙女的倾诉，恶狠狠地说："我不信射不死那个发瘟。"

我又被逗笑了，扒下湿透的衣服，钻到外婆的被窝里，甜甜地睡下。

3

我开始羡慕鹰了。

鹰击长空，世界多么宽广。

万物生而平等，却并不等同。同是走兽，兔子娇小而青牛高大；同是飞禽，雄鹰高飞而紫燕低回。

谁不想高大，谁不想高飞？

平地仰望天宇，那双划破云层的翅膀令人荡气回肠。

为了更清楚地看鹰，我爬到墙上、树上、屋顶上，甚至山顶的岩石上。

我变高了，鹰仍是那么可望而不可即。

鹰是超越地面的风景，没有人能确切地了解它们。天际翱翔的鹰，我们是看不清的。它那遗世独立的巢穴，我们也无从知晓。

我们只了解鸡窝，普普通通的鸡窝。这是人类提供给被他们驯化的“鸟”的方寸之地。鸡安享于此，从此被逐出“鸟类”的行列，变得和它们的窝一样毫无个性。

为了主人的一口吃食，它们谄媚地打鸣，如同一流的闹钟。它们不思进取，本应用于飞翔的翅膀彻底沦为装饰。它们排除异己，只要有鹤立于鸡群，就会被鸡啄。

高贵圣洁温柔敦厚的鹤，是会被鸡群欺负的。唯有天赋异禀杀伐决断的鹰，才能镇住鸡群。

人类不欣赏鸡，但喜欢鸡的驯良和讨好。人在地面撒一把米，鸡就从四面八方集结过来。那是一种狂热的聚拢，比大多数鸟还大的身躯，追着只比芝麻大点的米粒转，势必引发混乱。

鸡越聚越多，空间越来越挤，地上只能看见鸡，而看不见米了，争抢一发而不可收。

突然，树梢上现出一个黑影。惊慌失措的鸡群丢开吃食，迅速奔逃，不是逃向天空，而是主人搭的鸡窝。当雄鹰傲然掠过天际时，鸡匍匐在窝棚，梳理因奔逃而蓬乱的羽毛。

我不再往地面撒米了，目光被苍穹深深吸引。我如痴如醉地仰望着，天蓝得像湖水，没有一片云，没有一丝涟漪。一对骄傲的翅膀平贴在湖面，姿态之悠然，神态之舒闲，令人艳羡。

这是自由的气息，振翅九霄，一去万里，风和云都被压在了翅膀下！

风奈何不了它，再大的风，只是锻炼翅膀的机会而已。

云奈何不了它，再多的云，都会成为展示雄姿的荧屏。

在鹰面前，就连天空仿佛也只是陪衬！

高高在上的鹰，激发了我对飞翔的向往。我张开手臂，在阳光下胡乱比画，想把它们变成一双傲视人间的翅膀。

我的手都要断了，身子一点也没离开地面。我的双脚被大地紧紧吸着，像老樟树的根一样蠢。

我再次抬头仰望雄鹰，内心竟有点悲哀。我只有崇拜它的份儿了。

人类永远也不能凭借自身的力量到达鹰的高度，只能依托飞机略微体验令人心旌摇荡的飞翔。没有翅膀而又肉身沉重的人类，不能拥有天空，也不配拥有天空。

我心甘情愿地仰望鹰、敬佩鹰，光是看一看它搏击长空的豪气，也会心潮澎湃。

我高高地扬着头，盼望鹰给我一点回应。我的脖子都酸了，它对我的存在一点反应也没有。

它沉迷于飞翔，根本不理会人间的细碎，因而根本不知道一个小女孩闪烁在山间的崇拜。

它真的不知道吗？一只硕鼠刚把头探出草丛，就被风驰电掣而来的鹰抓起并撕碎。

啊，它明察秋毫，任何小动作都瞒不过它，哪怕相隔千百里！

人类能做到吗？鹰什么都看得见，人类却看不见鹰所看见的。

我再次为人类的无能自惭形秽。

4

鹰的眼睛是琥珀色的。

鹰被囚禁在地面，我才有机会观察它的眼睛，因此才有这个发现。

我没断奶就认识鹰了，却到童年的尾声才第一次看见它的眼。

它是被我小舅捉来的。

捕鹰并不容易。鹰的速度极快，人根本追不上它的影儿。鹰巢安在陡峭的悬崖，人类压根靠近不了。但是人类善于伪装，精于设置陷阱。

小舅是外婆最小的儿子，二十出头，长了一米八几的个儿，英俊、潇洒、机敏、灵活、骄傲、桀骜不驯。

在农村，不上学又已成年的人，要么去广东打工，要么讨个媳妇一起捯饬几亩地。他不，他整天游荡在山野中、川流上，捉蛇、捕鱼、熏老鼠、网昆虫……

外婆天天念叨："这样下去怎么行？坐地（不干活儿）哪有吃？不挣钱怎么讨媳妇？"

小舅根本听不进，直到有一天，他被邻村的姑娘施了魔咒，才不可救药地迷上了赚钱。他坚信那个姑娘就是他的媳妇，尽管人家连他是谁都不知道。

初遇爱情的他，迫切地需要钱。他要把钱奉送到未来老丈人手里，让他高兴得什么都答应。

他躺在沙地上，眯着眼懒懒地看天，想到这个媳妇将来会给他生一窝兔崽子，这窝兔崽子又会馋兮兮地拉着他的裤脚讨糖吃，他呵呵呵地笑起来。

他不再游手好闲，起早贪黑四处找活儿干，然而乡旮旯压根儿就没有挣钱的活儿。下广东吧，他不中意。他从小就讨厌车多人多的大地方。

听说鹰能卖大价钱，他决定一试。他动用一生都没怎么用过的心机，在一处山崖布下陷阱，诱捕了同他一样骄傲的鹰。

那个陷阱，牺牲了外婆的五只小鸡。攀崖穿林，他剐伤了手，磕破了腿。一壶水，一小袋干粮，风缠雾绕的山崖，他守了七天七夜，才最终成功。

这是一只刚成年的鹰，涉世未深，误入圈套，深陷铁笼，硬生生被带到狡诈的人类世界。

鹰现笼中，整个村庄都惊动了。多少年没有人成功捕回过一只鹰了？人们记得上一次还是爷爷辈的时候。

小舅特地把笼子放在院子的高台上，得意扬扬地任由人们围观。我挤在人堆里，看见了鹰的眼睛。

不，实际上看见鹰眼之前，我先看见它铁灰色的羽毛。粗糙，硬朗，带有金属的光泽。这光泽深浅不一，腹部较浅，背部较深，翅膀和尾部最亮。此刻，它的翅膀拢得紧紧的，更是突出了这种色差。接着我看见它的嘴，尖锐，弯曲。尽管周围结了些血痂，仍掩盖不住鹰钩的锋利。

我小心地保持距离，生怕眼珠子被啄了去。它不经意地扭扭头，我一个踉跄后退。

它瞟了我一眼，近乎是鄙视。我在惊吓中注意到了它的眼睛。

它们是琥珀色的，透着野性、凶悍、警觉、犀利，洞穿我所有的软弱。

我不该这么晚才注意到的。我一直忙于关注装饰性的羽毛，忽略了更有内涵的眼睛。这就是人类。

眼睛折射鹰的内心世界。那是对昨日辉煌的眷恋，对自由的渴望，对人类的嘲讽。我的灵魂被震慑住了。

这琥珀色的眼睛，星星般闪亮，蒙着一层流水的色泽，美得纯粹，撼人心魄。

更令我惊诧的是，这双眼里没有恐惧。是的，即便是身陷囹圄，鹰也没有恐惧。

即便是囚徒，它也是一个骄傲的囚徒。

唯有它困于笼中，人类才有机会和它平视。在这种平视中，我看到了囚徒的处境。

买家闻讯而来，看了看笼中的鹰，摇摇头说："它太凶了，得熬熬。”

得熬熬，这多么像刚入职场的年轻人！

为了那笔可观的钱，小舅当起了驯鹰师。他给鹰换了个更大的笼子（防止它折损羽翼影响卖价），并在周围布上绳网。

笼子旁边，放着一碗清水、一盘新鲜的鸡肉。外婆又失去了一只鸡，鹰却毫不领情。尽管饿极了，它也不朝盘子看一眼。

它暴烈地扑打着悍野的翅膀，发出一阵阵嘶哑的戾啸，苍凉悲壮，直达云霄。

小舅拿铁棍捅它，它更愤怒了，猛烈地向人扑过来，却被笼子卡住了翅膀。它倔强地用铁喙啄锁头，用利爪撕笼子，血从伤口渗出来，滴在地上。

月升日落，它的体力不停地流失，眼皮无力地耷拉下去。

它快睡着了。驯鹰人不停地击打它，熬着它，试图泯灭它的傲气、它的威严、它的血性。

夜灯亮了起来，它感到有点陌生，不安在眼里闪烁。

一夜未眠，人和鹰的眼都熬红了。该屈服了吧？

清晨，外婆撤掉被风干水分的鸡肉，换上另一盘新鲜的。为了儿媳妇，她当真下了血本。鹰仍是不屑一顾。倒是疲惫的小舅站在铁笼外喝了一碗鸡肉粥。又是不服输的一天，鹰的眼睛要么仇视敌人，要么傲视苍穹。

第三天，小舅的体力已经不支，鹰也困得无法与人针锋相对。但对峙仍在继续。

我几乎看不下去了。我竟然希望那个铁笼子突然消失不见。

它一定在孤独无助中多次悔恨当初的疏忽大意吧。它没想到肥美的大餐背后，竟是一个奸诈的阴谋。

它一定是在惩罚自己，才不肯吃敌人端来的东西。它已经错过一次，不肯再拿尊严换取果腹的食物。

面前的鹰，不愿乞怜，更不愿一个自由、桀骜的灵魂从此消失。

小舅被它的意志震撼了。他突然爱上了这只鹰，渐渐地，这种爱比对姑娘的思念更强烈。

出人意料地，他解开了绳网，打开了笼子。

这一个冲动，使得他三十多岁都没娶上媳妇。

他后悔吗？我看到原本生在外婆头上的白发，渐渐地跑到了他的头上。不过，他的眼睛始终是明亮的，看向天际时，锐气就会放射出来。

5

世上总有一种鸟，与你的生命息息相关。

天上的鹰，便是我心目中的这种鸟。它是我的航标，提醒我注意人生的方向。

“你害怕饥饿吗？”一个老作家曾经问我。我思考了片刻才回答：“我不曾挨饿，但我时常感到悲哀。”

老作家叹了口气，说：“你们这一代人比我们晚两代，或许你们面临的困境与我们不同。每代人，每个人，都有自己的困境。”

作为一个写作者，我有一种使命感。而我的使命，是与天空密切相连的。

天空下的写作是神圣的，容不得任何谎言和歪曲。文学是信仰的伙伴，有黑色的，有白色的，一边连着死亡，一边连着新生。

在我的人生信条里，是鹰用羽翼将天空与大地联结在一起。人生如同四季组合成的图画，鹰是其中流动的风景。

像鹰一样，人生而自由。但为了生存，我们被迫编织笼子，并把自己锁在里面。

曾经，迫于家庭压力，我搁下写作，找了份安稳的差事。始料未及的是，这差事成了一个精密的牢笼。

初入牢笼，我不想将目光局限于收入，一心想用所学做点事，却发现手脚被无形的绳索束缚住了。“别想太多，最重要的是不犯错。”他们说。

他们和我，是早就认识的。以前，他们叫我“连亭”，叫了多年。入职后，他们改口叫我“小廖”。这令我错愕。我习惯他们叫我“连亭”了，想必他们也已习惯。突然改口意味着什么呢？

他们并非特别针对我，这只是职场中被普遍施行和接受的潜规则。我的错愕更像是一种矫情。可我还是忍不住难过。倘若不曾被唤作“连亭”，我不至于如此。

昭然若揭。连亭，这个称呼指向的是一个独立的个体，一个有血有肉有温度的人；小廖，则只是一个资历浅的下属、晚辈，可以支使、教训、培养、驯化，或者别的。

从他们叫我小廖的那一刻起，等级已然划分。总之，一个简单的称呼，暗示某些东西改变了。“小廖”成了他们中的一员，且比他们资历浅。

紧接着，是死板的教条，是沉闷的环境，是温水煮青蛙。

我惊讶地发现，所有人都是一副死气沉沉的面孔，除了恪守秩序，似乎对什么都不感兴趣。

我旁敲侧击，希望他们叫回我“连亭”，可他们不予理会。称呼不只是称呼，它也是秩序的一部分。晚来的，都要在姓之前加“小”来称呼，我凭什么例外？规矩不能忘。守规矩，永远是头等大事。

规矩磨损人的激情，秩序增加人对现状的麻木。等级迫求人对前辈和权威保持“敬畏”。渐渐地，他们一叫我“小廖”，我的头就不自觉地低下去，腰不自觉地弯下去，两手垂着，耳朵竖起，谦卑地听他们的吩咐和使唤。

我幻想过创造新价值、贡献新力量，但这是不被需要的。

逾矩半步，不是被视为疯子，就是被看成怪物。

我想到了驯牛。初生牛犊不怕虎，牛的恐惧和顺从是在成长中被驯化出来的。

牛比虎庞大，还有坚硬无比的双角，本可与虎一较高下，最终沦为劳奴是人类的杰作。人类抽掉它的傲骨，洗掉它的血性，给它牵上绳子，用鞭子从后面驱赶它。牛低下头颅，绷直身子，顺从地拉起套在它脖颈上的重负，好像它天生就该如此。

当老虎再次出现，牛心中就只有恐惧，忘记了它的本能。

当牛是不够的。他们说，还要像黄鹂一样滴溜着歌喉颂唱，“多美的阳光”。

他们告诉我，只要按部就班中规中矩，就能坐享一辈子安稳。

我甘心如此吗？我多久没抬头看过天了？！

同化的力量是强大的。

谁不曾有过火焰般热烈的期盼？谁不曾有过星星般闪亮的梦想？多少飞翔的灵魂在沉默中卸下了翅膀？

秩序社会的残酷就在于它像一个沼泽，丰盛的杂草之下是软塌塌的泥浆。被卷进其中的牛，无论力气多大，结局都是满身泥污地往下陷。

麻雀抖羽，是将屋檐当成天堂；雄鹰击翅，是向往白云高山。

“我是爱鹰的。”我不能忘却儿时仰望它的荡气回肠。

如果离开我才能坦然，那么就转身吧。到草原上去飞鹰走马，何等意气风发！

哪怕风餐露宿，哪怕忍饥挨饿，只要头顶广阔的天空，就不枉此生！

有人说：“哼，飞也好，爬也好，结果还不是一样？大家都要埋入黄土，人人都要化为尘埃。何必费力挣扎？”

但在我，是不一样的。无论可供爬行的温床多么厚实，爬的姿态都让我难以忍受。

我喜欢飞，不喜欢爬。

只要张开翅膀，我的眼里就闪着光辉。

6

狮是百兽之王，鹰是百禽之首。它们都有王者的体魄、王者的气质、王者的脾性。

鹰从不接受嗟来之食，不像乌鸦对腐尸臭肉感兴趣。它只吃自己捕来的猎物，而不与其他兄弟姐妹争抢。

鹰孤傲，独来独往。一只鹰和另一只鹰，自觉地保持距离，以保证足够的生存空间。它们只按生命所需来决定是否拓展疆土，并誓死捍卫领地内的权利。

鹰的本领是天生的，力量、速度和技能，使得它们连毒蛇都不怕。应该说，毒蛇怕它们。

在鸟类中，鹰飞得最高，是天空的王者。同时，它还是地面的监测仪。即便高飞千里，地上的任何风吹草动也逃不过鹰的眼睛。

它们就这样高飞着，享受自由的同时，也维护天空与大地的平衡。

我想用一生学做一只鹰。

我在天空搜寻鹰的身影，希望它领我行走漫漫人生路。

然而，现在很难看到鹰了。天空看不到，旷野看不到，山上也看不到。

天生的王者，沦为需要人类特地立法来保护的稀有动物。这是鹰的悲哀，还是人类的悲哀?

砍伐森林，破坏草场，肆意捕杀，过分使用农药，生态链支离破碎……人的贪婪，挤占了鹰的生存空间，也埋葬了爱鹰者的梦想。

我已经好多年没见过一只鹰了，它们被赶尽杀绝了吗？

有人说动物园有，可我不愿去看。我不愿看关在笼子里的鹰，只愿看天上的鹰。笼子里的鹰，如同里尔克笔下的豹，眼中只有围困它的铁栏杆，目光在极小的笼中旋转，曾经伟大的意志早已昏眩。

我又开始做被阴影纠缠的梦了。只是紧追不舍的不再是鹰，而是人；仓皇逃窜的不再是人，而是鹰。

落在猎人后面的我迷了路，走入一个人迹罕至的峡谷，意外发现一只卧在杂草丛中的雏鹰。它是世界上最后一只鹰，风轻轻吹拂它粉红色的身体。

我走过去，双手捧起它，高高地举向天空。它裸露的皮肤开始长满羽毛。清晨的第一缕阳光神祇般降临，它迎风展翅，轻盈地飞过山头。

嘭！一颗子弹突然飞射过来，鹰不见了，独留我立于山巅。

网中人

他整个人背对阳光坐着，一只手托着下巴，身子向前倾，重力压在膝盖上，一只手拿着一根细竹枝，眼睛一动不动地盯着竹枝的一端。他拿竹枝的手指细长苍白，脸庞也尖细苍白。唯有眼睛异常黑亮，仿佛明珠落在深潭，与他菜色的脸很不搭调。这个青铜雕塑般的姿势不知持续了多久，中午我到时，他是这副模样；日落我走时，他还是这副模样。如果可能的话，他说不定想保持一辈子。

整个下午，他没有和我说一句话。我只能瞅着他身后黄褐色的窗帘，以避开他的视线，尽管他根本没看我。透过窗户，我看见了山泉汇聚而成的大湖，湖面闪烁着光点，微风漾起涟漪，极好地反衬着我那时的心境。

我真是受够了！怪人！第一次见面我就这样定义他。天色暗下来，窗外的风发出呼呼的声音，窗影罩上他叼着香烟的脸。我早就听说他不爱理人，没想到会到这种地步。我极不体面地陷入了尴尬。我心烦意乱地走出那个屋子，仿佛走出一个噩梦。

我早该听妈妈的话，不该到这儿来。我不远万里跑到这个小村落，他却对我不理不睬，简直是冷酷无情。我走在昏暗的夜色里，一只蝙蝠差点撞上我的额头，吓得我眼泪都快掉下来了。

奶奶把我领到另一处房子。这是一处整洁的房子，饭桌上已经摆好我期待已久的食物。奶奶没有亏待我这个孙女，为我准备了我爱吃的鱼和花菜。我向奶奶诉苦，奶奶叫我不要介意，还说二伯这人就这样。与奶奶长谈，我渐渐释然。周遭的虫鸣，衬托出乡村的宁静。

第二天，二伯终于意识到我的存在。他扛着一袋米走进奶奶家中，看见我先是惊讶了一下，然后嘿嘿地笑了两声。我极不情愿地叫了他一声二伯，算是问候。他坐下来和我讲话，问我路上辛不辛苦，在这儿住多久，想吃什么。他问了很多，但从没问过我的父亲。后来我才明白他是有意为之，爸爸的一生属于阳光，而他的一生属于黑夜。

他问我读过什么书。我自鸣得意地说读过《基督山伯爵》《茶花女》《红楼梦》。说完，我惊愕地听到这个乡野村夫列出了更多的书单，不仅如此，他还详细地讲出他阅读的心得和见解，说到高兴处甚至能流畅自如地背出所喜欢的段落。我顿时觉得很羞惭，我竟然比不上他！

一个雨后的清晨，农忙开始了，二伯扛起犁耙走向水田。我看到他的背影，精瘦、佝偻，走动时像被风拉扯的稻草人，停下时又像一段被打歪的木桩。走到田边，他猫腰背着风，小心翼翼地点燃了一支烟。他在风中不停地与烟亲吻，他的身后是一亩待耕耘的水田。抽完烟，他给牛套上犁耙，开始绕着水田一圈一圈地耕田。他和牛蹚过的地方，水土翻腾，漾起一道道褐色的波痕。我惊讶地发现，他耕作的路线就像是在不停地绕圈，仿佛一个死循环。

尽管如此，我不得不承认他是个好农民。庄稼活儿他干得相当不错，那股麻利劲儿在村里堪称一流。他把裤管卷得高高的，露出两条突兀的细腿。我很担心这腿撑不起农具的重量，但它们坚实有力地扎进水田，接着又十分有节律地抬起，在循环往复中完成了任务。耕作之后，他的腿脚沾满泥巴，衣裤却是干净的，我不禁暗暗佩服。

农忙过后，他又变成一个呆子。像我第一次见他那样，他总是一声不吭地坐着，一只手托着下巴，一只手拿着树枝。

有一天我们在河边闲坐，他用竹枝在沙地上画了一幅画。随着竹枝的移动，沙面依次出现葡萄的藤条、果实、叶子，那么纷繁，那么清晰，那么丰盛，仿佛跟真的一样。然而，风不断地吹来，画在慢慢消失。画不停地消失，他不停地画；他不停地画，画不停地消失。

难道他不知沙画的转瞬即逝？难道他感觉不到风中的悲凉？他画了那么多年，被毁掉的画比河边的沙粒还多！

不只有风，还有夏季从不失约的洪水。一条喜怒无常的河流，随着上游的雨水上涨，漫过河岸，漫过沙地，漫过水田，甚至老屋的院子。这时，庄稼、禽畜以及堆放在院中的柴火都会被冲走，更别提他的沙画了。这就是凉薄的现实，容不下诗意的栖息。

他沉浸太久，以至于忘记回家吃饭。他母亲一遍遍地呼唤他，他从母亲的影子中站起来，既狼狈又愧疚。他在母亲那里，得到了包容，也积攒了愧疚。他的兄弟姐妹都成家立业了，只有他孑然一身、一事无成。

不久之后，乡间传闻改变了我对二伯的认知。人们谈论他的口吻，颇有几分消遣嘲弄的味道。

除了我奶奶，村里没人认为二伯是个画家。在村人眼里，他只是个如假包换的农夫。而以农夫的标准来看，他又实在是其貌不扬。首先，他矮小精瘦，与人高马大相去甚远；其次，塌鼻小眼，短耳窄额，没什么福相；再次，尖嘴猴腮，胡子拉碴，讨嫌得很。他既生得丑态，又不爱捯饬，总是一两件褪色的棉麻上衣、几条皱巴巴的涤纶裤子、一顶因日晒雨淋而发黑的草帽，谁看得上呢？那双手，摸过犁耙，沾过牛粪，撒过化肥，打过农药，谁会把它们跟绘画联系起来呢？

他的境况可想而知。在村里，压根儿就没人把他当回事儿。他们嘲笑他，以此来打发缓慢沉滞的乡村时光。他们上下打量他邋遢的头发、破旧的布鞋，然后满脸坏笑地说："你娘怎么不帮你洗干净呢？"这种不加掩饰的取笑，我听了十分生气，二伯却从不动气，我恨得直骂他窝囊。

小孩们也捉弄他。他们吹着口哨在他作画的沙地上撒尿，模仿他拿竹枝的姿势，弄坏他的作品。他对这些恶作剧毫不介怀，反而若无其事地起身避开，最后连小孩们都觉得无趣了，也就不再理他了。

他总是歪着头一副若有所思的样子，走他该走的路，做他该做的事。他的灵魂仿佛脱离了这个村庄，只有一副躯壳还困居在这里。

他的这种生活状态我总是难以理解，只有在谈起喜爱的书籍时，我们才会有一点共鸣。然而我不能原谅他的窝囊，也就不愿和他多交流了。

假期结束，我告别田园回到城里，和二伯就更疏远了。后来，家乡拆迁了，故人都已搬离故地，只有二伯还固守在那里，和草木杂居，与河流相伴。

听说水田被征后，他开始打鱼。他买了一条小木船，织了几张渔网。他在水上，想唱歌就唱歌，想喝酒就喝酒，想打鱼就打鱼。人们走到河边，有时也会忍不住钦羡地望一望在河中闪烁的渔火。但他们当中没有人愿意走到一条船上去。河水太摇晃，江风太潮湿，他们宁可在高楼大厦的阴影中奔波劳碌，也不甘心做一个悠闲的渔夫。他们驻足拍照，照片中二伯从未能清晰地现出面容，他总是也只能是模糊的背景。

有一次二伯突然给我打电话，说话十分客气，却只是让我给他寄几本书。我寄了一套托卡尔丘克小说集，一套北美自然文学丛书，一本洛尔迦诗选。刚寄出的那几天，我对书籍的未来担心得很。我想象它们在霉湿的老屋里、在摇晃的木船上，被一双沾满鱼腥的手抚摸，最后满是污渍。

之后的岁月，我无从知晓他更多的消息，老屋、沙画、小船、鱼虾，都被山河隔在氤氲的水汽里。我们身上有着相同的血脉，却仿佛成了毫不相干的人。

前几年，我回老家处理父亲交代的事务，才再次见到二伯。他的背驼了，腰弯了，一只手在一次事故中废了。我盯着空空的袖管问他："身体还好吗？"他笑呵呵地说："好好好！"我听了很难过，那是一只会画画的手，现在没了！

他说，他的另一只手还能钓鱼，还能撒网。他开始给我演示，牙齿咬住一头绳子，一只手奋力往外甩动，嘿，网果真撒开了！我不由得赞叹："了不起！"

的确了不起，他没有被命运困在网中，一只残损的手从河中捞起了鱼。

我的族人达佳

1

达佳简直是毫无征兆地莫名其妙地疯了。

没人记得她几岁了，孩子们很早就发现她嘴里没了牙齿，头发跟石灰染过似的，现出浑浊的灰白色。达佳也觉得自己老了，她那被时光削成纸片般的身体，总是在风中弯成一张弓的模样，并且时时发出细微的只有她自己才听得见的吱扭声和破裂声。

她的小屋孤零零地蹲在河边。屋后是一片没有围栏的菜地，她一天到晚待在那里，用枯枝般的手拔去总也拔不净的杂草，由于眼神不好时常连带小菜苗一同拔掉。她养了一群鸡，公鸡大了拿到圩上去卖，母鸡留着下蛋。这些鸡蛋，一部分留着自己吃，一部分孵化成小鸡。她养了一群鸭子，这帮家伙用不着人喂，天亮会去河里捉鱼虾，傍晚又自动回来。若是不回来，她的黄狗就会跑到河边，汪汪汪地吠着把它们撵回来。

最近，黄狗很少在河边晃荡了。鸭子有时因为没有狗的催促，就随意卧在芦苇丛过夜。达佳钟爱的菜园子，也开始“草盛豆苗稀”。起初，没有任何人注意到这些变化，达佳发疯的消息传开后，眼尖的人发现了前后的不同。

达佳无缘无故疯了。她睡不着觉，一躺在床上，窗外的月亮就捉弄她。月亮勾住她的眼皮，她怎么合也合不上。她翻身背对窗口，月亮又拉扯她的神经，接着浑身的骨头就疼起来，任是什么药也不管用。

她干脆爬起来，跨出木屋，在河边胡乱地走来走去。她走到哪儿月亮都跟着，这让她很恼火。于是她咒骂月亮，冲着它的胖脸挥舞拳头。月亮没被吓走，反而得意扬扬地笑她，她伤心得呜呜呜地哭起来。

过路的渔人碰见她，就问：“老奶，大半夜的你做什么咧？”“太阳都晒屁股了还半夜，你癫了吧！”达佳忿道。渔人又问：“太阳在哪里？”达佳愤怒地指天骂了一声：“就是那个发瘟！”渔人没再理会，笑嘻嘻地走了。

达佳把鸭子强行赶出窝棚。鸭子嘎嘎嘎地叫唤，一会儿蹿到刺丛，一会儿跌下水坑，愣是不肯下河。狗不停地狂吠，鸭子到处乱跑，达佳拿着鞭子一边追一边骂，真真是鸭飞狗跳乱作一团。

鸭子在河边扰了一夜，渔人一条鱼也没钓着。渔人回到家，跟媳妇说，达佳老奶疯了。没有鱼吃的媳妇跟邻居说，达佳老奶疯了。没有鱼骨喂猫的邻居跟街坊说，达佳老奶疯了……不到半日工夫，全村人都知道达佳老奶疯了。

几天后，几个老姐妹来到达佳门前。透过栅栏，她们看见狗懒懒地躺在树下，达佳正慢悠悠地往狗盆里倒一碗淋了菜汤的粥。她们记得这曾是一条威风凛凛的狗，无法相信皮肉耷拉的形象会出现在它身上。达佳唤它起来吃食，它只是试探性地往盆里舔几口，就无精打采地躺下。

老姐妹们隔着院门喊达佳，达佳笑着招手说："进来坐，进来坐。"老姐妹们走进院子，找不到凳子或椅子，就别扭地站着，问达佳身体可好。达佳拍拍大腿说："好好，还吃得一碗粥。"

谁都看得出来达佳瘦了，只有腰和骨盆还是那么粗大。她上身晃动时，薄薄的衣衫露出干瘪的乳房，不由得让人想起由它们孕育的孩子。

风吹落苦楝树的籽实，鸡群在院子里四下争抢。一只在鸡架上下蛋的母鸡，突然"咯咯咯"地叫了几声，从一个老姐妹的后脑勺飞过。

达佳在屋角翻找出几张歪歪扭扭的凳子，用袖子象征性地擦了擦，递给客人。庄稼人倒也不介意，若无其事地坐下后，开始煞有介事地打量达佳的住屋。这种房子她们是看不上的，低矮、潮湿，蚊子多，木板发黑，有的木桩还长出了木耳……

她们说起达佳的第一个孩子。那孩子若是还在的话，现在就是老宅东院的主人了。这半年，村里都在传说将来这一片要开发，这事要是真的，那孩子不就凭空发了大财？

她们劝达佳搬回老宅住。虽然多年没有这样坐下来和达佳说话了，但她们没忘记年轻时她们曾经要好，达佳生第一个孩子时，她们还在跟前帮过忙呢。

达佳呢，恐怕已忘记老宅的存在。她事不关己地听着，时不时地摇头。她不喜欢老宅，这事恐怕死后也不会改变的。

达佳不记得老宅，但记得第一次生孩子的事。大约 1941 年，她奉父母之命媒妁之言嫁给丈夫，还没来得及相互了解，他就带着小叔子参军了。他们是由一支匆忙组合的部队带往南边的。

南边是哪里，达佳想象不出来，她见过最远的地方是遮不住河流的山，她到过最远的地方是西早村通向临镇的桥。丈夫走的时候，她以为他只是出门一阵子，很快就会回来，所以她没有哭哭啼啼，也没有千叮咛万嘱咐，更没有把两个月没来月信的事告诉他。

肚子一天天大起来，她的身子越来越重了，丈夫还没有回来。他走时田里的第一季秧苗才种下，她以为稻谷抽穗时他就会回来，然而第二季稻谷都金黄了他还没回来。她想不通，战争为何持续那么久。

那年岁末，西早村没有一点过年的气氛。门前小巷、家里家外，所有人都在谈论战争，以及还没回来的男人。一天，鬼子进村扫荡，人们慌得躲进山里，达佳却要临盆了。她先是感到一阵遍及全身的剧痛，接着便觉得身子好像要裂开了。姐妹们催她往山里跑，她只好咬着牙逃命。

她记不清路上经历多少次阵痛了。她的身子仿佛绷成了一根弦，被一个即将出世的家伙不停地拨弄。她踉踉跄跄地走到一丛杜鹃花旁时，一股温热的水噗的一声从身子里涌了出来。

她走不动了，汗流浃背地靠在一棵松树上，眼睛无力地四处张望。她喊住一个离得不远的姐妹。这个姐妹看看她的肚子，又看看她的裤裙，又喊住两三个姐妹。

她们摊开达佳带的旧棉布，扶着达佳躺下来。其中一个生过孩子的姐妹引导达佳把腿弓起，并催促她使劲儿。达佳在痛苦地使劲儿时，另一个姐妹又从篮子里找到一把柴刀。

达佳记得，她和第一个孩子的纽带，就是被那把柴刀慌乱而草率地割断的。也许正因此，后面的事情才向着不可控的局面发展。

2

达佳能否回老宅，族人意见不一。对达佳而言，老宅像个荒诞的梦；对族人而言，达佳是一抹荒唐的烟。

我说不清达佳与老宅的关系，也说不清她与太叔公的感情。我想，新婚时她是有过一点甜蜜的，毕竟太叔公也算是个忠厚体贴的人。生下叔公后，达佳得到过族人的认可——鬼子出村后，族长亲自带着米油去看她，并给孩子取名安平。

然而，三年困难时期，安平叔公被蛇咬死了。

年景不好，母子俩相依为命，达佳有口吃的总会留给孩子，可安平叔公还是饿。他胆子大本事也大，这有点像太叔公，他饿极了就下河捉鱼、入林抓蛇。

他在一座山坟发现盘成蚊香状的蛇皮，就盯上了那条大蛇。村里人一般是不打坟头蛇的，传说那是祖先的仙灵，动不得。饿极的叔公不懂这些，也顾不上这些。他蹲守几日后，终于在溪边发现蛇的踪迹。然后，他十六岁的手贸然伸向这条胳膊般粗的蛇。没等他卡住蛇的七寸，蛇就迅猛地在他手上留下两个芝麻粒大的牙印。伤口不疼，也不痒，只是有点麻。他还想再次伸手，蛇哧溜一下不见了。

据父亲说，安平叔公昏迷前对发现他的人说，蛇是哧溜一下化作一道烟气不见的。西旱村人对此深信不疑，争相传说，此后更不敢动坟头蛇了。如今的我则认为这可能是中毒后出现的幻象。然而西旱村没人信我的话，包括一向以我为荣的父亲。

达佳见到安平叔公时，他已经带着一副鼻子流血全身红斑的丑相死掉了。目睹唯一的孩子死去，达佳没有疯。后来她言及此事，只说觉得全身像泡在年关的河水里，又僵又冷。而在场的族人则看到，她见到儿子后，嘴巴不是发出哭声，而是吐出一口黏糊糊的东西，像血，又像下肚不久的米糠水。

父亲说（父亲也是听我爷爷说的），安平叔公死后三年，达佳就和别的男人好上了，这男人还不是什么体面的人。

那年头，隔三岔五就有要饭的进村。他们在村里四处晃荡，饿了讨口饭吃，困了就睡在禾秆堆边。他们来无影去无踪，和村子无甚瓜葛，碍不着谁的颜面和利益，所以没有人关心他们姓甚名谁。

对待要饭的，村人大致的态度是高兴时打发口饭吃，心烦了挥挥手驱走。唯独有个要饭的，因为达佳的关系，被西旱村人列为重点考察对象。

没人知道他是混在哪一堆要饭的当中进村的，他何时住进祖宅东院却人人知晓。

那天，六婶去跟达佳借锄头，一进门就看见一个生人。这人虽洗净了脸，但满面的风霜洗不掉，头发又乱又长，刺蓬蓬地盖住了耳朵。发现有人进门，他本能地抓起倚在墙边的木棍，习惯性地弓起身子准备离开。这个动作让六婶确定，他是个要饭的。达佳见状，赶紧拉住他不让走。

当着面，达佳也不避讳，六婶就知道大概了。她也不为难他们，而该问的也一样没落下：打哪儿来的，家里几口人，有没有成家……

原来，他刚进村就碰上雷雨，赶了一天路又累又饿，只好就近缩在一处屋檐下躲雨。达佳见他可怜，就给他舀了满满的一钵饭，还让他进门避雨。那夜他在厨房的柴堆睡了一觉，次日达佳又给了他几张饼，还打了盆水让他洗脸。

他洗净脸后，达佳看清了他的五官，那眉眼竟像极了久久未归的丈夫。人又是从南边来的，达佳心想，这莫不是丈夫回来了！

达佳不停地追问他，这些年都去过什么地方，要饭要了多少年，吃了多少苦……他把走过的地方一一讲给她听，昭通的过桥米线、花溪的酸菜、西林的糯米酒、桂林的米粉、野马镇的猪皮，一个地方一种口音，一方水土一种特色，一口吃食一个想头。他将讨来的饼啊包子啊油条啊，一点点攒着吃，有时也分点给同路人。到了一些热闹的村镇，他们还会临时搭伙表演节目，吹火棒、劈砖头、翻跟斗、唱大调，看客高兴了就给几个钱，有的则给吃的……

族人容不得达佳跟了外人还住在祖宅，便让他们搬出去。他们被允许带走一些家具，在远离村落的河边另盖屋子。达佳没带走任何梨木家具，只拿了刀斧绳锯和几张条木凳。

有了工具，要饭的从山上砍来杉木，去皮，刨光，打板，很快就把木料备齐了。爷爷隔三岔五就去搭把手，跑前跑后，给他们添了不少欢乐。

太叔公参军前拜托过我太爷爷，他外出的日子请大哥多照拂弟媳。达佳虽跟了外人，但太爷爷的承诺没有变。只是碍于族长的身份，他不好亲自出面，就让只有几岁的爷爷过去帮忙，递递木头，拿拿锯子。

据爷爷讲述，这个要饭的又勤快又能干，对达佳也好。除了洗衣做饭，他舍不得让达佳干更多的活儿，而他自个儿则把盖屋子、挖菜地、辟田地的活儿全包了。

新屋盖好的第二年，达佳生了个女娃，从此一家三口，过了两三年安稳日子。

20 世纪 60 年代末，一场遍及全国的运动涌到西早村。

被革命洗礼的西早村人，不愿拖革命的后腿，也想净化自己的队伍。西早村人同姓同族，知根知底，血脉纯正，打断骨头连着筋，自己人当然不会有问题。

要饭的就不一样了，他来历不明，既去过南边，也去过北边，说不定是印度人，或者是披着黄皮囊的美国人，有可能给西早村带来灾祸。

西早村不能有污点，不能给人落下话柄。为了西早村，要饭的必须消失。

族人做出决定后，太爷爷不得不亲自去劝要饭的离开。在河边的小木屋，太爷爷刚对要饭的说出“走”字，一向敬重他的达佳，立马破天荒地操起扫把逐客。

太爷爷笔直地站着，雷打不动。达佳举在半空的手突然僵住，扫把当的一声掉在地上。达佳跌坐在门边，双手无力地捂住脸，撕心裂肺地哭起来。

太爷爷劝慰说，这只是缓兵之计，等风头过了还可以回来，而留下局面只会失控，到时发生什么事都不知道。说完，太爷爷给他们留了一点钱，转身离开了。

爷爷说，没有人知道要饭的是哪天走的，他或许是连夜披着月光重新走上了要饭的路，或许是擦着晨露从荒草地翻过了山头。

要饭的消失后，西早村重归于平静，忙于公社活计的人们，没有进一步为难已在西早村生活了二十多年的达佳。她在田里打了禾草，生产队长也给她记工分，然而族人们再也无法对她亲近了。

太爷爷病逝后，刷在墙上的标语，也慢慢被风擦去。族人们自豪地发现，尽管时代的风向变了又变，但聚居祖宅的族人依然如初，还是那么纯正、那么团结。

这种自豪只有在见到达佳时，才有一丝丝的受损。这个女人，说起来是廖家的媳妇，却又不只是廖家的媳妇，真不知拿她怎么办才好。至于达佳的女儿豆芽，西早村人觉得，长大了若好可以做廖家的媳妇，若不好就嫁到别处去吧。

在豆芽眼中，西早村人就像天上的月亮一样阴晴不定，他们的性情又欢快又寒冷，他们的举动又热烈又荒诞。而他们的房屋，既诱人又吓人。

她的成长路径是像小河一样延伸的，弯弯曲曲，孤单一脉。而西早村的小孩，就像蹲在岸边的石山，除了偶尔投下一些黑乎乎的倒影，与小河再无交集。她多么渴望成为山中的一员。她羡慕它们总是一座拥着一座，一山堆着一山，层层叠叠，连绵不断。

达佳忙得顾不上她，豆芽就感到她可能有两个妈妈。一个温柔亲切，一个硬邦邦的。达佳越是反复无常，豆芽的孤独和痛苦就越深，不知不觉豆芽的心肠也一天天地变硬。

多年后的一天，当她遇见一个可以使她摆脱西早村和达佳的人时，她不打招呼就走了。过了几年，西早村的打工族才在广东的一家工厂看见她，可她假装不认识西早村的人。

豆芽不辞而别，除了达佳，伤心的人还有我爷爷。爷爷自认为他称得上是豆芽的朋友，没想到他连分享秘密的资格都没有。

爷爷接任族长后，不惜冒着得罪族人的风险，承认太叔公的老屋仍归在太叔公名下。爷爷说音信全无不代表没活着，只要没有确切的消息说人已经死了，太叔公名下的祖产仍归属于他。

我说不清爷爷的这一举措，是为了完成太爷爷的嘱托，还是出于朋友的情义，抑或两者都有。总之，他的话，族人还是愿意听的，这缘于他是一个几乎完美的兄长。

他在世时，尽心尽力照顾他的二十七个族弟，甚至在最艰难的日子，以自己的名义贷款供他们上学、给他们盖房子。他临死时，二十五个兄弟（一个早夭，一个早逝，所以只剩下二十五个）齐聚一堂来到他病榻之后，他才肯咽气。

爷爷死后，族人陆续搬出了祖宅，像沙子一样散落在各处。也许，大家族需要完美的族长才能凝聚。父亲这一辈是不行了。大伯因穷未娶，迷上了麻将，万事不关心，没有撑起兄长的角色，更无法出任族长。父亲呢，本是小辈，说话毫无分量。

爷爷的死，是家族历史的转折点。他在世时人心还能拢到一起，他一死人心就全散了。他撑着最后一口气交代族弟要照管好祖宅，族人几百年的基业不能废弃。他流着泪叮嘱父亲，要想办法找到太叔公的下落，死了也要找到墓碑给他祭一祭，不要让他沦为孤魂野鬼。

我二十几岁时，从父亲口中听闻此事，就问太叔公当年参的什么军。父亲说是远征军。我听了不禁闭上眼睛。当年的远征军几乎是全军覆没、尸骨无存！就算有墓碑或者殉难者花名册，谁知道太叔公入伍时使用的是什么名字！

那些年，去当兵的为了不连累家人，会使用新的名字，而非族名。比如我爷爷，一九七几年当兵时，临时用了“廖英”作为名字，而他的族名是廖福运，户口本上登记的也是廖福运。爷爷戎马归来，我们才有机会得知他当兵时叫“英”。没回来的人，我们就无从得知了。姓名不详，我们怎么找太叔公的下落呢？

前几年，《作品》杂志的主编杨克老师，帮一位老母亲找到了她参加对越自卫反击战的儿子的墓碑。我将此事当见闻说与父亲听。父亲立即问我："你太叔公的事能不能请文化界的人帮忙？"

我不知如何答复。如果我告诉他远征军的实情，会显得不近人情；如果我应下这事，会无端燃起他们终将落空的希望。

3

老宅是我们廖氏家族的骄傲，尽管我们已将它荒弃近二十年。

这座宅子，大约建于清代中期。我们家族是两广地区的望族，世称"明代世为武将，清时屡出文才"，因而祖宅建得高大轩敞。

建此宅时，族人将之视为千年基业。砌墙用最好的红砖，每堵墙都加高加厚。房梁用最好的深山老木，并用植物药水泡过，防潮防虫，千年不朽。窗花用广东的新式样，当时是雇挑夫从广东运货，商队走了一个多月才把货送到。最令人惊讶的是，所有的地面都铺上了红砖和青条石，这种破费之举可不是一般人家能做到的。

这座宅院一共有一百多间屋子，屋与屋之间由回廊和门连通，天井、花园错落相间，小径、水道弯弯绕绕。我小时候常常被这些数不清的门径弄得晕头转向，而我的族人在这些门户里血脉清晰。

从清中期至父亲这一代，几乎所有的族人都在老宅出生。我也在老宅出生。爷爷死后，族人迷上了新兴的砖楼，纷纷搬离祖宅。只有太奶奶、奶奶、父亲、母亲、我、妹妹以及打光棍的大伯、二伯还住在老宅里。而太奶奶、奶奶相继离世后，我们也坚持不下去了。2002 年，我们在父亲的带领下搬进了他在别处盖的砖楼。从此，老宅蛛网暗结，草木横生，鸟宿鼠窜。

如今，因久无人居住，爷爷在 20 世纪 70 年代贷款为族弟修建的泥瓦屋已经开始坍塌，而先人在清中期修建的主屋、大厅、祠堂还坚固非常。红砖还在展示古人精湛的砖窑技术，木头还在牢牢地支撑高达十余米的屋顶。

我曾因搬离老宅高兴过，浸淫在历史文化中久了以后，却开始怀念老宅，并深深地爱上它。除了缺乏现代设施之外，我找不出它的缺点。当下的钢筋水泥房，保质期不过百年；而它经历数百年风雨仍屹立不倒。

说起老宅，爷爷是自豪的，如今的我也是自豪的，父亲对它的感情则相对复杂。爷爷为老宅和兄弟欠的债，最后落到父亲肩上，他花了将近半个青壮年时期才还完。尽管如此，父亲还是没忘记爷爷的嘱托，一有空就回去收拾老宅。

近年政府出台了“旧房改造”政策，有些地方官员在执行时“一刀切”，凡是“带瓦片的”都要消灭。政府也给我们的祖宅下发了拆除通知。

第一次收到通知时，父亲很为难。由于祖上的遗训，父亲不敢轻举妄动，再加上权属的问题比较复杂——祖宅是家族共有的，父亲迟迟没有执行拆除命令。

拖久了，父亲就收到了限时拆除通告。通告说，如果超出期限没有自行拆除，政府将派推土机来推倒。父亲拿着通告，在阳光下看了又看。那些触目惊心的白纸黑字在太阳底下亮闪闪的，他禁不住着急起来。

他无法理解为何要拆掉历经数百年依然安然无恙的房子。它们危险吗？它们妨碍谁了吗？它们毫无价值了吗？价值由谁来判定？谁有权判定？

看着焦急的父亲，我联系在县文化部门工作的朋友，问他们有什么办法可以使祖宅免于拆除。朋友建议我们申请“非物质文化遗产”。族里的老人商议后，也认为应当“申遗”。

申请报告交上去很快就被驳回。追问缘由，他们说了很多，大致意思是“非物质文化遗产”需要钱维护，且操作程序麻烦，不如直接推倒省事。

族人当然不愿意推倒祖宅。这时，他们想到了达佳。我很羞愧，我的族人是以这种方式想起达佳的：房子是好的，又住着人，谁还敢强行拆除？

为什么是由达佳住进去？房子荒了多年，住惯现代砖楼的族人早已不能适应，而常年住破屋的达佳就不一样了，搬回祖宅于她怎么说都是由低攀高。

于是，要不要让达佳搬回祖宅，成了族人谈论的热门话题。族里分成了好几拨意见：有人赞成她搬回，有人反对，有人无所谓。

讨论未出结果，就传来了达佳发疯的消息，这真是让族人们措手不及。她好端端地活了将近百年，就在人们以为她会活成精时，她竟然疯了。

自从她疯了以后，她整宿整宿地在月亮下晃荡，发出一会儿像是大笑一会儿像是哭闹一会儿像是咒骂的声音，吵得西早村的人整晚都睡不着觉。

有人起来呵斥她，撵她；她就学狗叫，学猫叫，学鸟叫，学各种各样的动物叫，仿佛她只会说畜生话，不会说人话。

气急败坏的西早村人觉得达佳把他们当畜生，才屡屡向他们发出非人的声音。于是他们决定用人才有的办法治她：在她所经之路点燃烟草熏她，在她声音所及之处放鞭炮吓她，在她像猫狗一样凑过来时给她一脚……

他们没有机会给出一脚，因为达佳从不往人前凑。她只跟着月亮移动，没有月亮的夜晚，她安静得就像不存在一样，远远地躲在河边的木屋里。而一旦月亮出来，被唤醒的巫灵就四处游荡，所到之处，鸡犬不宁。

这样的疯子，西早村人还会让她回到祖宅吗？

4

老姐妹们在河边的小木屋待了半日，也想不通达佳为什么突然疯了。先前她多次都有可能疯掉却没有，比如男人打仗迟迟不回，比如唯一的儿子被蛇咬死，比如要饭的相好离她而去，比如好不容易拉扯大的女儿嫁人后很少回来看她，比如很少回来看她的女儿几年前也先于她死去……如今，她真真切切地疯掉了！

我希望长辈们能劝服达佳，心底又觉得我们没资格这样做。过去的年月，尽管我的家族对达佳没有失掉全部的善意，但归根结底也是对不起她的。我们从来都认为，女人没有权利继承祖产。一个嫁进来的女人，没了丈夫，没了儿子，又跟过别的男人，她有什么资格成为族中的一分子并继承产业呢？她是我的族人吗？她不是我的族人吗？

她的丈夫、我的太叔公，真的没有回来过吗？

在达佳疯疯癫癫的话语里，他是回来过的。他是在一个雨天装成要饭的回来的。他不是哲宗哥，老姐妹们说。他就是哲宗，眉眼是，性情也是，他在外面累了，偷偷跑回来的，达佳十分肯定。

达佳的话让我有点恍惚。或许她是对的，她的丈夫、我的太叔公，因为对战争感到恐惧和疲倦，偷偷当逃兵跑回来了，碍于身份的特殊，他使用了“要饭的”这一角色。而“文革”时期，这份灰暗的履历让他不得不再次逃跑，从此沦落他乡。

达佳说，他会回来的，她哪里也不去，就在他们一起盖的这座屋子等他。除了我，谁都认为这是疯话。老姐妹们摇头叹气地离开了。没说动达佳，她们得把消息带给男人们，让他们尽快商量别的对策。

在七嘴八舌的讨论里，东院的归属一次次引发争议，达佳的故事不断翻出各种片段。这些五颜六色支离破碎的片段，加深了我对达佳的了解。我开始喜欢她了。

我像爱祖宅一样爱达佳，或者爱达佳甚于祖宅。近来我经常回去看祖宅和达佳。如果有时间，我愿意留下来了解祖宅的每一个细节和达佳的所有心事。

我发现达佳越来越爱对着月亮说话了。有时她相信月亮会带她去见太叔公，于是她就跟着月亮走。她说，月亮走她也走，她走月亮也走。

今年5月，月亮真的把达佳带走了。一个深夜，她被月亮神不知鬼不觉地带到祖宅。穿过坍塌的泥瓦屋时，她被碎石绊倒。次日黎明，有人看见滚入沟底的达佳，她仰面躺着，双臂摊开，面无表情。一条快掉光毛的老狗，一动不动地卧在她身旁。

达佳死了，成了祖宅的陪葬品。月光从此变得荒凉。我悲哀地感到，我年轻的生命，不是对抗这种荒凉，就是和它一起荒凉。

一个月夜，我站在祖宅前面，感到人的生命与它存在着某种契合。它终将倒下，却不会轻易倒下。只要站立一刻，它就保持一刻的尊严。

当月亮升过祖宅的屋顶时，我感觉达佳从未离去，并且成了我最纯粹的族人。她爱祖宅，不是因为它是一份产业，而是她深爱的人曾在这里生活。

西早村外，河流一如既往地奔腾，一如坚韧而又残酷的生命。河流之上，达佳的鸭子还在没头没脑地游来游去，似乎在等着远行未归的人。

日记中的妹妹

我不想与人说起我这个妹妹，可不得不承认，我无法回避她。

她就像隐藏在我眼中的自卑，即使我极力屏蔽，也不能抹杀它们的存在。那么，就让它们见光吧。它们不应是羞耻的躲闪，我没有权利永远遮蔽它们。

于是我试着让记忆溯回。在岁月的河畔，我看见一张张鲜活的笑脸。这些笑脸有的是婴孩的，有的是少女的，有的是妇人的，有的是老妪的……它们都有一个共同点，都是女性的笑脸。这些笑脸，纷纷扬扬地闪现在我的脑海，诉说着女人的秘密……

记忆回到一个朦胧的晨曦。请允许我用简笔画式的描述来呈现那个晨曦。

柔软疲弱的晨曦，昏暗潮湿的瓦屋，红漆斑驳的窄小木门。一个头发花白的老人，背着一个啼哭的婴儿，从木门中走出，消失在晨雾中。

我蹲在门边的角落，看着这一切发生。

我大概四岁，或者五岁，老人是我的外婆，婴儿是我从此再也见不着的三妹。孩子的记忆是不可靠的，很快我忘记了那个早晨，忘记了那个婴儿。直到十几年后的一个黄昏，来自另一个婴儿的啼哭引发了我内心的激荡。

你无法想象，人的面庞可以隐藏那么多的悲伤和秘密。从遗忘到再次想起，那个晨曦从未打扰到我，以及我的父母。这期间的空白，让人无法不感叹。

可是，该来的总会来的。

那天，我背着书包从镇上的中学回家度假，途中路过一个村落，在一棵大榕树下看到一个花白头发的老人背着一个婴儿。老人，婴儿，花白的头发，暗红色的背带，多么似曾相识。呵！光线同样柔软疲弱，茂盛的树叶带来同样昏暗的空间，婴儿在老人的背上发出同样嘹亮的哭声。仿佛中邪一般，黄昏的空气瞬间在池塘边荡起涟漪，在我空白十几年的大脑中不断回旋。有关那个早晨的记忆，从深海的漩涡中翻涌而出。

那一刻，秘密苏醒。伴随秘密的苏醒，我的脑海中出现“女儿命”三个字。

那之前，母亲连续生下两个女儿，作为大女儿的我，两岁就寄养在遥远的外婆家，而襁褓中的二妹，留给鳏夫大伯抚养。父亲则带着母亲，一边打工，一边躲躲藏藏，在辗转奔波中期盼儿子的降生。

母亲第三胎生下的还是女儿。于是，在光线暗淡的晨曦，父母将刚出生的小女儿，交托外婆背去送人。随后，她的痕迹被抹得干干净净，她成了一个不被提起的人。一个不能被谈及的人，与“不存在”相差无几。

叔本华说，一个人所有的遭遇都是意志决定的。那么，是什么不为人知的意图使我遇上那个傍晚？

自从我在榕树下想起三妹，就再也无法像没事一样生活。我在日记里一遍遍提到她，为自己发现这个秘密而苦闷。在我无数次回想之后，她天真无邪的脸变得异常明亮，与此同时，她的襁褓开始破旧、膨胀，满是灰尘。

现实中的我，是愚笨的。而在梦中，我的脑袋敏锐无比。人人都做梦，未必人人都能在苏醒时发现自我。我的梦做了多年，很多时候，我觉得还有另外一个我存在，这种情况似乎从那个遥远的晨曦就已开始。

我的过去，以及正等着我的未来，都有一个她在一旁看着。她从不出声，却颠三倒四地进入我的梦境。

我像个看守，又像囚犯本身，把自己关进日记本里，宛如一个迷失在森林的小女孩，跌跌撞撞地寻找回家的路。沿途，纷纷扬扬的落叶无时无刻不在向我传达跌落的声音，并深深掩盖我所走过的路。我在梦中长出翅膀，成为一片有翅膀的树叶。然而，无论我如何奋起飞翔，最终还是落到地面。

渐渐地，我发现任何人任何事都能在日记本中汇聚，包括那些已经离去或是不能提及的。我一日日地坐在书桌前，打开没有尽头的日记本。那么多我所爱的人，在日记本中永远活着，保持旷日持久的忧伤，并且始终热情饱满。

日记中的妹妹，有时像个邋里邋遢的小女孩，有时穿着我羡慕的白裙子。因为日记，她似乎一直在我身边。她比现实中的妹妹纯粹。她安静而温婉地待在我的日记中，有时具有我的眉眼，有时长着父亲一样的嘴巴，有时是母亲小巧的个儿，有时是弟弟那修长的腿脚……她的长相不停地变化，她的性情也不停地变化。有时我们互相安慰，有时又激烈地争吵……

我发了疯似的写日记，发了疯似的读书，试图以此逃离拴着命运的那根绳索，逃离一个被顽固观念和沉闷日常所笼罩的世界。

我的反复无常引起父亲的注意。不知何时开始，他偷看我的日记。于是，命运捉弄一般，一个被隐匿多年的女儿出现在他眼前。他终于找我谈话，做出一个对我和对他都同样残忍的约定。

“别再提起这件事了，就当没有过。”他嘴角挤出这句话时，我看到他眼中闪过泪花。然后，他把头转向暗处，脸上的灯影如同蝙蝠状的疤痕。

我不得不沉默，不仅因为父亲的话很沉，压得我喘不过气来，还因为这个秘密在那个年代一旦被人所知，就意味着偿还不尽的债务。

《百年孤独》里的吉卜赛人说：“万物皆有灵，只需唤起它们的灵性。”关于妹妹的秘密，就如同吉卜赛人手中的磁铁，将我内心的所有幽暗唤醒，就连那些消失多年的记忆碎片也纷纷出现。

我被这个秘密裹挟多年，最终成为秘密的一部分。我开始使用一种无人能懂的字符记录日记，它们错综复杂而又井然有序地排列在纸上，只有我对这些字了如指掌。也许连父亲也不曾想到，他已无法偷看我的日记，尽管日记还是记在纸本上，但似乎每一个字都上了锁。

父亲并没有从对女儿的愧疚中得到解脱，相反，我时常能感觉到他渴望与我交谈。他的行为和神情都表明，只要我愿意坐在他身边，他就会得到些许安慰。他一直在等待，并被等待耗尽体魄而苍老。

那些年月，父亲以惊人的速度衰老。实际上，他无数次失眠之后，开始酗酒。他经常一个人默默地喝酒，喝高了就躺在竹椅上睡，从不耍酒疯，表现出良好的酒德。他很久都不会笑一次，但仍会在酒醒之后拿上电锯、光板去工地干活儿。与此同时，他开始学会对母亲说谎。那些年他证实了一个道理：世界上谁对一个女人欺骗最多，那就是她的丈夫。

我们无法深入交流，因为父女之间没有可行的通道，即使披荆斩棘历经艰辛开辟出的道路，很快也会被新生的植物覆盖，那些植物生长的速度几乎肉眼可见。

“重要的是别迷失方向。”《百年孤独》里的老何塞在带领队伍开辟新路时说。他们的结局是荒诞的。我们家的结局也好似一场笑话。那些年多生是一种罪，而如今的政令又鼓励多生。父亲将此视为顽皮的命运对自己的嘲弄：曾经做出巨大牺牲，历经无数苦难，不惜骨肉分离也要生个儿子，到最后，所受的罪，原来一道纸令就可以一笔勾销。

父亲不再轻易发表见解，他变得逆来顺受、沉默寡言，似乎唯有如此，才扛得起戏剧般的人生。

母亲不像父亲那样偷看我的日记，但她比任何人都更像一个高明的窥视者。

在我观看屋檐挂下的雨水时，母亲就已洞悉我的一切。是她向我证明，什么叫知女莫若母。“你只有离开这个鬼地方，”她盯着我的眼睛说，“才不会和我们一起烂在这里。这不是谁的错，这是老天的一个玩笑。老天弄出这样的村庄，又弄出这样的人，这样的人以为只有儿子可以传宗接代。”

这时，我才明白母亲是一个轻而易举就能将我看透的人。她早就知道我想逃离村庄，却不动声色地在一旁观察我。多年来，我沉浸在秘密中，很少注意她。现在，我看到她渐起皱纹的脸上，挂着怜悯和疼惜。一瞬间，我意识到，在秘密之中，她才是那个被伤害得最深的人。曾几何时，我的皮肤还有她亲吻时留下的气息，而现在，站在镜子前，我惊愕地发现我越来越像年轻时的她，而她却在逐渐变成一个我不认识的老妇人。

这个正在老去的人对我说：“你出生时，是一天之中阳光最好的时候。”我扭头看向窗外，只见二妹赤脚待在阳光暴晒的院子里，乌黑的眼睛眯成一条线，冲我说她在砖头下发现了几条蚯蚓。那一刻，我发现她就像三年前的我。是的，我是比母亲小二十三岁的版本，二妹是比我小三岁的版本，而三妹是比我更小几岁的版本。我们都是相似内容的不同版本！我的内心发生着某种变化，一种神秘的东西把我们这几个女性紧紧绑在一起。我凝视二妹的眼睛渐渐湿润，被正午的阳光刺得发疼。

父亲不能破译我的手稿，因为上面的痕迹比起文字来更像音符。而母亲，她什么都不用做，就毫不费力地掌握一切。

一天午后，我照例在书桌前写日记。那时，窗台上趴着一只慵懒的肥猫，玻璃窗漏下的光线照在日记本上，现出泛黄的光晕。迷迷糊糊地，我发现光晕之中一个女孩的轮廓慢慢显现。

“下午好，姐姐。”她说。

“你好，妹妹。”我说。

她告诉我迁徙的故事和飞鸟的传奇。

“用不了几年，你就知道，除了村庄，世上还有很多地方，和这儿完全不同的地方。”她说。

我赶紧把她的话记录下来，尽管字迹混乱不堪，我们仍试图创造一些不朽的光辉。我为此而迷醉，日记中的妹妹似乎也如此。在氤氲朦胧的午后，在幻想的迷宫里，我一度迷失方向，但很快就能找到妹妹在日记中为我指引的路。

整张书桌和日记本仿佛一个独特的空间，属于遗忘和孤独的空间，远离时光的侵蚀，避开尘世的纷扰。它使我能在一个简陋而封闭的小山村整日地探索未来。

我在日记中沉溺过深，把自己关在屋子里，甚至一个月都不出门。古希腊人曾说，我们都是梦幻的影子。或许妹妹只是我的一个梦，却比任何现实都要真实。我查阅过弗洛伊德，那种解释庞大而又隐秘，却并不能囊括我。我时常看见妹妹是很自然的事，因为我已接近她的影子。从某种意义上来说，她通过我参与家中的生活。

据说人生下来不是亚里士多德式的，就是柏拉图式的。这等于说，古往今来不同面孔的人都只是这两个人的载体。我们在日记中轮流交换角色，轮流扮演柏拉图和亚里士多德。随着岁月的流逝，我们变得不分彼此。接着，发生奇怪的事情。我看到宇宙的奥妙，看到女娲造人的伊始，看到人之所以为人的秘密。

有一次，这个空间遭到侵袭。母亲借口打扫卫生出现在房间中。

“你在和谁说话？”她问。

“我在念书。”我回答。

“不，你在自言自语，像个疯子一样。”说完她懊恼地关上门出去，但我能感觉她的眼睛一直挂在门上。

我继承了母亲的敏锐和执拗，这种敏锐、执拗和秘密纠缠扭打在一起，就生发出更多的隐秘。它们在岁月深处，发酵得越来越浓郁、越来越猛烈。没有人可以分担我的隐秘和痛苦。我把三妹隐藏在无人能够辨认的日记中，我相信只有这样，才不会再次引发伤害。这样想的时候，我能感到挂在门上的那双眼睛满含哀伤。

可怜的母亲，中年之际被儿女带入了一场可悲的、不知所终的博弈。

那些年，无论母亲如何哀叹，日记中的妹妹都执拗地成长着。那个红木门边的晨曦，变得越来越明亮。

母亲忧心忡忡，她担心自己生下的是疯子，四处搜集各种偏方，逼迫我喝下颜色各异的怪水、吃下难闻的食物，几乎要把我放在沸腾的药水上熏蒸……当被折磨的痛苦等同于写日记的快乐时，我奇迹般地停止了乱码的胡写。我走出屋子，惊讶地发现，春天已经来了。

记忆如同蜿蜒的蛇，只有鳞片在闪光。我逐渐明白，任何事物都可能成为地狱的萌芽。一座没有出口的记忆迷宫，终将困死自己。

曾经，拥有我全部的爱的妹妹，在日记中不再出现，她那鲜亮的形象也跟着消失，如同树叶消失在森林、水消失在大海。

日记之外，寂寥的村庄回荡着空旷而模糊的声响。沙沙的落叶声，沙沙的雨声，在窗外有节律地更替。与此同时，一场台风掀翻老房子的屋顶，几天后院墙倒塌。到了冬日，损坏的房屋使全家饱受饥寒、四面楚歌。

我们搬走了。谁都没有耐心再住在那样的老房子里，或活在那样的日子里。我们不屑于像祖辈那样抱怨，因此也比他们更脆弱、更不堪一击。天知道，或许抱怨能使人坚强。那时，我们经常从噩梦中惊醒，受够了漏雨的瓦屋，受够了稀饭青菜，在忍耐中耗尽力气，都懒得抱怨了。我们走得决绝而匆忙，来不及收拾妥当。于是那些我们现在所眷恋的东西，就落在了老房子中。

“这是我们的新家。”母亲扛着扁担说。那时朦胧的星辰正照亮她发鬓的露珠，清晨和她的面庞一样宁静。而我们都知道，这不过是几近废弃的砖头和木板搭建的，比老房子好不到哪里去。

在新家，三妹的缺失是真实的，我和二妹的成长也是真实的。农村的女孩都是母亲的好帮手。每天放学，我和二妹担着水桶走几里路去挑水。那时她八岁，担水的身子摇摇晃晃，扁担吱吱呀呀地响，水滴答滴答地溅落……她走过的路，如同下过雨一般。我想去帮她，但不能够，不但如今的我不能够，就连那时的我也不能够，因为我担着更重的两桶水。记得挑水的路经过一条清亮的河，时常有几只船泊在河岸，渔夫看见担水的二妹，又夸赞又疼惜。

而我依然铁石心肠。她离我那么近，天天在我身边，与我同吃同住同劳作，我却不夸赞她疼惜她，我给予她的关注，甚至不如日记中的妹妹。也许是她太像我，我无法在她身上想象另一种生活。总之，那时的我，并不是一个宠溺妹妹的姐姐。

那些年，越来越多的人家盖起楼房，显得我家的房子更寒酸。那时，人人都说，站在那户人家的楼顶看得最远，它崭新、轩敞、漂亮，在山村鹤立鸡群。

一日，我经过它，趁无人蹑手蹑脚地走进大门，终于从楼梯爬上全村最高的楼顶。二十年后的我，回望那个闯入楼房的女孩，不禁为她鬼鬼祟祟的样子捏一把汗。

我趴在栏杆上，下巴抵着锈斑，视线掠过瓦屋，穿透雾蒙蒙的村树，看清了村庄为数不多的几条弯路，在暮色中无穷无尽地向前延伸，直到被卷进白雾里。

日记中的妹妹突然出现在路的起点，她边向前奔跑，边回头朝我喊："姐姐，快来！姐姐，快来！"我所有的想象几乎都在一瞬间被照亮。此后，我无法忍受一个奇异世界从眼中消失，于是努力走上那些通往远方的路。

那日，我为此付出了代价。这家的男孩和他的同伴把我当成小偷绑在树上，是二妹赶来解救的我。事后，我久久不愿回家，二妹一直陪着我，坐在一个永不褪色的黄昏里。在渐渐凉下去的风中，我第一次感到，在内心深处，我们是如此理解对方。

那个黄昏是我们一生中最亲密的时刻之一。二妹是个羞怯内敛的人，而我是个敏感怪异的人。我们很少在一起游戏，更多的时候是在一起沉默地劳作。那个黄昏我们背靠背地挨在一起，说起了对未来的畅想，一直讲到天黑下去月亮升得老高。

多年过去了啊！再次回想那个黄昏，心中便泛起水一样的温柔与忧愁。贫穷再也难不倒我们，当年的细节也已遗落。围绕着日记本的爱与恨，被记忆重构的虚与实、水与火，都已被现实碾展成柏油路般的平面，只有我们的情感还在其中奔驰，磕碰出坑坑洼洼。

这些年，我一直奔走在路上，飘飘荡荡的，日记本都落在我住过的出租屋里，以及我到过的每一个城市。在现实的轨道上，我和二妹停靠在不同的站台，似乎离得越来越远，但我还清晰地记得那个黄昏，它让我意识到，我们对于彼此，如此重要。

我早已不是一个蛰居在日记本中的少女，却继续以“作家”的身份写着类似日记的书。这些书里，有我的影子，有母亲的影子，有妹妹的影子，它们由一张张鲜活的笑脸构成，以及女人纷纷扬扬的秘密……于是，我想把我的第一本书献给母亲，献给妹妹。我带着书踏上火车，掠过一个又一个的站台，奔赴她们所在的地址。我的母亲啊，已两鬓花白，缩在父亲的背影里；我的妹妹啊，在二十岁的年纪，就已是两个女孩的母亲。我到达时，他们以哽咽的欢笑和浑浊的泪水迎接我。和他们一一寒暄后，我注意到门边的两个小外甥女，她们有着和二妹一样的眉眼，也有着和我相似的眉眼。我一阵眩晕……此情此景似曾相识，此种命运仿佛轮回。我的泪水禁不住滑落。恍惚中，双眸漆黑的两个妹妹从遥远的时空落在此间，穿着粉红色的外套，站在记忆中有点褪色的红木门边，摇着小手对我喊："姐姐，姐姐……"

回望来时的路，命运的痕迹如此清晰。我意识到我并未挣脱现实，相反，血肉模糊的现实依旧在塑造我，以及我的亲人。我不禁觉得，我写下的书是日记的某种变异，或者必定与日记关联。当我在写作的路上越走越远，我发现要感激母亲和妹妹的地方越来越多，过往的记忆也越来越清晰。

有人说，"写作不过是疯子的把戏"，而我在疯癫中找到了记忆迷宫的出口。我疯癫的写作源于记忆，也将终于记忆。

穿透身体的风

1

这个秋日，早已白发苍苍的他，终于有机会想想几十年前的爱情。开始时他只在黄昏时分想一想，后来，清晨和深夜也在想。想得越多，他越感觉当年自己错过了什么。只是他心里也很清楚，那是很遥远的事了。

过去的几十年，他辗转于南北各地，打过仗，蹲过牢房，做过老师，当过文职，日子就这么白白地过去了，而自己真正想留住的，却一点儿也没有留下。有时站在街市尽头的高楼上，挨着那扇蒙着灰尘的窗看尘世中来来往往的人，都隐忍地承受着慢性的痛苦，他真不明白人到底为什么活着。

在一些静谧的夜晚，当花圃中的细草也感到人的孤独时，他的心底升腾起一股月光浸透河水般的清亮与温柔，便也觉得这世上的一切苦难都是可以原谅的。“在秋天孤独的人，已永远孤独”，温情悲悯的里尔克，也能懂得他内心的声响吧。

然而，当白昼到来，公路上繁忙的喧嚣刺破玻璃灌入他的耳朵，遗憾和不甘又开始慢慢啃噬他的心壁，直到他觉得窗外那过于耀眼的阳光全都荒废了。

一切都荒废了，连同他那看似多余的可笑想法！在他所经历的年代，爱情多么徒劳，以至于他所穿越的夜空和车站，都流动着浓得化不开的忧伤。那些年，自己是怎样拽着一点若即若离的念想辗转于各地，他只要想一想，就觉得有一股风正穿透他的身体。

2

她当然不是他生命中唯一的女人。结婚前他也交往过别的女人，只不过由于种种原因，他都没能好好了解过那些女人。对于女人，他是不擅长应付的。他觉得她们就像头顶的星星，一闪一闪亮晶晶的，勾着你，你动了念头后却时常感到它们既看不清也摸不着，恼人得很。

现在他过着平淡的家庭生活已经多年了，像所有的平常夫妻一样，岁月早已将激情消耗殆尽。日子就像老朽的铁轨枕木，只是单调而平整地向前延伸，而全无一点期待。他不得不承认他老了，老到随便一个人都能将他击倒，而他倒下时没有人会想起他曾是个英雄。

当年，当他还执着地想着她的时候，他并不自由，深陷战争的旋涡之中。一场又一场的硝烟推着他，使他像滚下山坡的石头般停不下腿脚。胜仗有时能消除对死亡的恐惧，然而生命的漂浮感始终挥之不去。

预感到灾难来临时，他是刻意躲着她的，只是没想到事情会因此逆转，倒向不可收拾的结局。他做那些事时，心里还在盘算将来如何向她解释，而她也总有一天会明白的。他把对她的感情像把行李收拾进背包里，然后匆匆辗转到很远的地方。新驻地没有灯，他借着月亮和火光给她写了一封信，但为了避祸，那封信留了个假地址。

那封信的内容，他一直记着，只是最近这几年年纪大了，有些字句记不清了。他已到耄耋之年了呀，岁月并没有饶过年迈的他，痛风、高血压、心慌时不时地把他拽到医院去。他没想到，她竟清清楚楚地记得那封信。是的，她一字不差地记得。

那天，他照例到公园旁边的小学接放学的孙子回家。路过公园门口时，他碰到了老单位的女同事，便停下来寒暄几句。他注意到同事身旁的老妇有些面善，总觉得在哪里见过，似乎很陌生又很熟悉。犹疑之下，他不敢唐突。他和同事有一句没一句地说着话，不时以眼角的余光打量那老妇。他的脑袋嗡嗡嗡地乱成一窝马蜂，完全听不清同事跟他说了什么。

那老妇也狐疑地看着他，看上去她比他更惊讶和疑惑。这时，同事也看出了他们的奇怪反应，试探地问：“莫非你们以前认识？”这句话似乎复活了他们的记忆。那老妇突然哆嗦着嘴唇问他:“你是 ×× 吗? ”他一时怔住,也颤抖着嗓音问:“芳芳? ! ”同事一旁大喜:“原来你们认识。”“嗯,认识,很多年前就认识了。”他们喃喃地说。

几十年了,红尘呼啸而过,风突然大了起来。此刻,那下陷的落日一点点西沉,余光斜斜地照着两个老态龙钟的故人。问及过往,那封没有回音和结果的信,被缓慢地翻了出来。

在秋日的县城公园,桂花树前前后后弥散着浓郁的花香,两尺宽的小径斜倚着些黄菊,右侧蜿蜒而出的花溪流淌着细弱的一脉,岸上的白沙闲卧着几只白鸭,再过去就是一丛丛已经凋谢的夕颜。他拉着孙子的手,教他叫“奶奶”。这小崽子却挣脱他的手,不紧不慢地在他们前面走着,不时地回过头来说:“爷爷、奶奶,桂花好香! ”于是他们在后面跟着孩子,走在薄暮的昏黄中。回忆往事,她把信的内容背诵出来:“芳芳同志:当你收到这封信的时候,或许,你已经嫁给了一个好男人并成了一位年轻的妈妈。如果是这样,请接受我诚挚的祝福吧……若你还未成亲,请你相信我……”

信是那年秋天寄出的,距离他被捕的日期不远。这封信简略地谈到他的处境和打算,甚至隐晦地透露出求婚的意图。他身份特殊,但有什么关系,他还是一个可以追求幸福的人。尽管如此,他也没有打消最后一层顾虑,因而他没在信中留下自己的真名,而是使用只有他和姑娘二人才知道的昵称,并且处心积虑地没写他在外县的地址,而是使用义和村的假地址。义和村位于某省一座中型水库的沿边岭脚,他早年因订购木材到过那儿。出于种种担忧，他借用了这个地址。这里头他抖了一个机灵，“义和”暗合“情投意合”，姑娘看到了，应该会明白他的意思。不然又能怎么办呢？父亲参加过抗日，早早地就死了，不但没留下任何功勋，而且就连士兵名册也不曾来得及记录他。战争年代就是这样，风卷云涌，尘沙飘忽，能认清方向就不错了，谁还管得了功过？而时局未定，倘若贸然行事，即便他认为继承父亲遗志没错，也无法保证不会惹祸上身，何况叔父与父亲分道扬镳去了国军，他会理解自己的侄子吗？鉴于此，他不得不借用这个连自己都稍感陌生的寄信地址，既是怕居心不良者拆信，更是怕因为自己而连累姑娘。

第二年初夏，他果真被捕，历数罪名后随即被投进牢房长达数月。牢房逼仄窄小，他流了许多汗，也流了许多血，唯独没流过一滴泪。实际上，他心中时常感到庆幸。

在狱中他结识了一个黄姓狱友，那年的整个夏季他们都关在一起，彼此见证了对方的不堪。在短暂的放风时间，从牢门可以看见黄同志弱不禁风的女友在女犯劳改场吃力地挑粪下田。她面庞有些病容，荷重负的肩膀向一边歪着，细瘦的脚踩在泥巴路上有些不稳，几次差点摔倒。面对此情此景，黄同志都会死死地抓住监狱的铁栅栏泣不成声。

姑娘是被黄同志连累的，说起来她还是自己的旁系堂妹。他清楚地记得，这姑娘路过牢门时，与狱中的男友匆忙对视，无言扭头，亦是默默垂泪，令人见之不忍。他当场批评未来的妹夫没出息，庆幸自己早有远见，既把所有家人都转移至外地，又在给女友的信中写了假地址，从而免去她当寡妇的险情。为着这个先见之明，他多次暗自高兴，尤其是在他感到生命快到尽头的残酷时刻。那个夏天，他几经严刑拷打，最终落下终身残疾。

当绝望淡去而又略显无聊时，狱友们畅想出狱后的光景。有人说想陪父母去祭祖，有人说老婆孩子热炕头，有人说要对喜欢的人说出“爱”……轮到他时，他宣称要一个人赤条条来去无牵挂。嘴上虽这么说，其实他心里煎熬得很、矛盾得很，既想着别连累姑娘，又难以断舍。

后来，局势反转，他们从牢里逃了出来。劫后重生的堂妹与黄姓狱友顺利地结婚生子，没有终身抱憾。而他，却没有结果。这当儿，他自觉自己没出息了。

谁对谁错？他想，如果硬要挑自己的过错，或许是在最困难的时候，他缺乏勇气赌一赌……不说也罢，哪有什么如果？

他失掉了该有的爱情，伤害了一个同历两年心路的姑娘，这是他选择的结果，既是选择就怨不得任何人。在不得已的情况下，他为了对方的平安而不得不放手，就算被指责为无情也认。纵观一生，他多数时候是这么想的。因此，他并没有总是为此事悲伤，甚至觉得这是命运的安排。年轻时，在一些狂妄的时刻，他甚至还安慰自己，将来或许会有更多的可能，还有更好更美的姑娘出现。他认识别的一些女人后，却发现被姑娘所唤起的那种热烈而温柔的感情、那种甜蜜而深沉的陶醉，再也感受不到了。

他不得不承认，他禁不住有些许后悔。后来的日子，偶尔听到辗转传来的有关她的消息，他的心都会紧一下，有种又酸又胀的感觉。于是他小心翼翼地在心里保留最初相识的样子，在脑海中一遍遍地勾勒她在河边摘来的一枝花的轮廓，一次次闭着眼睛回味她把那枝花送给他时风中浮动的淡淡芬芳。

3

公园的小径曲曲折折，他们时而踩上树丛的阴影，时而完全沐浴在黄昏的霞光中。

孙子被一只蝴蝶引向一丛开得正灿烂的木芙蓉，他们也跟了过去。孙子在花丛边追着蝴蝶跑，天真而烂漫。他们在旁边的木椅上坐下来，眼睛一直守着孩子的身影。夕阳越来越偏斜了，怕天黑的蝴蝶忽然没了踪影，孙子也对蝴蝶没了兴趣，开始观察地上的蚂蚁。他记得就在这时，她对他说："你的面相变了，都认不得了。自打在小河边分别以后，我们就再也没见过了。"

他听了很是感慨，也可以说是有些震惊。眨眼间几十年过去了，面相变了不奇怪，奇怪的是他并不觉得他们没有见过面，相反，他觉得有好几次他们擦肩而过了。

有一次，他扛着仪器走在乡村公路上，一辆大巴驶过，一张映在车窗上的女人脸，使他鲜明地想起姑娘的面容。他几乎喊出声来，又怕自己被偶然的相似欺骗。在他的记忆里，姑娘还是他在最好年华所认识的那个姑娘，还是在河边倚着一棵树笑吟吟的样子。

更早的一次，是他有意避开的。那是出狱后的第一个夏日，他还未从身陷囹圄的惊惶中摆脱出来。为了填饱肚子，他上身赤膊，肩横一担，挑着两大箩筐番薯到集市上卖。想不到担子刚落地，他就被吓得立马挑起担子迅速逃离。这一次距离非常近，他确信旁边摆摊的女子就是她。趁她还没看见他，他就头也不回地仓皇逃入熙熙攘攘的人群。走远后他才敢回头看一眼，只是除了攒动的人头什么也看不到了。

过了十年，漂泊半生的他从外县回到故乡。此时，他已是另一个女人的丈夫。也是夏天，天气有些热，他与妻子到集市上置办日用品。在临近东门塘的街巷里，他与妻子并肩走在热热闹闹的集市上，突然有个行人由身后从他们夫妻二人中间急匆匆地挤了过去。那人挤过去后向前走了几步，又突然回过头看了他们一眼。他惊讶地发现，竟然是她。只是，她的面容已有些发黄，和他心里最初的形象有些差距了。看着她远去的背影，他怀疑她是故意的，事后他多次回想也是这么认定的。然而，他在公园对她谈及此事时，她却说对此没有印象。这么说，她是在赶圩时无意挤了他一下啊。又或者，那根本不是她，而是他的错觉罢了。

大约又过了十年，一个寻常的圩日，他和妻子到粮所办完事出来，一起到粮所前的集市买东西。妻子在摊位挑选衣服，他站在一旁等候，眼睛百无聊赖地打量来往的行人。突然，他发现门市里有一个熟悉的身影，身穿“的确良”布衫，挑着箩筐从粮所走到集市这边来。他目不转睛地看着她轻巧的身影在集市利索地穿行。妻子买完布衫，他还呆立在原地不动。妻子只好拉着他朝果蔬卖场走去。走着走着，那挑着担子的身影很快赶超到他和妻子的前面。同十年前一样，她在前边突然回过头看了他们一眼，那含义不清的眼神连同她脸上渐起的皱纹和风霜，在他脑海风驰电掣而过。他的心微微发紧，一股热血从胸腔直冲脑门。他确信她认出他了。“她为何看我这么一眼？只看这么一眼？”他感到疑惑和委屈。他想追上去问她这是什么意思，转念又想：“这也许仅仅是一个赶集人一次无意识的张望罢了。”犹疑之间，他的脚步迈不开了，立在原地怔怔地看着那身影汇入人群，直到妻子唤他赶紧赶路。

一晃又过了十年（他们的时间总是以十年为计啊），已到知天命年龄的他，在县直机关做一个无足轻重的职员，没日没夜地整理史志资料。一天，有个女人打电话到单位办公室，接电话的恰好是他。那女人自报家门后，就问他邀请到她家赴宴的同乡人下班了吗。他回答说他们已经在路上了。听见他的声音，女人突然问：“你们单位是不是有个叫 ×× 的？”他听了顿时紧张起来，莫非是她特意寻他来了？是她吗？电话那头的声音已沙哑得分辨不出当年的甜美。他心中又喜又慌，情急之下答道：“本县有四个 ××，本办则只有一个 ××，这个 ×× 就是……”没等他说完，女人应了一声“哦”，便挂断了，只剩下他在电话这边茫然不知所措。待他反拨回去，只听见一个公用电话的忙音。他真后悔他的蠢笨和故作聪明，为什么不直接承认呢？而她为什么武断地挂断电话呢？兴许是他的态度让人心生误会吧。

他不知该如何向她说起这些她毫无印象的“见面”。印象的缺失，使得这一切仿佛只是他一个人的事，沉得如同一块黑铁搁在心里，堵得他无法开口。他终于没再继续说下去，只问她是如何看待那封信的。

她说当年想给他回信，却搞不清楚那外县的地址，疑虑重重地回了信，又被退回来了。

啊，到底是他自作聪明地把事情复杂化了！

4

她说这些年她搬了很多次家，那封信不知在哪一次搬家时弄丢了，所幸由于看了很多次，信的内容她已完全背了下来。他不由得感叹，那封信的字句很糟糕，长短不一，杂乱参差，难为她一字不差地记得。

在公园的一把红褐色长椅上，她对着木芙蓉轻轻地背出了那封信。深埋的记忆随着褪色的字句翻滚而出。

那个动荡的年代，他从学校毕业回乡，家里人为他安排了不少相亲，均被他以先立业再成家婉拒。后来，他放下家里的一切前往外乡当教师，一心想让肚子里的墨水有用武之地。就在那儿——外乡的新学校，初为人师的秋天，他们相识了，姑娘十九岁，他二十二岁。

他至今还记得那天的光景。他走到学校后面的田间，沿着开满野花的小径漫步至一条小河旁，然后靠在岸边的一块大石头上歇脚，时而看看河面上的水鸟，时而看看过路的行人。

夹杂着花香的风，把他的心熨得妥帖而舒服。他一只手垫在石壁上让头枕着，另一只手伸出去扯下身旁的一根绿草茎叼在嘴里。

天空蓝而亮，稻花在风中浪涌，他的视线随着不远处的一条大路漫卷开去。不经意间，一个丽影犹如一道亮光闯入他的眼眸。她上身穿一件蓝花布衣，下身是一条黑棉裤，脚上是一双黑底蓝面鞋。她手上挎着一个篮子，里边装满野菌子。她步履轻盈，很快走到他面前，很快又走了过去。那椭圆形的生气勃勃的脸望着他时，一双黑褐色的大眼睛就水汪汪明晃晃地照过来，似有无限的音乐在流转。

他嘴里的草茎掉了下来，他听到了心中微微一动的声音。他陶醉了，还是这一片天、这一片地、这一片稻田，似乎没什么不同，却已然不同。他坠入浓郁的遐思中，目光紧紧地追着那倩影，耳朵紧紧跟着那笑声。等他想起该询问她的姓名时，姑娘已走远了。他恋恋不舍地望着姑娘远去的方向，好像那儿有他一直追求的东西。

那天，他回到学校，无论是吃饭还是洗脸，姑娘的面影总是出现在眼前。他的心好像被人上了弦，微微发紧，却又无比快意。同事发现他总是不自觉地哼起歌，有时又会突然猛地双脚跃起，就好像他刚获得田径赛的冠军似的。

接下来的日子，他一直在想，怎样才能再见到她呢？怎样才能认识她呢？每天放学，他都迫不及待地到小河边的石头上等着，期待她的出现。他一连等了一个星期，眼前还是那片蓝天、那片绿地、那片稻谷，唯独没有那位姑娘。

他的心慢慢空落落的。就在他不抱希望时，转折出现了。她出现在学校，而他正好给她弟弟上课。本来他并不是她弟弟的授课老师，恰好那几日那位老师有事请假了，课程暂时由他代替。这可不就是天意嘛！

她来学校了解弟弟的学习情况，谈吐落落大方，举止中又显露出一股直率能干的劲儿。谈完弟弟的事，他问她可曾读过书。她说读过一些。随后，他们畅聊喜欢的书，不知不觉背诵起诗词，“春眠不觉晓，处处闻啼鸟。夜来风雨声，花落知多少”“接天莲叶无穷碧，映日荷花别样红”“稻花香里说丰年，听取蛙声一片”……他们感知到彼此的情谊，顺理成章地恋爱了。

她家离学校二十多里，平时她要帮家里操持家务和农活儿，而他也忙着给学生上课，两人就不常有空见面。于是他就给她写信，她也给他回信。信不能尽意，又在寄信时附赠些小礼物，比如像章、个人照，等等。这样过了半年，双方都有了谈婚论嫁的意思，他送她手帕，她回赠亲手纳的鞋子，算是定情信物。

正当双方家庭准备互相送出已在筹备的聘礼和嫁妆之际，时局发生了改变，婚事不得不暂时搁下。他随上级辗转到外地的一个接待站，并在那里过了新年。

在异地他乡，他随着队伍喊口号、刷标语，如火如荼地投身于革命事业，直到次年 4 月才得以闲下来。这一闲，满眼所见是漫山遍野的杜鹃花，对姑娘的思念便涌上心头。于是，早已放下教鞭的他，身着一身军装，搭长途车回到故县，按信上的地址寻到姑娘所在的村落。

那是一个漂亮的山村。北面石山为屏，山下一条碧蓝的河水如绸带般环绕着稻田和村庄。南面是绵延起伏的山岭，岭脚有一座小型水库，接着是绵延不尽的苍翠的甘蔗林。刚进村口，就走入一棵榕树的巨大浓荫中，然后他看到树下有几个孩子在玩耍，便走过去向他们询问芳芳的住处。他们警惕地反问："你找她干什么？"他说自己是芳芳弟弟的老师，受她弟弟委托帮忙捎带些东西。他们中的一个小孩就带他七拐八弯地找到了芳芳。

"是的，我乍一看到你，开心极了！"芳芳带着回忆的神情微笑着说。"那是我们处对象时的最后一次相会。"他补充道。那时，他还觉得自己可以和芳芳成家并过上安稳的日子呢！

他带她到当地的一所学校漫步。彼时学校已经停课多时，校园里师生寥寥无几，而墙壁上随处可见醒目的口号。只有流经校园的那条小河，还一如既往地奔腾。

在寂静的校道上，他把近况和理想抱负都告诉了她。他说他已经不当老师了，因为有更重要的事情要做。她笑着给予善解人意的支持。他幸福地抓住姑娘的手说，等他在那边安顿下来就娶她过门。姑娘微笑着说都听他的。

分别后，他回乡跟父母说了自己的打算，并向学校正式递交了辞呈，然后继续到异地投身于运动。正当他沉浸在美好蓝图的畅想中时，他被捕入狱了。那是他们相识的第二年初夏。

句号冷不丁地画上了。而直到这个秋天，他才有机会告诉芳芳事情的缘由。芳芳啊，这时节黄昏暗下去了呀！回想这几十年的光景，他真觉得像是一场梦！

多年后，他调到此地的县直机关，先做宣传干事，后来又负责史志的编撰工作。多年来，当他马不停蹄而又中气不足地爬梳那些历史时，唯独没有勇气想一想他自己的事情、他的家族，以及他的姑娘。由于工作，他断断续续地、明里暗里地多次回访和研究当年走过的路、到过的地方、经历的事，似乎心有所悟，又仿佛迷惑不解。沉浸在史志中久了，他又喜欢上写小说。有时，他觉得“历史不过是御制的狭隘，而文学恰恰是自我的偏执”。哪个更真，他越来越分不清了。唯有相信善意的坚守，才不失本心。有时，神经跳脱的瞬间，他冒出一些念头，如果历史重来，他的路该是什么走向呢？

没有对错，只有时间的流逝，和渐次明朗的心怀。也许，唯有如此，他才会爱她一辈子。

5

那的确是很遥远的事了，公园分别后他再也没见过芳芳。他已知道她嫁了个好丈夫，拥有大体幸福的家庭，这就够了。

在氤氲朦胧的黄昏，靠在家中的躺椅上，他会想着再给她写一封信，说他阳台的花开了，或者说他孙子长高了，又或者说他最近读到了一首好诗……想了很多，却没有一个字落到纸上。这时，他就试图回忆当年那封信的完整内容，又总是抓不住一些字句。他的脑袋越来越不好使了，似乎风一吹头发就乱了，脑子里的很多东西也跟着乱掉了。他想再去问问芳芳，请她再背诵一次那封信，可刚要行动时思绪又飘远了。

我在2019年的秋天遇到了这个老人。他认为我能了解他，就在一盏昏黄的灯下向我讲述了这个尘封多年的故事。也许是秋天晕染出了相同的光线，促使他头一次在人前如此完整地端出自己涉世之初的岁月，如此坦率地重温姑娘曾经给予他的美好。我在这忧伤而坦诚的叙述中，见证了人心的丰富与柔软。是的，他的谈话多停留在姑娘而不是历史烙在身上的伤痕。他将这份美好视为生命中最宝贵的馈赠。

他说，有时在梦里，他会再次回到那条美丽的小河旁。因着这份美丽，他不惧怕漫漫长夜，终爱上秋日黄昏。

风中的女人

我先想起的是关于一只猫的传说。这个传说经村民之口关联上一个疯女人。

这个疯女人不是别人，正是我们村民中的一个。我对她所知不多，除了童年的一点记忆之外，全都要依赖奶奶和村民之口。

奶奶说，疯女人的家就在水田边，小孩不要到那里去。为什么不能去，有多少个大人，就有多少种说法。随着年岁渐长，我大脑中的记忆逐渐显露出成形的脉络。这时，我才能大致地讲述这个故事。

她的疯，与一场火有关。那时她还小，不过几岁，正挨着冬天的火炉午睡。几根甘蔗叶被风吹落进火炉，喷出妖娆的火舌，迅速蔓延成猛烈的火势。门窗关着，散不开的烟气，慢慢从窗缝、门缝、屋瓦渗出，盘旋成一阵阵黑雾。人们回忆起来都说，远远看去，那屋子似有瘟神降临。女孩昏迷多时才被人救出，醒来后就成了一个傻姑娘。医生说这是长期缺氧导致，村民说这是瘟神附体。

她十六岁嫁给了村里的老光棍阿来。说是嫁，其实并未领证，而是摆几桌酒席就算过门。阿来是个本分的农民，直到四十三岁还未娶妻，他母亲为此操碎了心。母亲临死之前，终于托人给他讨了个媳妇。虽说人有点疯傻，但总归是个媳妇，老太太放心地闭眼了。

阿来的母亲，是个可怜的女人。一个消失的男人让她吃尽了苦头。这不重要了，将死之人总是乐于原谅，她不再怪他，甚至闭眼时都没想起他，一心只盼着早点抱孙子。那个男人当年抛下她和阿来，跑到城里再也不回来，对孤儿寡母的死活也不过问，这样的人不想也罢。

阿来的母亲死了，刚参加过阿来喜宴的乡亲，又聚集在他家参加丧礼。人们全都愿意为老人的死赴会，而她在世时的艰辛却很少有人过问。可见，人活着时是孤独的，死了才在众人的泪水中被全部接纳。这真是人的悲哀。

鞭炮声后，哭丧的泪水像一场雨一样下过就消失了。也是，泪水从零散的田地汇集而来，自然要回到田地去，村民们为了庄稼不停地忙活，又怎能长久地沉溺于并不擅长驾驭的情感?

老母亲抱孙子的遗愿，阿来放在眼里记在心上。养家、生孩子都要花钱，阿来只好去打工挣钱。四十多岁的人了，不能像年轻人下广东，只能在方圆百里内找活儿干，所以他挣不了什么钱。

疯女人身材修长挺拔，臀部丰满，从背后看是个漂亮的人，从正面看就十分骇人。她右脸被火烧毁了，颊上覆着一块巴掌大的疤，疤的周边是粉红色的新肌，时常流脓。我乍一见她，还以为见鬼。你可以想见，为什么女人们哄小孩时，总会说“再不听话，村那头的女鬼就把你捉了去”。

白天不常在村里看见疯女人，她总是天快黑了才从家里出来，像幽灵般四处飘飘荡荡。胆小的孩子躲在家里，生怕出门遇见她。我在河边放鸭子时，最怕遇见她。我反抗母亲，不愿独自去河边，可母亲太忙了，需要我分担活儿。

薄暮时分，我躲进河边的芦苇丛中。晚风吹得芦苇沙沙响，水声听起来特别凉。一只鸟从山那边飞来，喝几口河水，久久地立在岸石上，落日隐去才飞走。鸟每天往返数次，我数着，害怕着，太阳一点点地偏西了。疯女人为什么喜欢跑到河边，难道水流能带走她的苦难？我蜷缩成一团，提心吊胆地窥伺她、躲避她。我害怕她莽莽撞撞地朝我走来，不长眼的脚踩在我的脑门上，留下像她一样的疤。

她没有踩到我，我的鸭子就没那么幸运了。她像是冲着鸭子来的，无论隔多远都能捕捉到鸭叫声，然后不顾苇叶割肤径直追过来。她走过的地方，芦花纷纷扬扬，在暮色中白花花地飘散。她一会儿“呃哦呃哦”地把鸭子呼唤到身边，一会儿故意把它们追得满地跑。落日西下，霞光染红芦花，我的鸭子最终被她赶到河里，渐渐失控。长河落日圆，旷野逐渐安寂，我的鸭子在河面肆意游动，优雅得像女王。疯女人在岸上如痴如醉地看着，接着学鸭子用手不停地撩拨河面扬起水花，直到夕阳沉山，她才厌烦这个游戏，起身朝别处走去。这时，我才敢从芦苇丛中走出来，着急忙慌地唤回鸭子。

传言她在自家天井挖了一个水坑，后来那里冒出一眼泉水。这不算稀奇，稀奇的是她总是脱得赤条条地泡在水里。她一定以为自己是只鸭子，一会儿以手为鸭掌拨水，一会儿张臂为翅扑腾水花。有人去她家，就撞见她白花花地浮在水里，看上去颇像只大鸭子。有人爬墙攀树偷看她玩水。漫漫夏夜，月色如水，破屋中她一丝不挂，身体被月光照得莹白。偷窥者看不清她的脸，却看见了月色中娇艳欲滴的白乳。后来，有关她洗澡的传言愈演愈烈，我也跟着别人笑话她的疯癫。我太小了，还不会同情人。

在奶奶口中，疯女人挺可怜的。

阿来不在家，疯女人要独自操持家务，甚至打理田地。她把一切搞得一团糟，把饭锅烧煳了，把秧苗当草拔了，把别家田地错认成自家的……奶奶叹气："这两口子的日子可真够艰难的。"

最难的还是生孩子。听奶奶说，她从没顺利生下过一个孩子。有时她在河边洗手，身上突然就流出一摊血。她吓坏了，趴在地上哇哇大哭。我生怕她的血弄脏鸭子的白羽，就远远地绕开。

村人送她去乡医院，并找人通知阿来。阿来赶回来，孩子已经没了。疯女人哭着说疼。疯子也会疼，这是上天的公平，也是上天的残忍。

疯女人第三次怀孕时，阿来为了确保母子平安，不再外出务工。奶奶说，那时的阿来可会疼女人了。他伺候疯女人吃喝，教疯女人给胎儿唱歌："孩儿啊，你快快长大啊，你是爸妈的好孩子啊。孩儿啊，你像山上的小鹿啊，快乐又美丽啊——"

住在山脚的神婆说阿来命里无子，还说娶疯女人犯忌讳。她说疯女人是从地狱逃回来的，鬼王招她做媳妇，她不愿意，硬要回到人间，得罪了鬼王，鬼王就在她脸上留了块疤。她说得头头是道，又能掐会算，让人听了心里直犯嘀咕。

神婆的话，多数人不信，守旧的老人信。这样的老人聚在一起，东家长西家短，闲言碎语不断。阿来听得多了，心里就不踏实了。俗话说："宁可信其有，不可信其无。"阿来去向神婆求助了。神婆眯着眼睛说："破解之法，有是有，但要费些工夫。"说完眼睛直勾勾地盯着阿来。彼时我和奶奶也在场，奶奶素来对神婆有些敬畏，听说有破解之法，很为阿来高兴。

神婆说应当立即举办一个仪式，斩断疯女人与神鬼的联系。她会被绑在一棵树下，用烟火和艾叶熏上一天。听见神婆要很多钱，阿来有些犹豫，但为了孩子，还是决定一试。

年轻人劝阿来，神婆不过是故作惊人之词，要是她说什么都当真，还要医生和科学干什么！装神弄鬼骗取钱财的把戏，何必当真？阿来不放心啊，老话说得好："不听老人言，吃亏在眼前。"于是阿来不顾经济拮据，开始操办起来。

我亲眼看见了那场仪式。疯女人被绑在树干上，惊恐地大喊大叫，神婆则在一旁点燃艾叶和柴草。浓烟升腾，疯女人突然安静下来，满眼困惑地看着面前的一切。火势越来越大，烟越来越浓，艾草越来越呛鼻，疯女人再次发狂，拼命喊叫，其惨状让人不禁联想起她儿时的大火。阿来没办法，就往她嘴里塞了一团布堵上，她只能愤怒而又绝望地看着阿来。

神婆一手摇铃，一手拿着燃烧的艾叶把，披头散发，面目狰狞，神神道道，咒语迭出，身体剧烈摇晃，仿佛神灵附体。突然，她从一次最猛烈的摇晃中静止下来，怒目圆睁，一动不动，呆立了一分钟。再次摇晃起来时，她改变了动作，一边转圈一边撩拨火堆，每转一圈就向疯女人吐一泡口水。

几个月后，疯女人生下了一个女婴。本来村里人对神婆将信将疑，这下全都把她当成了神仙。孩子满月后，阿来又给神婆送去一份谢礼。神婆说不能让疯女人喂孩子，阿来就天天给孩子喝牛奶。孩子一天天地长着，疯女人的病却一天天地加重。只要阿来不注意，她就蓬头垢面、衣衫不整地往外跑，疯疯癫癫，哭哭笑笑。一天晚上，疯女人跑出去，很久都没有回来。阿来也没及时出去找，等到想找的时候却找不到了。阿来去请问神婆，神婆说她也没有办法，这是和鬼王有牵扯的人。起初阿来不甘心，几番寻找无果后，也就作罢。

阿来的心被女儿填满了，渐渐地，他觉得没有疯女人省了不少麻烦，心下对现时的日子也就越来越满意。“能有个孩子就知足了。”每当有人提起往事，他就神情空洞而又满含感激地说。

疯女人失踪后，村里发生了许多怪事。人们晚上睡觉，总能听见窗外或者树下传来似哭非哭、似笑非笑、似猫叫非猫叫的声音。那声音一会儿被风声掩盖，一会儿又冲破风声刺入人耳。胆小的孩子问：“什么声音？”母亲们有的说是猫叫，有的说是狸叫，有的说是貉叫。

关于猫或者狸或者貉的传闻，经母亲们的口传遍整个村庄，接着又传到山那边的人家。后来，山上的猎人也听见了这种怪声。他们在月色中穿山越岭，突然就看见人形的动物掠过山谷。

有关叫声的消息，有时从山上传来，有时从山那边的村庄传来，有时从河边传来，有时从对岸的人家传来，有时从树梢和瓦屋顶传来……渐渐地，关于叫声的传闻，被演绎成缤纷奇幻的故事。人们津津乐道地谈论着，甚至将之加工成神话传说，讲给膝下的孙儿听。至于背后的事实，没有人深究过。

阿来的丫头渐渐长大，出落成了一个水灵灵的小姑娘。一天夜里，她也被那种叫声吵醒，次日便抓着我的手讲述那夜的遭遇。她说，她躺在被窝里，突然被屋外的动静吵醒，就屏气细听，声音一会儿在墙根，一会儿在院门，一会儿在池塘边，一会儿又在树下……她掀开被窝爬起来，走到窗边察看，刚把头伸出窗户就吓得尖叫起来：一个鬼魅般的影子闪进了树林。

阿来拿起手电筒四下扫射，却只看见一只猫蹲在墙头上，对着月亮凄厉地号叫，此外什么也没有发现。次日，女孩在池塘边的沙地上发现一行凌乱的似人非人的脚印。

不久之后的冬天，有人在十里外的山庙中发现一个冻死的女乞丐。故事传到我们村时已经面目模糊。有人说，女乞丐的面庞虽然脏兮兮的，但依稀可见一块硕大的疤痕。

那个女乞丐或许是疯女人，或许不是。不管是不是，人们觉得已经不重要了。再后来，人们就彻底忘了此事。

只有一只在夜风中流浪的猫，或许还叼着女人的灵魂，走在回家的路上。

梦里山川

序　章

我曾被《人物》微信号刊发的一篇文章吸引。它的题目是《背上的桃花，水下的故乡，三峡 30 年》。作者是安小庆。文章以一张照片开篇，照片的主角是一个背着桃花的男人，叫刘敏华。他是湖北秭归县郭家坝镇的山民。在十年前的春天，他成为三峡库区移民。离开故土时，他“小心翼翼地带上了家门口的一棵桃树”，这个场景被摄影师李风记录下来。

照片中，刘敏华戴着红头巾，身着灰白外套蓝色长裤，脚穿沾泥的解放鞋，侧身坐在水泥台上。他的脸被晒成红铜色，肤色深过他身后静默的黄墙。他背着一个狭长的竹篓，里面放着一株盛放的桃花。桃花粉红，夹杂着嫩叶，仿佛是种在刘敏华脊背上的希望。

看过这张照片的人，都无一例外地被桃花击中心脏。他们在桃花中看见故土、家园、迁徙，以及与之有关的一切……许多网友为这张照片留言，我印象深刻的有四条：

“我背了故乡在身，我假设每个脚印都有根。”

“离乡不再归，唯有带春离。”

“独往天地间，唯树吾相依。”

“家山犹在，是眸中烟水，背上桃花。”

默念这些句子，我潸然泪下。我没去过三峡，但也有一个水下的故乡，一棵相似的桃花树。我仿佛就是那个脊背上盛放桃花的刘敏华。只是我的桃花不是生长在长江边，而是生长在黔江边。

21 世纪，人们在黔江建设大藤峡水利枢纽工程，我的故乡身处库区，被分割成水位线上与水位线下。水位上涨，许多生命迎来机遇，许多事物面临挑战。我深知，曾经熟悉的一切会被水位重新塑造。

我想起那些在水边站立的树。它们站立了很久，像战士，像老人，像孩子，像风雪未归人。它们的数量很多，品性很顽强。我见过它们许多次，却从未和人说起过它们。现在，它们要在水流的冲刷下轰然倒塌了。

“轰——”这或许是它们一生中发出的最大声响。我在响彻河谷的声音中，看到了一条河的走向。

我从城市返回河边，在充满体温的地标中辨认故乡的面貌。我遇见的一切使我震撼，它们哺育了我。我变成了有故事的人、有温度的人。于是，我记述下河中的波涛、草木的纹理，以及被山河草木养育的人。

以下五个组章，是我游走黔江时故乡送给我的一朵桃花。它们像一朵桃花的五个花瓣，以晶莹的手掌托起如同血丝的花蕊，共同生成桃花令我百感交集的面容。

群山中的孤岛

从远处看，它就像一座繁华不再而庄严犹存的坟墓，孤独地夹杂在山野民居之中。它背后的山比它还高，植物团团的绿叶压在它的尖顶上。它前方是一条细水，水岸遍植芭蕉。芭蕉之外，是平整的稻田，比它更系得住人心，更守得住信仰。

如今，它沦落为一个游人罕至的景点，除了佐证一段语焉不详的历史，似乎已毫无用处。1848 年，一些法国人跋山涉水来到这里，成为历史的敲钟人。不论当地人对他们投以怎样的目光，他们都相信自己将给这片土地带来文明和福祉。他们开办学堂、诊所、孤儿院，以期感化和吸引人们。吊诡的是，这座建筑废弃不过数年，人们早已不记得那些金发碧眼的人。这儿有村民说得清这座建筑的来龙去脉吗？若非刻意调查那段历史，我是注意不到它的存在的。自从光绪二十八年（1902）建成后，它已有一百二十年的历史。尽管它的寿命长过了村庄所有的建筑，它在村民心目中的意义，也没有高出支撑它的砖石。当年目睹它建造实况的村民没有一个活在世上了，它在此站立的时间还有多长呢？

它残旧的面庞，依稀可辨盛年的容颜。其下端是方形的三层洋楼，上端是高耸的法式尖顶。砖木石结构，雕饰精巧，壁画华美，即便是现在，村中也没有哪一栋建筑的装潢能超过它。地面的砖石长满青苔，却掩不住平整周正的贵族气质，看得出是经过工匠精挑细选和精心打凿的。木雕已暗沉无光，但依然优美精致，有些雕花叶脉清晰、花蕊分明，而人像的眼睛富有感情、栩栩如生。此刻，迂回而至的风拍打着这脆弱的娇花、这温情的人眼，层层稻浪从前方步步逼近，它是否感觉到了兵临城下的窘迫与危急？

与其说它是某种文化的中心，毋宁说它是群山中的孤岛。中国人对信仰的理解，从来不是宗教式的，而是朦胧自然的。可想而知，无论他们当年如何煞费苦心，都改变不了村民们的文化结构和思想观念。相反，他们住下来后，不得不忍受岭南的潮湿和酷热，不得不改变饮食以适应这里的生存条件。事实上，当年来八桂大地的法国人，因染病而被迫中止工作的为数不少，有的还不幸死在任上。在他们眼中，这片未曾开化的土地，处处是穷山恶水，处处埋伏着野蛮和病毒。关于此类情况的描述，在勤奋写日记的西方人笔下不时流露。当他们无法带领村民合唱赞美诗时，他们变得垂头丧气，甚至认为魔鬼早于他们统治了这块土地。他们不了解的是，就像海洋塑造特定的西欧人一样，这里的人由高山大河塑造。要想深入这片土地的人心，必须凭借山川的力量。佛教深知这一点，因此扎下根来了。如果对村民说世间的法则是唯一的、精神是唯一的，村民是不信的。但如果说“万物皆有灵”“处处皆有佛法”，村民就觉得亲切。因而，他们愿意让佛祖遍布山川。他们拜佛祖和观音，就像拜一棵神树一样虔诚。

和中国的传统建筑一样，它坐北朝南。黎明，站在它的门口或朝南的窗边，能将白昼降临的过程尽收眼底。那时，鸡叫声已把村妇们吵醒，勤劳的农夫们已披衣起床。黑魆魆的南山托举出一方鱼肚白的天空，星星暗淡下去，晨鸟喧哗起来。渐渐地，芭蕉林、苦楝树现出清晰的身影，但你还看不到太阳。由于山的缘故，天亮要早于太阳出山。你目睹南山顶上的云由黑变红，镶出滚烫的金边，如同战争期间那些舔舐山脊的火光。你觉得风在生气、怒吼，想将太阳从山下、云层里救出来。你的眼睛看得酸胀了，那个火球仍逃不出囚笼。于是，你想把眼睛从南山挪开，突然，太阳破云而出，将一束巨大的金光照射到这座建筑的尖顶上。就在这一刹那，它与天地同享这震荡山川的感动。

在这座建筑背后的山上，立着几座坟墓。坟墓里的人，是死在这里的人，也是生在这里的人。不幸死在这里的洋人，无论是传教士、医生还是教师，都不愿埋在这里。他们要回到自己的祖国，恋土之情于任何人都是一样的。我沿着山道爬上去查看那些歪斜的墓碑，碑上的字迹破损了，墓台上残余的红烛和墓顶上褪色的红纸，是子孙清明节扫墓时留下的。这里的人，没有一个会为不唱洋人教的歌而心有负担，却会为清明不给祖宗尽孝而不安。上百年的坟墓，仍年年有人祭扫，一点也不奇怪。墓中沉睡的人，名字或许已不可考，但在宗族中属于哪一代、排行几何，长老们是清清楚楚的。民间血脉相承的记忆，有时竟比石头更持久、更精确。

我是在上午进到这座建筑的内部观看的。当我穿过门步入内殿时，立即被它特意营造的光线带入了特有的文化氛围。它的设计者一定深谙精神的游戏，才会造出这种意志压倒式的建筑格局。雕像、塑像、内墙皆是神圣的白色，从造像身后的拱形窗户射进来的光也是神圣的白色。它说：“要有光。”而且，它给你一种光从造像脑袋后方发出的感觉。只要站在内殿之中，你就会感觉到建筑的每一个细节都在耐心地告诉你，你头顶上方的穹顶是通往天堂的阶梯。为此，它把所有门窗都做成穹庐式的圆拱形，用五彩斑斓的颜料在窗玻璃、穹顶上画出精美绝伦的图画，让阳光透过彩色玻璃窗照进来后在对射中变得神秘、庄严。最重要的是，它让大厅的地面到穹顶之间毫无遮拦，这种看起来几乎是浪费的封闭式空阔，营造出天国近在头顶的气氛，然后在你仰望天堂之光时，它悄悄接住你的灵魂。你唯有折服、赞叹，匍匐于一种神秘的力量，才能在这强大的精神意志笼罩中感到舒适。否则，你贸然踏入这样的空间，就是对自我的一项巨大考验。

毫无例外，它把灯光设计成白色或橘色，地面放置的椅子则是深红色，这让整个内殿看起来庄重、华美、典雅。当村民们一排排地坐在椅子上，听洋人讲话，听孩童们唱诗，他们的灵魂是否得到了片刻的救赎呢？“奉行在人间，如同在天上。”那光芒之中似有一个遥远而清晰的声音。于是我开始忏悔，双手紧握抵在下巴上，双目合闭，一桩一件地细数自己干过的坏事，比如用弹弓打一只刚会飞的鸟、用脚踩来回奔忙的蚂蚁……然后真心祈求宽恕。“赐给我们日用的粮食，免我们的债，如同我们免了人的债，使我们远离诱惑，救我们脱离凶恶。”我松开紧握的手，在胸前比画了一下，感觉那些可能到来的不幸通通被比画走了。我如释重负，满含感激地站起来，走路的步子又轻微又虔诚。奇怪的是，当我步出拱门来到外面，置身于真实的阳光中，刚才发生的一切就如同做梦一样，那些拨动心弦的意绪也变得虚幻而终至于无。

我走到一个宣传栏前，读上面关于这座中西结合建筑的介绍。那些干巴巴的话语呆板无趣，并对法国人初来此地的意图讳莫如深。历史就是这样，其呈现给人的面貌取决于书写者之手。造此牌匾的人，希望这座还算富丽的建筑能给当地带来游客，就故意把那些令人不快的内容抹去。然而，只要翻阅档案就能看到，那些法国人的到来，是伴随政治和军事侵略进行的，尤以鸦片战争和中法战争期间为甚。尽管不少法国人秉持人道主义，给中国人带来过益处，也无法改变侵略者的本质。因而，当法国在世界战局中失利后，那些随着战争到来的法国人，也要随着战舰离开中国。

1918 年，曾经称霸世界的法国，在第一次世界大战中遭受重创，其在世界各地分布的势力锐减，在广西的力量也大为减缩。经过一段挣扎的历史后，那些曾经雄心勃勃的法国人，不得不将精神事务交回给山川大地，带着不甘漂洋过海回到葡萄飘香的家园。此后，美国人短暂接管过这里的精神事务。再后来，本土成长起来的工作人员成了经营者。这些本土工作人员，有没有在建筑内殿的光芒中生出别的哲学？不需费力你就能发现，他们既例行公事地完成工作，也一如既往地延续家族传统，祭祀土地神、财神、龙王、山神……你在这个村里随便问一个人，他也搞不清你为什么要问那些问题。他们只知道，要以自己的方式传承先人盖起的这座大楼。

于是一百多年后，我时常站在围墙外，看那些来去自如的麻雀，呼啦啦地落在大楼的尖顶上，叽叽喳喳一阵，又漫不经心地飞走，所经之处遗落一些细碎的羽毛，以及斑斓的鸟粪。此外，阳光热烈，天地浩渺。

群山之心

活到一定年纪，人就会领悟到一些看似悖论的道理。很多时候，恰恰是无知令人坚定、幼稚让人纯洁。而世界由权力和财富支配。上天啊，我们如何撕下偏见的伪装，如何求得公平与正义？

有时，人难以找到与信仰相匹配的尺度。我们拒绝承认存在一座理性的山。上天曾将帝国搭建在马背上，又将精致的糖纸放在小孩的手心里。在锄头的咣当声中，在煳焦的辣油味里，在暮色中发亮的烟管旁，不同文明延续着它们的命运。一个村民告诉我："这儿的山不高，但人走不出山的包围。"我抬头望了一眼远处的峰峦，又低头看了看房檐下的阴影。"你会喜欢这儿的山的，相信我。"他眯着眼说，并敲了敲他手中的烟管。

山岚的雾霭，葱翠的绿影，给群山和村庄罩上模糊的面具，我心中的思绪开始涣散，又时而混为一团。树影在风中舞蹈，就像女巫投下的阴影。在这里，最残酷的审判来自时间，最难跨越的障碍是孤独。

这样的土地也许是上天的恩赐。山民的要求是如此简单，他们只祈祷没有战争、杀戮、暴力、抢劫，只祈祷风调雨顺、庄稼丰收。除此之外的东西，他们愿意用双手去争取，用劳作去获得。山川仁慈，天地慷慨，人们乐于把全部心血交给土地。

“实际上，我们只相信看得见摸得着的东西。”一个农夫向我展示他的收成，“饱满的谷子向大地低头。”这话接近于一种自然信仰。

山川之外，皆为梦境。如果有人通过言语向山民许诺更好的世界，山民一定会在他们的夸夸其谈中昏昏欲睡。山民知道，只有堤坝能阻挡洪水，只有高墙能抵挡台风，只有沟渠能帮助他们度过干旱……生活在群山的包围之中，人们害怕虚无缥缈似是而非的东西，接受不了不接地气的事物。事实上，我理解这种心理。生于斯长于斯，我和他们一样明白大山的世界不是由他人的许诺构成，而是由周遭的事物组成：河流、船只、石岸、沙土、山岭、草木、田地、庄稼……具体的事物总是占据我们的心，有时我们的悲伤因为过于具体而变得轮廓浩大、面目模糊……我们渴求丰富，害怕“唯一性”。我们狭隘、固执。这些不算优点的特性，多数时候能使我们免于被诱惑、被左右，以及陷入要命的危险。

神灵是人创造出来掩饰现实之残酷的。如果没有日出，我们将无法在黑夜入睡；如果没有彼岸，没有人会踏上远行的航船。神灵比日出虚幻，比彼岸遥远，但对人心具有同等的支撑力。和世上的所有信徒一样，大山的子民也供奉着能抚慰他们的神灵。只是，我们的神从来都不是唯一的，而是多元的；不是六根清净的，而是充满烟火气的；不是清心寡欲的，而是需要歌舞愉悦的。我们为每一座山、每一条河、每一棵树都创造了独特的祝词、咒语、颂歌、舞蹈。从战国时代的《九歌》到今天村巫口中的祷词，相似的情感与祈愿在一脉相承、延绵不息。

我们相信多多益善，因为生活的变数那么多，灾祸那么多，一个神灵怎么足够？西方的神要求唯一，必然产生摩擦。当他们放下唯一、谋求共存时，我们又以我们的传统把他们变成一座山、一条河、一棵树的样子。我们接纳他们，是因为好客的传统；我们抗拒他们，是因为多元的传统；我们改造他们，是因为包容的传统。总之，只有尊重传统，一切才得以成立。

和大山的其他子民一样，我的母亲每个月都会祭拜不同的神。正月祭祖，二月祝社，三月扫墓，四月拜佛，五月供河神，六月敬彭祖，七月祀鬼，八月祷月，九月祈山，十月报农，冬月告树，腊月念祖……在崇山峻岭之间，在河流溪岸上，神灵如同草木般繁茂，而人们的信仰如同斑驳的木石法器一样，和各路鬼神有着理不清的关系。土地公公掌管庄稼，灶神决定吃喝，财神主导财富……生于此山斯水，生育、死亡，春种、秋收，都与一场场神秘的祭祀产生关联，即便是劳作也带有仪式的光环。而大山中的子民对各路神鬼几乎保持同等的敬畏，只要神灵能赐予福佑，他们都会虔诚地供奉。

然而，我们也明白归根结底一切要靠自己的双手。仪式更多时候只是为了传达我们对事物的敬重，神灵更多时候也只是精神寄托。神灵居住的庙宇需要人的双手搭建，神灵又怎么会动手帮我们建造房屋呢？很多事只能靠自己，包括独自面对忧郁、沮丧、绝望。值得庆幸的是，我们从未在绝望中堕落。当生存意志转化为具体的米饭、鸡蛋、蔬菜，我发现世界既浩大又渺小、既很重又很轻。

有人说，智慧的人信仰是一样的，只是智慧之人不轻易开口言说而已。也有人说，信仰是鸦片，吸食之可以暂时缓解痛苦，久而久之精神肉体会被蚕食殆尽。实际上，这两种说法都只是部分的事实。真相往往小于人心的实际感受，也往往大于人心的实际感受。而人心，既由现实构造，也由历史构造，既由身外构造，也由自身构造。因此，人心复杂且难以相通。但是，人心又是相似的，相似的欲望，相似的困境，相似的爱，相似的恨……

所有的相似与不同具体到每一个人时，就是人生的长度与韧性。“你信什么？”群山叩问我心。“我信天地给你的以及你给我的。”我想这样回答，但这几乎等同于没有回答。

我想起了小时候的自己。那时，我总是梦想养一匹马，但从未想过养一头牛。马意味着速度、远方，牛只有脚下的田地和日以继日的劳作。二十多个春秋过去了，我只养过牛，却从未拥有过一匹马。这是生活对人开的玩笑，也是大多数人生存的真相。

我并不伤心，我依然喜欢马，即使我此生都没有机会养马。

一些阳光穿过树梢落在青苔上。我是第一万次到这山上来了。我捡起林地的干树枝，整齐地码在路边。积攒够一定的量，我就用稻草绳把它们捆束起来。下一次上山时，它们还在原来的地方，没有人把它们拿走，于是我用扁担把它们挑回家。这些树枝中有我的信仰，有大山子民的信仰。

我仅仅用一根稻草绳，就系住了这些信仰。因为这个信仰，我不必担心过路的山民把它们拿走。在这儿，没有人会拿走一捆系着绳子的干柴。

峰峦叠嶂，莽莽苍苍，风流水转，物换星移。我看见时间，也看见孤独。“这儿的山不高，但人走不出山的包围。你会喜欢这儿的山的，相信我。”对我说这话的人已住进坟墓，他的话还回荡在群山之间。

有时，我的心变成群山中的一片树叶。它由泥土和阳光雨露养育，看着山时它想摇动，看着天时它想飞翔。而它真的飞起来时，只会越来越接近大地，最后融入群山的土质之中，变成山体的一部分。

这时，我就会追着落叶的足迹，走遍山中的路径。走在山路上时，我无法不注意村庄北边的那座矮山。山上有座神庙，有些年岁了。从山下望过去，它比那些遍布山间的坟墓高出许多，并且与后山上那座西洋人在光绪年间所盖的楼成对角之势。通往庙宇的山径是人在草木间踩出的路，路的两边草木葱茏，路面却光洁干净，人们不仅在山间造路，还用频繁的造访阻止草木重新占领路面。

庙宇坐北朝南，神灵们在庙门前向山下俯视，仿佛坐拥南面的大片湿地和流水。中国人建造神庙，总是精挑细选那些视野开阔的风水高地，以便把更多的东西看在眼底。看得见的才是踏实的。

我沿着山径来回游走，寻找那些斑驳的脚印。其实，一座矮山能承受的事物并不多，但矮山靠着一座更高的山，更高的山又靠着另一座更高的山，连绵不绝，就有了无穷无尽的叠加、延展……

立在山间，我感受着吹向我的浩荡长风，注视着追赶日光的鸟羽，那种熟悉的感觉再次袭来：此时，我若是站立不动，就会变成一棵树；我若是蹲下，就会变成一块石头。

此时，暮色正落在山上，那是时间在擦拭尘烟；天风吹响松涛，恰似群山的一声长叹。

水边的灯塔

我在一座灯塔边逗留。灯塔临近河岸，大雾天会亮起，为迷雾中的航船指路。塔下沿河堆着一些干净的大石，石上经常坐着一些老人，他们或是看着江面，或是有一搭没一搭地说话。他们这个样子很多年了。

我坐在他们旁边，像他们那样望着江上的往来人，以及河港进出的船只。一些水手在河港等着，手里拿着绳子、袋子、扁担，要进港卸货的船只正驶入河湾。我的目光追着身姿矫健的水手，想象他们经历过的故事。其中一个水手有着比别人粗的胳膊，上面有一道蚯蚓式的疤痕，可能是与风浪搏斗后留下的印记。

天气湿热，水鸟在水面盘旋不去，风沿着河谷升腾，老人们的白发在风中乱舞。一个老妇说起她那为人任性、不通情理、十分专横、头脑不聪明的丈夫。他喜欢深夜出航捕鱼，长年留宿船上，对家堪称不管不顾。我了解她说的那种男人。我的舅舅就是这样的男人，为了打鱼挣钱，在水上过着风里来雨里去的日子。而他们的妻子对他们仍有怨言。

一些老头儿站起身，把手搭在后腰上，弓着身慢慢走回家。在江边，我很少看见腰背挺直的人。人吹惯了江风，后背就被切磨成鱼脊的模样，呈现出艰辛生活赋予的弧度。看着这些老头儿，我想舅舅的后背以后也会变成这个样子。

从石头的角度仰望灯塔，灯塔显得很高大，犹如高傲的王耸立在河岔口。塔身是白色的，和青草地、碧江水构成一幅美丽的图画。当阳光照到塔尖上时，光束被塔身反射，散发出如神谕般的光芒。

有一天，我决定把这座塔写进小说里，便开始观察塔和守塔人。

守塔人从塔里出来，走过我，穿过河坡，渐渐隐入一片树林。他是个小个子，方脸，鱼眼。估计是吹了太多风的缘故，他的脸布满褐斑。他是到林子里采蘑菇吗，还是去寻找故人？有时他会在我身旁停留，在石头上坐下，讲他经历过的事。

一次，我和朋友拎一壶酒到灯塔找他小酌。那是我第一次进塔，塔内简陋的布置令我记忆深刻。

塔的第一层放置工具，有个简易小灶台，有个放着炊具的小方桌，有个放着碗的小橱柜。第二层放着一些坏掉的灯具。第三层有张小床，撑着破旧的蚊帐。第四层是空的，窗洞落有烟灰，守塔人经常靠在那儿，一边抽烟，一边透过小窗瞭望河道。第五层放有几本故事书，落满灰尘，很久没人翻动了。第六层放有拆卸下来的灯具配件。第七层配置巨大的多棱面灯，一到晚上或者大雾天就发出灼灼的光束。

那天守塔人和我们讲了许多河上的故事。他说河坡上的几个坟头埋的正是沉船死掉的人。台风刚过后的大雾天，暴涨的河水迅猛而浑浊。本就暗礁四伏、漩涡回环、狂澜倒卷、险象丛生的峡口，在雨后更是涛声如雷。那天，他在塔中听到一声巨响，叼着烟杆子跑到窗边看，依稀看到一条船的影子。他急忙快步跑下灯塔，来到河边的岸石上，只见一艘大木船触礁撞断了，河面飘着碎木片，却不见人。

他知道出事了，就跑到村里叫人。人们带着绳子和长棍，沿河寻找，在一公里外的河滩找到一具尸体，在一公里半的岩缝找到另一具尸体。这两具尸体，瘀伤累累，微微浮肿，衣服散发着浓烈的水腥气。

毫无疑问，这是“捞洪人”。沿江一带，每发大水，都会冲下木材、鸭鹅、小猪等，穷苦的船夫们自信水性好，就划船到江心拦洪打捞。这两个人就是打捞时被冲下来的。

“他们不该出船的，那样的天气！”他边喝酒边叹气。

喝多了，他带我们到塔顶，向我们一一展示大灯的铜件、锡件、玻璃罩、反射镜、透镜，说：“就是这灯，给船引路的灯，我守了三十多年。”说完他当着我们的面点灯。

他有些醉了，但手依然很稳，有条不紊地上油、点灯、转轴，灯哧啦一下亮了起来，射出强劲的光束，远处奔腾不息的江河闪着粼粼的星光。

塔外风猛烈地咆哮着，塔下的树嘎吱作响。我的内心却有一种安稳的感觉。

我想，那些在迷雾中打转的船只，既是在寻找灯塔，也是在寻找守塔人。

河流的界限

以河流为界的区域被河道所限定。经常，河的这头代表文明，对岸则是蛮荒的起点。河水流逝，乌鸦飞翔，我想起史蒂文斯《看见乌鸦的十三种方式》：一个男人和一个女人是一个整体。一个男人一个女人和一只乌鸦也是一个整体。米沃什说上帝是唯一的，同时又是三个人。与造物主换位思考，如果获得重新创造世界的权利，也无法造出一个比现在更好的世界。对此，我是该平静还是绝望？

我站在河边，看逝者如斯，深吸往日的空气。当年我曾因为梦想而离开，经历所有年轻人都必须承受的一切，然后变成了现在的样子。这样的我，比以前更了解自己了。或许，这是我唯一确定的事。除此之外，我对世界知之甚少。

站在这头，我不知道对岸的人在想些什么。我的视域有限，所知又甚少。我想，正是因为人作为个体有太多的认知局限，谎言才有编造的空间。试想，如果每个人都全知全能，谁又骗得了谁呢？我对世界萌生了一种感激。我慢慢学会像其他人一样忍受。

对岸的丛林，和小时候一样葱茏，无边无际。那里是否有着比这头更真实的生活？当我在这边为生存担忧，像蝼蚁一样爬行，丛林正在对岸繁茂地生长。春天，对岸的人举着红花在山间行走，流水奔腾在他们脚下。

月亮升起的时候，丛林中就响起山歌，女人们的面庞变得和月亮一样洁净。这时，我在河边以听歌的名义，感受河流的一切。

那时的我确信，不管两岸如何不同，河水如何变化，河流的流向始终没有变。

脊背上的桃花

从地图上看，古村处在黔江“几”字形优美曲线的臂弯里，东、西、南三面被黔江环绕，只在东北面有条土路通向209国道。

古村的居民，多数是由古代历史移民组成。比如，明太祖朱元璋曾发十二万军民屯垦广西，于是广西就有了许多从安徽、江苏、浙江迁徙来的汉人。这些汉人中的不少人，跟广西少数民族通婚，渐渐地他们的后代也成了少数民族。比如，我祖上是明朝洪武三年（1370）奉诏征讨粤西马贼的清益将军廖盛泰，他是典型的汉族人，而作为他的后代的我们，则变成了操一口流利壮语的壮族人。

朱元璋在广西施行卫所制度，一旦征发为军人，就世代为军人，长期驻扎在职守之地，所以我的祖上在黔江边做了两百多年的军人，担任都督总兵、勒马巡检等职位，守护明朝的南疆。明朝灭亡时，我的先人没有投降，誓死捍卫明朝军人的尊严，直至战死。幸存下来的妇孺则躲到深山老林中，隐姓埋名，繁衍子嗣。我就是这些丛林中的先人生下的后代。

我的族人熟知明朝先人的事迹，将它们演绎成代代相传的家族故事。尽管村庄的历史早已面目模糊，他们仍认定黔江是由他们的血脉流淌而成。

因此，尽管黔江岸上广袤丛林中的村庄，在城市化的冲击下越来越空无，我们仍被黔江牵引着。古村的孩子相继离开丛林进入城市，很多事情不可避免地改变，我们却能清晰地感到每走一步路，不是在离开黔江，就是在走向黔江。

我在城市彷徨迷失时，黔江会在隐秘中给我指引。有些夜晚，我梦见家门前的石磨，月光清朗地照着它，如同米浆再次流过它的躯体。这让我感到老家的粮食还留在体内，我不曾忘记，它们也不曾离开。

就在我以为事情会一直这样延续下去时，黔江迎来了历史上最大的变化。

随着大藤峡水利枢纽工程的动工，黔江水改变了流速与高度。黔江两岸的村镇，被分割成水位线上与水位线下。这种分割意味着移民。

移民是一个缓慢的进程。房屋被画上大红色的“拆”字，村路隔一段距离就立上一块逃生路线指示牌。越来越多的大卡车进入村庄，运来泥沙、水泥、砖块，工人们用这些材料把沿河堤坝修建得越来越高。武宣县政府开始在“高峡出平湖”的景观上打造七星湖项目，号召当地作家为此项目做宣传……

作为一个以书写黔江成长起来的作家，我收到了县政府办公室秘书发来的大藤峡水利枢纽工程材料，上面赫然写着影响我人生的工程是如何规划的：2011 年 3 月，国家发改委批复大藤峡水利枢纽工程项目建议书；2014 年 10 月 8 日，国务院批准大藤峡水利枢纽工程可行性研究报告；2019 年 11 月 15 日，大藤峡水利枢纽工程实现大江截流；2020 年 3 月 10 日，大藤峡水利枢纽工程一期下闸蓄水……

我利用此次调研的契机，开始走访库区的移民村庄。深入现场观察故土如何消逝，这对我来说并不容易，因为正在变化的一切与我血脉相连。我无法不被别人看来无关紧要的东西触动，我常常在一些细微的风物面前停留很久。在流水声中抚摸斑驳的历史鳞片，我对故乡充满感激。

不可避免，我要目睹江水上涨。江水上涨是一个缓慢的过程，缓慢得如同时针的走动，你盯着它看时，完全感觉不出它在变化，但是过一段时间你擦擦眼睛仔细看时，它已经转换了时空。

如果你选定一个坐标，比如水边的一棵树，以它为参照物，你会发现今天它在岸上，明天它半个身子就站在了水里，而当你再次睡去又醒来时，它已经完全淹没在水中了。这时，你看着它在水底被水流冲刷，枝叶无奈地摆向一个方向，宛如窒息的溺水者，你清楚地意识到水位真的上涨了。

最先沉入水底的是码头，接着是河滩，接着是弟弟出生的石洞，接着是舅妈的玉米地，接着是外公的竹林，接着是外婆的芭蕉树，接着是表哥的枇杷树，接着是猪圈……

有人测算过，每过一个小时，江水就上涨十五厘米。这意味着每过一个小时，住在这十五厘米内的生命就要失去家园……蚯蚓、甲虫、沙虫、蚂蚁、蟋蟀、蜈蚣从浸湿的岸边草丛中狼狈爬出，仓皇逃窜。它们有的会被草茎绊倒，有的会被溅起的水花卷入江中，有的侥幸逃出捡回一条命却失去了孩子……每天都有田地的土层因为江水浸泡而崩塌，每天都有鸟儿因为带不走自己下的蛋而站在不远的树枝上对着江水悲啼……

江水涨到芭蕉树的时候，外婆毫无征兆地走了。白天她还搭三轮车去赶圩，晚上在江边小屋睡着后就再也没有醒来。那是2020年国庆假的最后一天，南方的天气骤然变冷，我们不得不脱下短袖换上小棉袄。寒风呼呼吹过江面，几只小船轻轻摇晃着，一些亲戚从江对岸摇船过来奔丧。我们一边守灵，一边商量给外婆下葬的事。江水在上涨，这个问题变得有些复杂。最后，我们选中村里最高的一个岭，它在水位线以上。它的视野开阔，前面是一片缓缓下降的坡地，坡地尽头是汩汩东流的江水，江对岸是逐渐隐在雾霭中的山峦。

住在江边，我们早已养成看江水涨落的习惯。冬天，江水下退，系船的木桩要下移。夏秋雨季，洪水暴涨，我们要把船上挪。江中的航标，要随时根据水位移动，为过往的船只指示航道。那日，看着江水一点点上涨时，我们都清楚这一次是不同的。只要大坝在，江水不会再落下去。而我们是时候离开了。

老屋边的桃树太大了，它已经结了三十多年的果子。家门前的枇杷树太大了，它已经结了五十多年的果子。它们由于扎根太久背负了太多的历史，又由于背负太多的历史而过于沉重，我们带不走它们。它们只有一个必然的结局。

离开时，我只捡起一颗鹅卵石放进衣兜里。它接近于鸡蛋的形状，但比鸡蛋大，比鸡蛋长，比鸡蛋沉，比鸡蛋坚硬。我抚摸着它，心中充满疑惑：我的心是否要变成它的样子，才能扛得住人间的别离？

昨夜，我又梦见春天里的桃花。它开在原来的地方，满树晶莹的粉红倒映在江水中，花瓣仿佛画在水上一样。我坐在江边的石头上，后背倚靠着桃树，任春风吹拂额前的头发。桃花流水，峡谷山脉，林莽中零星的村子，又渺小又孤独的屋子……

当屋子下沉的时候，桃树用枝条缠住我，将我轻轻地托举到空中，粉红的桃花、嫩黄的枝叶、黄褐色的根须，慢慢地从我的脊背、四肢、肚脐眼长出来，我的身体渐渐变成一株桃树的模样，江水在我身子底下流淌，船只摇晃着，像低吟、叹息、吟哦、颂唱……

后记

北回归线上的泪光

布罗茨基在《悲伤与理智》开篇写到一台收音机。这台收音机只有模糊的接收频道，但他父亲的手总能摸索到电台频道，让遥远的世界之声从笨拙的收音机中传出。他们抱着这台收音机，偷偷摸摸、兴致勃勃地听世界。

多年后的中国云南，有一个少年诗人也这样歪在故乡的墙角调试收音机，他就是于坚。于坚在随笔中多次提到这些旧事。我们不需费力，就能感知这些行为隐含的渴望、诉求。就像一听到卡朋特乐队演唱的那首老歌《昨日重现》，我们的灵魂就会共振。

在《一座改名城市的指南》中，布罗茨基把俄国作家概括为“阁楼上的作家”。他敏锐地发现，俄国作家多出身于没落贵族或贫困资产阶级。这类俄国作家的社交范围极广，上可通达贵族，下可接触底层平民。又因生活贫困，他们通常住在出租的逼仄的阁楼上。他们既对上层社会认识足够深，也对底层疾苦体会足够切。

这种格调构成了俄国文学史上最辉煌的篇章。

我们中国也存在过一段类似的文学史，作家主要由没落贵族和小资产阶级构成。那是20世纪的前半叶，鲁迅、巴金、老舍、曹禺、张爱玲、钱锺书、朱自清、林语堂、萧红、徐志摩、林徽因、冰心等成为中坚力量。与俄国作家一样，他们的格调在很大程度上由他们的时代和出身促成。

无论是否意识到，我们每一个人都是时代的微小缩影。时代不只是由宏大历史事件组成，也包含每一个具体的人，每一个具体的人在具体的每一天所承担的柴米油盐、所承受的爱恨离苦。

对我而言，我的时代就是我的生长地、我走过的江湖。我在走过的地方哭过，笑过，爱过，恨过，挣扎过，释然过……它们一点点汇聚成一个悲欣交集的历程。

我的江湖地处岭南与珠江中游。这里水运繁忙，码头众多，是客流与物流的集散地，是故事与歌谣的汇聚所。我常常和走江的船家在水上生活，又长年跟随父亲到工地打工。在以山为枕、与水共眠的日子，我见证了劳动人民内心绚烂的江湖。支教先生帮我调试收音机，街巷生意人给我说相声，渔民给我唱民谣，码头工人给我讲故事，行脚医生教我辨认药草，河滩游走的牛羊带给我大地的气味，奔赴远洋的船只留给我对远方的遐想……

江湖构建了我对世界的最初认知，正如圣彼得堡构建了布罗茨基对世界的最初认知。也许布罗茨基自己都没意识到，在潜移默化中，圣彼得堡早已成为他灵魂的指南。正是圣彼得堡多水的属性，使他对多水的城市充满依恋，使他的灵魂离不开被水勾连的城市。在流亡生涯中，他深深地爱上一座自然构造类似于圣彼得堡的城市——威尼斯。尽管他定居美国，时常旅居巴黎，但是他依然想方设法找机会去威尼斯暂住和写作。他不幸早逝后，他的知己朋友把他安葬在威尼斯。只有威尼斯的水汽和教堂钟声，才能抚慰他的心魂。

布罗茨基无论去到何方，都改变不了骨血由圣彼得堡塑造的事实，摆脱不了来自生长地的牵绊。同时，他又用自己的笔，让自己的心魂成了圣彼得堡的精神标本。

我敬仰所有高贵的精神标本。在北回归线上的小镇，我用文字探索他们留下的精神指南。忽然想起帕慕克的“呼愁”之说。《伊斯坦布尔：一座城市的记忆》：“她对我而言一直是个废墟之城，充满帝国斜阳的忧伤。”在废墟上的忧伤中，帕慕克找到了那个命中注定的词：“呼愁”。他用带有土耳其民族基因和宗教特色的词语“呼愁”，指称伊斯坦布尔带给他的一切。

我在北回归线的斜阳下伫立良久，写作的宿命就刻进了我的生命。我曾在《个人史》中谈到写作对我的意义，以及一场难忘的手术。在那场手术中，我经历了一次奇特的意识空白。

那是一场全麻手术。那个安徽麻醉师很贴心，他给我打麻药时，一直跟我聊天。我能清楚地听见他讲话，清晰地思考，准确地回答。我是在十分清醒的状态下断掉意识的。他问我：“螺蛳粉好吃吗？”我正要回答，就猛地失去了意识。

我是突然醒来的。我醒来的第一秒，立即发问：“手术做完了吗？”观察室的医护人员说：“早就做完了。”我的意识努力搜寻之前丢失的空白，什么都找不到，只记得正要说“螺蛳粉不是我们的日常饮食”，我就跌入了黑暗。

麻药让我深度昏迷三个多小时，这三个多小时成了我人生中的空白。它们不属于我，我对它们毫无感知。在这段空白之后，我失去了两个与生俱来的身体部件，医生用手术刀将它们切割掉了。

这以后，我明白我的意识并不完全由我控制，我的身体、生命也不完全由我支配。唯有写作，才能对抗些许流逝，留住些许我所珍惜的事物。于是，在渡劫、劫后余生的日子，我沉浸在写作中，用文字缝合伤口。这本散文集，就是我缝合伤口和世界的产物。它就像是我的重生。

该用什么字词指称这本书呢?“个人史”与“太阳鸟”像春笋破土般闯入我的脑海。“个人史”，用“时代河床的一粒沙石”，用我在走江岁月、打工岁月所遇见的父老乡亲、江湖儿女，去映射一整代人。“太阳鸟”，它寄寓我们的梦想、对诗意人生的向往、对更好的自己的期待(见《沿铁轨追寻太阳鸟》)。“个人史”与“太阳鸟”组合在一起，就是我们的欢笑悲歌、理想荣耀。“个人史”贴地而行，“太阳鸟”飞向高天。

我见过岭南的江湖、父亲的江湖、走江人的江湖、打工人的江湖……我书写这江湖，眼中饱含热泪。这种情感不同于陀思妥耶夫斯基等阁楼作家，不同于鲁迅时代的作家，它们独属于我，独属于我的父老乡亲，独属于我的江湖儿女，独属于听懂我们歌声的人。

我们的故事是时代的细微注脚。比如我父亲修铁路，是国家发展交通运输的需要。这种“需要”，给了他挣钱养家糊口的机会。他在劳作时很少想到工作的意义，或许满脑子只有柴米油盐、老婆孩子，但正是这种无意识的劳作，使国家有了日新月异的变化。在基建浪潮中，他十分渺小，却是混凝土中必不可少的沙子。

像父亲这样的沙子，内心装有一个绚烂的江湖。这个江湖，有他年轻时的梦想，并不断加入新的内容。这些新内容包括南来北往的工友、红遍大中国的金庸武侠、真真假假的边地故事。他、他的工友，酒过三巡后大谈这个江湖。他们的谈论，增长了我的见闻，滋养了我的写作。

有时，我觉得我的写作才能源于父亲隐藏在沉默躯壳中的浪漫精神。他这样一个双手长满老茧的工人，喜欢写日记，在日记本中画花草，有勇气步行一百公里去向一见钟情的姑娘表白并把她娶回家，在漫长的婚姻生活中以写信的方式与妻子沟通……

父亲曾在信中向母亲这样描述工地的雨：“这里的雨下得很突然，常常没有任何预兆就从天上掉下来。噼噼啪啪，大雨砸在地上像放鞭炮。我没有带雨衣，浑身湿透了，不过我一切都好。再过两个月活儿就干完了，活儿干完我就回家。”

那些年，母亲在同样下雨的北回归线小镇阅读父亲带着雨渍的信，常常眼眶湿润。

在这些晶莹的泪光中，我明白了爱与责任的含义。

我的这本散文集，就是由这些满含爱与责任的泪光构成。

图书在版编目（CIP）数据

个人史与太阳鸟 / 连亭著. -- 北京：作家出版社，2025. 9 -- ISBN 978-7-5212-3643-9

Ⅰ. I267

中国国家版本馆CIP数据核字第2025Z8Y945号

个人史与太阳鸟

作　　者：连　亭
责任编辑：李　娜
装帧设计：纸方程 · 于文妍
封面绘图：晚点的子狸
出版发行：作家出版社有限公司
社　　址：北京农展馆南里10号　　邮　　编：100125
电话传真：86-10-65067186（发行中心）
　　　　　86-10-65004079（总编室）
E-mail:zuojia@zuojia.net.cn
http://www.zuojiachubanshe.com
印　　刷：北京博海升彩色印刷有限公司
成品尺寸：145×210
字　　数：213千
印　　张：10.375
版　　次：2025年9月第1版
印　　次：2025年9月第1次印刷
ISBN　978-7-5212-3643-9
定　　价：48.00元